公選法上の連座訴訟の解説

―裁判例の概観―

野々上 尚 編著

はしがき

　本書は，平成6年の公職選挙法改正以降に提起された，いわゆる連座訴訟のうち，裁判所の判決が平成16年5月末までに確定した事例で，争点について裁判所が判断を示したものを抽出し，その整理を試みたものです。

　平成6年の2度にわたる公職選挙法の改正により，連座制の対象者の拡張，連座の効果の拡充などが行われ，連座制は大幅に強化されることとなりました。その後，平成16年5月末日に至るまでの間に，検察官が提起した連座訴訟の件数は112件，同日までに連座制の適用により失職に至ったケースは9件に上っており，連座制が選挙の公正を確保する上で大変重要な役割を果たしていることがご理解いただけると思います。

　本書においては，連座制の概要について若干の解説を行った上，連座訴訟に関する公職選挙法の規定に即して，その合憲性，法律上の問題点，事実認定の場面における問題点，訴訟法上の問題点などについて，上記のような事例における裁判所の判断内容に照らし，著者らにおいて若干の整理や検討を試みました。また，対象とした事例の事実

関係について，その概要を紹介し，本書がいわば事例に関する資料的な側面をも有することとなるよう心掛けました。連座訴訟に携わる実務家や，選挙違反事件の捜査・公判等に携わる実務家の執務の参考になれば幸いです。

　なお，もとより，本書の内容中，意見にわたる部分は，著者らの個人的見解にとどまるものです。本書の内容については，今後の裁判例の流れも踏まえてさらに検討を加え，読者の皆様の助言を得て，さらに充実した内容にしたいと考えております。

　平成16年6月

　　　　　　　　　　　　　　　　　　　著者代表　野々上　尚

〈目　次〉

第1章　連座制の概要

第1節　連座制の沿革 ... 3
第1項　連座制の導入 ... 3
第2項　制度改革の沿革 ... 4
1. 昭和9年法律第49号による改正 ... 4
2. 昭和20年法律第42号による改正 ... 4
3. 公職選挙法（昭和25年法律第100号）の制定 ... 4
4. 昭和29年法律第207号による改正 ... 4
5. 昭和37年法律第112号による改正 ... 5
6. 昭和50年法律第63号による改正 ... 5
7. 昭和56年法律第20号による改正 ... 6
8. 昭和57年法律第81号による改正 ... 6

第3項　平成6年法律第2号及び第105号による連座制の拡大・強化 ... 6
1. 平成6年法律第2号による改正（従来型連座制の拡大・強化） ... 6
   (1) 連座対象者としての親族の範囲の拡大等
   (2) 連座対象者としての秘書
   (3) 連座制の効果としての立候補禁止制度の導入
2. 平成6年法律第105号による改正（新連座制の導入） ... 7
   (1) 新連座制の導入
   (2) 新連座制の制度目的・趣旨

③　施行日及び適用関係 8
　　⑴　衆議院議員選挙
　　⑵　参議院議員選挙
　　⑶　地方公共団体の議会の議員及び長の選挙
　④　選挙犯罪行為に対する適用関係 9
第2節　現行連座制の概要及び運用状況 10
第1項　概　説 10
第2項　各連座類型の概要 11
　①　連座の類型 11
　②　連座類型別の相違点 11
　　⑴　連座刑種　　⑵　免責事由　　⑶　免責効果
　　　〈連座制対比表〉
第3項　平成6年改正後の拡大連座制運用の状況 13

第2章　連座制の合憲性に関する論点

①　従来の連座制の合憲性等に関する判例 15
②　拡大連座制とその本質についての議論 17
③　拡大連座制の合憲性に関する主な最高裁判例の流れ 18
　⑴　最高裁平成8年7月18日第1小法廷判決
　⑵　最高裁平成9年3月13日第1小法廷判決
　⑶　最高裁平成9年7月15日第3小法廷判決
　⑷　最高裁平成10年11月17日判決
　⑸　最高裁平成11年11月25日判決
　⑹　最高裁平成12年6月16日判決

(7) 最高裁平成14年11月15日判決
④ その他の憲法上の論点について 23
　(1) 憲法14条関係　　(2) 憲法31条関係
　　　　　〈裁　判　例〉 27
① 法211条の規定に関する主張（検察の恣意的行使を可能とする
　法211条が憲法14条に違反するとの主張）について 27
② 法251条の2の規定又はその適用に関する主張 28
　ア　法251条の2第1項（5号）の規定が不明確で憲法31条に違反
　　するとの主張
　イ　法251条の2第1項（4号）の規定やその適用が憲法15条1項
　　に違反するとの主張
　ウ　法251条の2第1項の規定が憲法15条1項，3項，93条2項及
　　び31条に違反するとの主張
　エ　法251条の2第2項の推定規定が憲法31条に違反するとの主張
③ 法251条の3の規定又はその適用に関する主張 38
　ア　法251条の3第1項の規定が不明確であり違憲であるとの主張
　イ　法251条の3第1項が過度に広汎な規制であり違憲であるとの
　　主張
　ウ　法251条の3の規定及びその適用が違憲であるとの主張
④ その他の主張 60
　ア　違法性の程度が低い本件に周知期間の短い法改正による連座制
　　を適用することが憲法31条に違反するとの主張
　イ　本件選挙違反事件を争う機会がないのは憲法31条に違反すると
　　の主張

ウ　被告の反対尋問権が保障されていない検面調書等での認定が憲法31条，32条及び15条に違反するとの主張

第3章　法律上の論点

第1節　組織的選挙運動管理者等の解釈に関する論点 ……… 65
- ①　組織的選挙運動管理者等に係る連座制の概観 …………………… 65
- ②　「組織的選挙運動管理者等」の意義について ……………………… 67
- ③　「組織により行われる選挙運動」 …………………………………… 68
  - (1)　組織性　　(2)　選挙運動
- ④　「意思を通じて」 ……………………………………………………… 69
- ⑤　管理者性 ……………………………………………………………… 70

　　　　　〈裁　判　例〉 …………………………………………… 71
- ①　組織性について ……………………………………………………… 71
- ②　選挙運動性について ………………………………………………… 74
- ③　「意思を通じて」について …………………………………………… 74
- ④　管理者性について …………………………………………………… 76

第2節　秘書の解釈に関する論点 ………………………………… 78
- ①　法251条の2に規定する連座制の概観 …………………………… 78
- ②　秘書の解釈について ………………………………………………… 80

　　　　　〈裁　判　例〉 …………………………………………… 81

第3節　「おとり」「寝返り」に関する規定の準用の可否 …… 85

　　　　　〈裁　判　例〉 …………………………………………… 86

第4節　裁量棄却の可否 …………………………………………… 88

　　　　　〈裁　判　例〉 …………………………………………… 89

第5節　対象となる公職選挙法違反事件に関する主張の可否 .. 92
　　　　〈裁　判　例〉..................................... 93

第4章　事実認定の場面における問題点

第1節　組織的選挙運動管理者等に関する問題点............. 96
　① 「組織」について 96
　② 「選挙運動」について 99
　③ 「意思を通じ」について 100
　④ 管理者性について 102
　　　　〈裁　判　例〉..................................... 105
　① 組織性について 105
　② 選挙運動性について 123
　③ 「意思を通じて」について 129
　④ 管理者性について 136
第2節　親族に関する問題点 151
　　　　〈裁　判　例〉..................................... 152
　① 「意思を通じて」について 152
　② 選挙運動性について 158
第3節　秘書に関する問題点 160
　① 秘書性について 160
　② 選挙運動性について 160
　　　　〈裁　判　例〉..................................... 160
　① 秘書性について 160
　② 選挙運動性について 166

第4節　相当の注意に関する問題点.................. 168
　　　〈裁　判　例〉................................ 171

第5章　訴訟上・手続上の問題点

第1節　被告の公民権停止効の発生との関係.............. 200
　　　〈裁　判　例〉................................ 201
第2節　複数の連座事由や連座対象者が存在する場合の
　　　相互の関係について............................ 205
　　　〈裁　判　例〉................................ 209
第3節　その他の論点.................................. 211
　1　訴権の濫用の成否................................ 211
　2　証拠排除の成否.................................. 211
　3　請求認諾の可否.................................. 212
　　　〈裁　判　例〉................................ 213
　1　訴権の濫用の成否................................ 213
　2　証拠排除の成否.................................. 216
　3　請求認諾の可否.................................. 222

【収録裁判例の事案の概要】

※ 白抜き文字 の裁判例は、候補者が法210条に基づき提起した訴訟。

事 案 №1 225
裁判例1　仙台高等裁判所民事第1部平成7年8月29日判決（請求認容）

事 案 №2 227
裁判例2　仙台高等裁判所第2民事部平成7年10月9日判決（請求認容）

事 案 №3 233
裁判例3　広島高等裁判所松江支部平成7年10月27日判決（請求認容）

事 案 №4 236
裁判例4　大阪高等裁判所第2民事部平成7年11月7日判決（請求認容）

事 案 №5 238
裁判例5　東京高等裁判所第7民事部平成8年1月16日判決（請求認容）

事 案 №6 241
裁判例6-1　東京高等裁判所第14民事部平成8年1月18日判決（請求認容）
裁判例6-2　最高裁判所第2小法廷平成8年6月17日判決（上告棄却）

事 案 №7 245

8 目 次

裁判例7-1 福岡高等裁判所第3民事部平成8年2月15日判決（請求棄却）
裁判例7-2 最高裁判所第1小法廷平成8年7月18日判決（上告棄却）

事 案 №8 247
裁判例8-1 高松高等裁判所第4部平成8年5月31日判決（請求認容）
裁判例8-2 最高裁判所第3小法廷平成8年11月26日判決（上告棄却）

事 案 №9 252
裁判例9-1 仙台高等裁判所第3民事部平成8年7月8日判決（請求認容）
裁判例9-2 最高裁判所第1小法廷平成9年3月13日判決（上告棄却）

事 案 №10 261
裁判例10 大阪高等裁判所第4民事部平成8年9月27日判決（請求認容）

事 案 №11 264
裁判例11-1 高松高等裁判所第2部平成8年11月13日判決（請求認容）
裁判例11-2 最高裁判所第3小法廷平成9年7月15日判決（上告棄却）

事 案 №12 276
裁判例12 福岡高等裁判所第1民事部平成9年8月7日判決（判決認容）

事 案 №13 282
裁判例13-1 高松高等裁判所第4部平成9年8月26日判決（請求認容）
裁判例13-2 最高裁判所第1小法廷平成10年2月12日判決（上告棄却）

事　案 №14 286
　[裁判例14] 東京高等裁判所第3民事部平成9年9月24日判決（請求認容）

事　案 №15 292
　[裁判例15-1] 東京高等裁判所第7民事部平成9年10月7日判決（訴え却下）
　[裁判例15-2] 最高裁判所第2小法廷平成10年8月31日判決（上告棄却）
　[裁判例15-3] 東京高等裁判所第7民事部平成9年10月7日判決（請求棄却）
　[裁判例15-4] 最高裁判所第2小法廷平成10年7月3日判決（上告棄却）

事　案 №16 295
　[裁判例16-1] 大阪高等裁判所第12民事部平成10年5月25日判決（請求認容）
　[裁判例16-2] 最高裁判所第3小法廷平成10年11月17日判決（上告棄却）

事　案 №17 300
　[裁判例17] 東京高等裁判所第21民事部平成11年3月11日判決（請求認容）

事　案 №18 303
　[裁判例18-1] 名古屋高等裁判所金沢支部第1部平成11年4月12日判決（請求認容）
　[裁判例18-2] 最高裁判所第1小法廷平成11年11月25日（上告棄却）

事　案 №19 309
　[裁判例19] 福岡高等裁判所第3民事部平成11年10月6日判決（請求認容）

事　案　№20 314
　(裁判例20-1) 福岡高等裁判所第1民事部平成12年1月20日判決（請求認容）
　(裁判例20-2) 最高裁判所第2小法廷平成12年6月16日判決（上告棄却）

事　案　№21 324
　(裁判例21) 福岡高等裁判所第5民事部平成12年8月8日判決（請求認容）

事　案　№22 329
　(裁判例22-1) 福岡高等裁判所第1民事部平成12年8月29日判決（請求認容）
　(裁判例22-2) 最高裁判所第3小法廷平成13年1月23日決定（上告不受理）

事　案　№23 335
　(裁判例23) 東京高等裁判所第4民事部平成13年1月25日判決（請求認容）

事　案　№24 341
　(裁判例24) 福岡高等裁判所第2民事部平成13年2月15日判決（請求認容）

事　案　№25 345
　(裁判例25-1) 福岡高等裁判所宮崎支部平成14年1月25日判決（請求認容）
　(裁判例25-2) 最高裁判所第一小法廷平成14年6月6日判決（上告棄却）

事　案　№26 349
　(裁判例26-1) 福岡高等裁判所第5民事部平成14年4月26日判決（請求認容）
　(裁判例26-2) 最高裁判所第二小法廷平成14年11月15日判決（上告棄却）

事　案 №27 354
裁判例27　福岡高等裁判所第4民事部平成15年10月31日判決（請求認容）

事　案 №28 357
裁判例28　名古屋高等裁判所民事第4部平成15年12月2日判決（請求認容）

事　案 №29 360
裁判例29　名古屋高等裁判所金沢支部第1部平成15年12月10日判決（請求認容）

事　案 №30 371
裁判例30　名古屋高等裁判所金沢支部第1部平成16年2月20日判決（請求認容）

【参　考　資　料】

1　公職選挙法条文（抄）.. 387
2　連座制の根拠条文について 407
　　1　総括主宰者，出納責任者等の選挙犯罪による公職の候補者等で
　　　あった者の当選無効及び立候補禁止関係（251条の2関係）
　　2　組織的選挙運動管理者等の選挙犯罪による公職の候補者等で
　　　あった者の当選無効及び立候補の禁止（251条の3関係）
3　参考判例（要旨）.. 415
　　最高裁判所昭和30年2月9日大法廷判決
　　最高裁判所昭和37年3月14日大法廷判決
　　最高裁判所昭和37年3月14日大法廷判決

最高裁判所昭和41年6月23日第一小法廷判決

最高裁判所昭和43年12月4日大法廷判決

4　収録裁判例別論点一覧 426

〈略語表及び表記方法等について〉

【略語表】

　　法＝公職選挙法

　　そのほかは，一般の用例に従った。

【表記方法等】

　　裁判例番号における 枠囲み は法211条に基づき検察官が提起した訴訟（原告＝検察官，被告＝候補者）， 白抜き は法210条に基づき候補者が提起した訴訟（原告＝候補者，被告＝検察官）を示す。

　　収録裁判例については，これが掲載されている公刊物のうち，主なものを「収録裁判例の事案の概要」において紹介している。

　　本文中で引用した裁判例及び「収録裁判例の事案の概要」については，できるだけ判決に忠実に引用するようにしたが，編集の都合上，適宜要約した箇所がある。また，固有名詞は原則として仮名とし（なお，「甲，乙，……」は連座訴訟の前提となった公職選挙法違反事件において被告人であった者を示す。），都道府県名や市区町村名，選挙区名についても「X県」「Y町」「Y市選挙区」などとした。「収録裁判例の事案の概要」は，裁判所が証拠により認定した事実及び当事者間において自白が成立した事実に基づいている。

　　なお，連座訴訟の前提となった公職選挙法違反事件を「本件選挙違反事件」，その被告人であった者を「本件違反者」ということがある。

公選法上の連座訴訟の解説
―裁判例の概観―

野々上 尚 編著

第1章　連座制の概要

第1節　連座制の沿革

第1項　連座制の導入

1　我が国において初めて連座制が導入されたのは，大正14年法律第47号による衆議院議員選挙法（明治22年法律第3号）の改正においてである。

　すなわち，同改正後の同法136条は，「当選人其の選挙に関し本章に掲ぐる罪を犯し刑に処せられたるときは其の当選を無効とす。選挙事務長第112条又は第113条の罪（買収罪及び利害誘導罪）を犯し刑に処せられたるとき亦同じ。但し選挙事務長の選任及監督に付相当の注意を為したるときは此の限に在らず。」と規定し，選挙事務長を連座対象者とする連座制（当選無効制度）を導入した。

2　また，当選無効の手続として，当選を無効と認める選挙人又は議員候補者は当選人を被告として大審院に出訴することができる旨規定し，選挙人又は議員候補者の提起する当選無効訴訟を経た上で当選無効の効果が生じることとした。

第2項　制度改革の沿革

①　昭和9年法律第49号による改正

　連座対象者として、「選挙事務長に非ずして事実上選挙運動を総括主宰したる者」を加えるとともに、免責事由として、「当選人が選挙事務長に非ずして事実上選挙運動を総括主宰したる者なることを知らざりしとき」及び「其の者が当選人の制止に拘らず事実上選挙運動を総括主宰したる者なるとき」を追加した。

　さらに、手続的にも、選挙人又は議員候補者が当選無効訴訟を提起する制度を廃し、「検事は第112条乃至第113条の罪に該る事件の被告人が選挙事務長又は選挙事務長に非ずして事実上選挙運動を総括主宰したる者なるに因り第136条の規定に依り当選を無効なりと認むるときは公訴に附帯し当選人を被告として訴訟を提起することを要す。」（同改正後の同法84条2項）と規定し、検事が義務的に当選無効訴訟を提起すべきものと改め、その手続としては、当時の刑事訴訟法（旧刑事訴訟法）が設けていた附帯訴訟に関する規定を準用すべきこととした。

②　昭和20年法律第42号による改正

　選挙事務長の制度が廃止されたことに伴い、連座対象者を「選挙運動を総括主宰したる者」とするなどの改正が行われた。

③　公職選挙法（昭和25年法律第100号）の制定

　おおむね衆議院議員選挙法の制度を引き継ぎつつ、出納責任者が収支報告書提出義務違反の罪により刑に処せられたことを新たに連座事由として加え、手続的には、新刑事訴訟法への移行により附帯訴訟の制度が廃止されたことに伴い、当選を無効と認める選挙人又は議員候補者が当選無効訴訟を提起するとの制度に回帰し、かつ、高等裁判所を同訴訟の第一審裁判所とした。

④　昭和29年法律第207号による改正

従来の免責事由を廃止し，これに代えて，連座原因となる犯罪が他派からの誘導・挑発による場合や，同改正において新設されたおとり罪に当たるような方法によってじゃっ起された場合などを連座制の除外事由とした。

なお，それまで当選人の選挙犯罪による当選無効と，連座による当選無効は，同一条文（251条）の中に規定されていたが，同改正により，連座による当選無効については，条文を分け，251条の2の規定するところとした。

5　昭和37年法律第112号による改正

同改正により，連座制は大幅に拡大・強化された。

すなわち，連座対象者として，従来の総括主宰者及び出納責任者のほか，地域主宰者及び候補者の同居の親族を加え，出納責任者には事実上の出納責任者を含むこととし，従来からの連座制の除外事由をすべて廃止し，当選人と特別の関係にある公務員等の選挙犯罪によるいわゆる特別連座制を新たに導入した。

手続的には，それまでの選挙人又は公職候補者による当選無効訴訟の提起制度を廃止し，再度，当選人の当選を無効と認める検察官が，義務的に高等裁判所に当選無効訴訟を提起すべきものと改められた。

6　昭和50年法律第63号による改正

当選無効の効果を迅速に生ぜしめるという趣旨により手続的改正が図られ，連座原因となる選挙犯罪の刑事裁判において，既に，連座対象者である総括主宰者等が加重処罰規定に基づいて有罪であるとの認定がなされている場合には，当選人において検察官を被告とする連座訴訟（不服申立て）を提起することとするとともに，当選人が一定期間以内にこの訴訟を提起しない場合は，当選は無効となるものとし，連座対象者としての身分が刑事裁判において認定されていない場合には，従来どおり，検察官が原告となって当選無効訴訟を提起すべきこととした。

7　昭和56年法律第20号による改正

　　連座対象者としての親族の範囲が拡大され，それまでの公職の候補者の同居の親族に限らず，同居していない親族も連座対象者に加えられた。

8　昭和57年法律第81号による改正

　　参議院議員選挙において比例代表選挙制が導入されるに際し，比例代表選挙には連座制を適用しないこととされた（なお，同改正後，衆議院の比例代表選出議員選挙及び参議院の非拘束式名簿制が導入されたことに伴う適用関係については，第3章第1節1（☞67頁）及び第3章第2節1（☞79頁）を参照されたい。）。

第3項　平成6年法律第2号及び第105号による連座制の拡大・強化

　第128回臨時国会において，いわゆる政治改革関連法として公職選挙法の一部を改正する法律（平成6年法律第2号。なお，同改正法律は内閣提出法案に係るものであり，その施行前に同年法律第10号により一部改正が行われている。），政治資金規正法の一部を改正する法律（同年法律第4号）及び政党助成法（同年法律第5号）等が成立し，衆議院議員選挙において小選挙区比例代表並立制が採用されるなどした上，第131回国会においても，いわゆる腐敗防止法として，公職選挙法の一部を改正する法律（平成6年法律第105号。なお，同改正法律は議員提出法案に係るものである。）が成立した。

　この結果，連座制の適用範囲及び効果は，著しく拡大・強化された（このように平成6年の一連の改正によって拡大・強化された連座制は，「**拡大連座制**」とも呼ばれる。）。その要点は，以下のとおりである。

1　平成6年法律第2号による改正（従来型連座制の拡大・強化）

　(1)　連座対象者としての親族の範囲の拡大等

従来は、公職の候補者（立候補届出後に限られる。）の親族が選挙犯罪を犯し禁錮以上の実刑に処せられた場合に限定されていた連座要件を拡大し、対象者を公職の候補者となろうとする者（立候補予定者）の親族にまで拡大するとともに、これらの親族が禁錮以上の刑に処せられたときは、執行猶予の言渡しを受けた場合にも、連座制を適用することとされた。

(2) 連座対象者としての秘書

　公職の候補者等（公職の候補者又は公職の候補者となろうとする者。以下同じ。）の秘書（公職の候補者等に使用される者で当該公職の候補者等の政治活動を補佐する者）が新たに連座対象者として加えられた。

(3) 連座制の効果としての立候補禁止制度の導入

　連座制の効果として、当選無効制度の実効性を確保する等の趣旨に基づき、当選・落選を問わず、同一選挙における同一選挙区からの立候補を5年間禁止するという立候補禁止制度が導入された。

2 平成6年法律第105号による改正（新連座制の導入）

(1) 新連座制の導入

　平成6年法律第105号により、選挙における腐敗防止を徹底するという観点から、「組織的選挙運動管理者等」という新たな概念を創設し、これを連座対象者とする新たな類型の連座制が導入された。

　すなわち、「公職の候補者又は公職の候補者となろうとする者と意思を通じて組織により行われる選挙運動において、当該選挙運動の計画の立案若しくは調整又は当該選挙運動に従事する者の指揮若しくは監督その他当該選挙運動の管理を行う者」を「組織的選挙運動管理者等」と位置づけた上、このような組織的選挙運動管理者等が買収罪等の一定の選挙犯罪を犯し禁錮以上の刑に処せられたときは、連座制の効果が発生するものとされた。

(2) 新連座制の制度目的・趣旨

それ以前の従来型連座制は，選挙運動において総括主宰者等の主要な地位を占める者が買収罪等の悪質な選挙犯罪を行った場合にはその候補者等のための選挙運動の全体が悪質な方法により行われたものと見て，そのような不公正な方法で得られた結果を否定するという趣旨で連座制を適用するものであるのに対し，組織的選挙運動管理者等に係る連座制については，国会での法案審議の過程などにおいては，これとは異なり，公職の候補者等に対して選挙浄化義務を課し，その義務違反に対する制裁として当選無効等の効果を発生させるという新たな理念に基づくものと説明され，判例においても後記第2章③(2)（☞19頁）のとおり，これに沿った理解がなされており，従来型連座制に対比して，「新連座制」と呼ばれる（腐敗防止法解説62頁など。これに対し，従来型連座制と新連座制の制度趣旨を厳格にしゅん別する二元的立場に対して疑問を提起するものとして，高崎秀雄「連座制における当選無効に関する法的分析」司法研修所論集1997－Ⅲ・362頁参照）。

③ 施行日及び適用関係

平成6年法律第2号（従来型連座制の拡大・強化）及び同第105号（新連座制の導入）の原則的施行日は，いずれも，平成6年12月25日である（法律第2号附則1条本文，法律第105号附則1条）が，組織的選挙運動管理者等に関する連座制（新連座制）については，地方選挙に限って，下記のように制度の周知期間を置くこととしたため，上記各法律により拡大・強化及び導入された新たな連座制（新連座制及び拡大・強化された従来型連座制。以下「拡大連座制」ともいう。）の選挙別の適用関係は，次のとおりとなる。

(1) 衆議院議員選挙

平成6年12月25日以後初めてその期日を公示される総選挙から適用される。

新選挙制度下での総選挙前に行われる衆議院議員の補欠選挙及び再選挙については，適用の対象外である。
(2) 参議院議員選挙

平成6年12月25日以後その期日を公示され又は告示される選挙（すなわち，補欠選挙及び再選挙を含む。）から適用される。
(3) 地方公共団体の議会の議員及び長の選挙

① 立候補予定者の親族・公職の候補者等の秘書に関する連座制については，平成6年12月25日以後その期日を告示される選挙（すなわち，補欠選挙及び再選挙を含む。）から適用される。

② 組織的選挙運動管理者等に関する連座制（新連座制）については，制度の周知期間を置き，平成7年3月1日以後その期日を告示される選挙（すなわち，補欠選挙及び再選挙を含む。）から適用される。

4 選挙犯罪行為に対する適用関係

(1) 施行日（平成6年12月25日）前に行われた事前運動における買収等の選挙犯罪行為については，平成6年改正後の拡大連座制は適用されない（法律第2号附則8条，法律第105号附則2条3項）。

(2) 施行日以後に行われた行為については，適用対象外の選挙には平成6年改正後の拡大連座制は適用されないが（法律第2号附則2条1項・2項，法律第105号附則2条2項），適用対象となる選挙については，たとえ選挙期日の公示又は告示の日前の事前運動においてであっても，施行日以後の行為である限り，平成6年改正後の拡大連座制が適用される（法律第2号附則2条1項，法律第105号附則2条1項）。

第2節　現行連座制の概要及び運用状況

第1項　概説

[1] 連座制は，基本的に，公職の候補者等であった者以外の一定の対象者（連座対象者）が，一定の選挙犯罪（連座犯罪）を犯し一定の刑に処せられたときという要件（連座要件）を満たす場合には，原則として一定の手続（連座訴訟手続）を経て，公職の候補者等であった者の当選を無効とする等の制裁効果（連座効果）を発生させるという基本的な構造を有する。

> （注）　上記括弧内に掲げた各用語は，いずれも，本書における記述の便宜上使用するものである。なお，公職選挙法の条文を引用する場合は，単に「法221条」などと記載するが，連座訴訟につき，例えば法210条1項などの規定に基づく訴訟の場合は，「法」の記載を略し，単に「210条1項訴訟」などと略記する。

[2] 現行連座制の下において連座対象者とされているのは，
① 総括主宰者
② 出納責任者
③ 地域主宰者
④ 親　族
⑤ 秘　書
⑥ 組織的選挙運動管理者等
⑦ 一定公務員等

の7種である。

一般に，①ないし⑤を連座対象者とする連座制は「従来型連座制」，⑥を連座対

象者とする連座制は「**新連座制**」，⑦を連座対象者とする連座制は「**特別連座制**」と呼ばれている。

3 上記3種類の連座制について，連座要件及び連座効果等の要点を対比させて整理すると，次頁に掲げる「連座制対比表」のとおりとなる。

第2項　各連座類型の概要

1 連座の類型

「連座制対比表」から明らかなとおり，現行連座制は，連座要件及び連座効果に照らすと，連座対象者の別に応じて，

　① 総括主宰者・出納責任者・地域主宰者
　② 親族・秘書
　③ 組織的選挙運動管理者等
　④ 一定公務員等

の4つのグループに大別することができる。

この中で，④の特別連座制は，衆議院議員及び参議院議員のいわゆる国政選挙に限定して適用されるものである上，連座犯罪及び連座効果のいずれの点においても，他の類型とは異なっているほか，免責事由は一切認められておらず，他の3類型の連座制とはやや異質の制度であるといえよう。

2 連座類型別の相違点

上記①から③までの3類型において，連座犯罪及び連座効果は基本的に共通ではあるが，次のとおりの相違があり，特に，免責事由及び免責効果の相違は，従来型連座制と新連座制のそれぞれの制度の趣旨の相違を反映したものであると理解されている。

(1) 連座刑種

〈連座制対比表〉

対比事項 \ 連座対象者	I 従来型連座制 ①総括主宰者・出納責任者・地域主宰者（251の2 I ①②③, Ⅲ）	I 従来型連座制 ②親族・秘書（251の2 I ④⑤）	Ⅱ 新連座制 ③組織的選挙運動管理者等（251の3）	Ⅲ 特別連座制 ④一定公務員等（衆・参選挙のみ，251の4）
連座犯罪	221条, 222条, 223条, 223条の2＋247条（出納責任者のみ）	221条, 222条, 223条, 223条の2＋247条（出納責任者のみ）	221条, 222条, 223条, 223条の2＋247条（出納責任者のみ）	221条, 222条, 223条, 223条の2, 225条, 226条, 239条 I ①③④, 239条の2
連座刑種	刑（猶予付き・罰金刑を含む）	禁固以上の刑（猶予付きを含む）	禁固以上の刑（猶予付きを含む）	刑（猶予付き・罰金刑を含む）
連座効果	・当選無効 ・立候補禁止 ・重複立候補者の当選無効	・当選無効 ・立候補禁止 ・重複立候補者の当選無効	・当選無効 ・立候補禁止 ・重複立候補者の当選無効	当選無効のみ
免責事由	おとり・寝返り	おとり・寝返り	おとり・寝返り＋無過失	なし
免責効果	・立候補禁止 ・重複立候補者の当選無効 （当選無効の点についての免責はない。）	・立候補禁止 ・重複立候補者の当選無効 （当選無効の点についての免責はない。）	全部（連座不適用）	なし
連座訴訟	○210条1項（候補者等原告） ○更正・繰上の場合は同条2項（検察官原告） ○身分未認定の場合は211条1項（検察官原告）	211条1項（検察官原告）	211条1項（検察官原告）	211条2項（検察官原告）

連座対象となる刑の種別については、①（総括主宰者等）が「刑」であり、罰金刑も含まれるのに対し、②（親族・秘書）及び③（組織的選挙運動管理者等）は「禁錮以上の刑」（執行猶予付きも含まれる。）に限定されている。

(2) 免責事由

免責事由は、①及び②の従来型連座制が「おとり」及び「寝返り」の2つの事由のみに限定されているのに対し、③の新連座制においては、この2つの事由に加えて、いわゆる「無過失免責」を免責事由として認めている。

(3) 免責効果

免責効果についても、①及び②の従来型連座制においては当選無効の点に免責が及ばないのに対し、③の新連座制においては、当選無効及び立候補禁止のいずれの点に対しても免責が認められている。

第3項　平成6年改正後の拡大連座制運用の状況

平成16年5月末日現在において、これまで検察官が原告となって提起した連座訴訟は、112件に上っている。

上記112件の選挙種別による内訳は、以下のとおりである。

- 第41回衆議院議員総選挙（平成8年10月施行）関係……………………10件
- 第42回衆議院議員総選挙（平成12年6月施行）関係………………… 5件
- 第43回衆議院議員総選挙（平成15年11月施行）関係……………… 4件
- 衆議院議員補欠選挙関係………………………………………………… 2件
- 第19回参議院議員通常選挙（平成13年7月施行）関係……………… 2件
- 第13回統一地方選挙（平成7年4月施行）関係……………………………20件
- 第14回統一地方選挙（平成11年4月施行）関係……………………………20件
- 第15回統一地方選挙（平成15年4月施行）関係……………………………24件

◦　その他の地方選挙関係……………………………………………25件

　また，上記112件の連座訴訟における連座制発動の原因となった違反者の総数は160名であるが，その身分による内訳は，以下のとおりである（同一の違反者が複数の連座対象身分に該当する場合は重複して計上しているため，その総計は160名を上回る。）。

　　　◦　組織的選挙運動管理者等……………………………………………96名
　　　◦　親　　族……………………………………………………………55名
　　　◦　秘　　書……………………………………………………………12名

　上記112件のうち，平成16年5月末日現在で，6件（第43回衆院総選挙関係2件及び第15回統一地方選関係4件）が訴訟係属中であり，残る106件の訴訟は終了している。そのうち1件は，先行の別の連座訴訟で検察官勝訴の判決が確定して連座の効果が発生したため，訴えの利益がないとして訴えが却下されたものであり（後記裁判例15-1，15-2の事案☞205頁），残る105件は，検察官勝訴の判決が確定したもの，あるいは，先行の別訴訟の判決が確定して連座の効果が発生したなどの理由で訴訟を維持する必要がなくなり，検察官が訴えを取り下げたものである。

第2章　連座制の合憲性に関する論点

1　従来の連座制の合憲性等に関する判例

　従来型の連座制に関しては、昭和29年改正時の連座制による当選無効制度の合憲性について、昭和37年3月14日、2つの事件について同時に最高裁大法廷判決が言い渡されている（①民集16巻3号537頁、②民集16巻3号530頁（後記巻末資料（☞420・421頁）参照）。①事件では憲法13条、15条、31条違反が、②事件では憲法43条、93条違反が主張された。）。上告人らは、連座制が当選人の選任監督上の注意の懈怠を失格の要件としていないため、当選人は自己の全く関知しない他人の犯罪行為によって当選を失う点で、適法手続に基づかないで政治活動の自由を奪うものであり、当選人に投票した選挙人の意思を無視するものである点で、国民の代表者を選ぶ自由を侵害すると主張したのに対して、最高裁は、連座制の規定について「公職選挙が選挙人の自由に表明せる意思によって公明且つ適正に行われることを確保し、その当選を公明適正なる選挙の結果となすべき法意に出でたるものと解するを相当とする。ところで、選挙運動の総括主宰者……

が公職選挙法251条の2掲記のような犯罪を行う場合においては，その犯罪行為は候補者の当選に相当な影響を与えるものと推測され，またその得票も必ずしも選挙人の自由な意思によるものとはいい難い。従ってその当選は，公正な選挙の結果によるものとはいえないから」，「当選人が総括主宰者の選任及び監督につき注意を怠ったかどうかにかかわりなく」，「当選人の当選を無効とすることが，選挙運動の本旨にかなう所以であるといわなければならない。」と判示して，憲法違反の主張を退けた。本判決は，当選無効により選挙人の意思をある面無視することとなる点については，当該選挙違反によって当選が選挙人の真意と断定できなくなることから，当選無効を選択することの合理性を基礎付けているものと解される。また，公職選挙が民主政治の根幹であって公共性が極めて強いことから，選挙の不公正な結果を是正し，公正を確保することを保護法益としたものであり，そこでは当選人の私的利益は重視すべきでないという選挙に対する基本的考え方を表明したものであるとも解されている（最高裁判所判例解説民事篇昭和37年度90頁参照）。

　また，連座制に関する判例ではないが，選挙犯罪の処刑者に対する選挙権，被選挙権の停止（公民権停止）は，社会的身分による差別であり，国民主権につながる基本的権利たる参政権を不当に侵害し，条理のない差別であるから憲法14条，44条に違反するとの主張に対し，最高裁昭和30年2月9日大法廷判決（後記巻末資料（☞415頁）参照）は，法「252条所定の選挙犯罪は，いずれも選挙の公正を害する犯罪であって，かかる犯罪の処刑者は，すなわち現に選挙の公正を害した前歴者として，選挙に関与せしめるに不適当な素質を有するものとみとめるべきであるから，かかる選挙に関する不適格者は，これを一定の期間，公職の選挙に関与することから排斥するのは当然であって，他の一般犯罪の処刑者が選挙権被選挙権を停止されるとは，おのずから別個の事由にもとづくものである」

から,「選挙犯罪の処刑者について,一般犯罪の処刑者に比し,特に,現に選挙権被選挙権停止の処遇を規定しても,これをもって所論のように条理に反する差別待遇というべきでない」とし,「国民主権を宣言する憲法の下において,公職の選挙権が国民の最も基本的な権利の一であることは所論のとおりであるが,それだけに選挙の公正はあくまでも厳粛に保持されなければならない」から,「一旦この公正を阻害し,選挙に不適格な素質を露呈したものは,しばらく,選挙権の行使から遠去けて,その改過遷善を期することは,民主国家として元より当然の措置である」とし,いずれの主張をも退けている。本判決は,選挙の公正の保持の観点から,選挙権被選挙権の停止を基礎付けているものと解される。

2 拡大連座制とその本質についての議論

　従来型の連座制については,前記昭和37年判決に依拠して,候補者と特別の関係にある者が悪質な違反行為をしたことは,その候補者の選挙運動が全体として悪質な方法により行われたことを推認させるため,その当選を無効とすることにより,客観的に不公正な方法で得られた選挙結果を覆して選挙の公正を回復するという点に主眼があると解されてきたのに対して,新連座制については,一般には,これと異なり,公職の候補者等に対して選挙浄化義務を課し,候補者等自らの手で選挙浄化を行わせて腐敗選挙の一掃を図り,その義務違反に対する制裁として当選無効及び立候補制限という制裁を科すとの考え方によるものであると理解されている(第1章第1節第3項2の(2)☞7頁参照)。

　このような一般的理解における連座制の二元論に対して疑問を呈し,連座制による当選無効は,選挙違反に一定の要素が加わることにより,その選挙による特定の当選人の当選の効力を維持することが,日本の現実に照らして選挙の自由公正の観点から容認できない(と主権者たる国民と国民が信任した国会が判断した)から,これを無効とすることを宣言するものであり,制裁という要素は,旧

連座制もよって立つ選挙の自由公正の維持という要請に加えてのものにすぎず，これに代わるものではないとの見解もある（高崎秀雄「連座制における当選無効に関する法的分析」司法研修所論集1997－Ⅲ362頁参照）。

3 拡大連座制の合憲性に関する主な最高裁判例の流れ

以下，拡大連座制の合憲性について判示した主な最高裁判決を紹介する。これら一連の最高裁判決により明らかなとおり，拡大連座制の規定が合憲であることは，判例上，確定した判断となっている。

(1) **最高裁平成8年7月18日第1小法廷判決**（裁判集民事179号739頁，裁判例7－2（☞245頁））

本判決は，従来型連座制の拡大による法251条の2第1項の立候補禁止規定が憲法15条，31条，93条に違反しないとした（判示事項は後記裁判所の判断の要旨（☞33頁）のとおり）。

被選挙権，特に立候補の自由は，選挙権の自由な行使と表裏の関係にあり，自由かつ公正な選挙を維持する上で，極めて重要であり，このような見地から，憲法上明記されていないが，憲法15条1項の保障する重要な基本的人権の一つと解されている（最高裁昭和43年12月4日大法廷判決・刑集22巻13号1425頁（後記巻末資料（☞425頁）参照）。連座制による立候補禁止は立候補の自由に対する制約であるが，最高裁は，その合憲性判断に当たって，民主主義の根幹をなす公職選挙の公明，適正という極めて重要な法益を実現するために定められたものであり，その目的は合理的であるとした上で，立候補の自由を所定の選挙及び期間に限って制限することは，右の立法目的を達成するために必要かつ合理的であると判示して，憲法15条，31条，93条に違反しないと判断した。

本判決は，立候補の自由の重要性に言及しつつも，公職選挙の公明，適正を

より重視して，それが極めて重要な法益であることから，これを実現するという目的の正当性を認め，当該目的を達成するための手段としての合理性を審査することで結論を導いており，このような合憲性判断手法は，以降の最高裁判決においても踏襲されているところである。

　また，本判決は，前記昭和37年及び昭和30年の最高裁判決を引用し，その趣旨に徴して明らかであると結論付けているが，昭和37年判決は，連座制が不公正な選挙の結果を是正し，公正を確保する目的を有することを明らかにして，当選無効の制度を是認したものであり，また，昭和30年判決は，選挙犯罪処刑者の選挙権，被選挙権の停止を選挙の公正確保の観点及び候補者への制裁的観点をあげて是認している。最高裁は，これら判決を引用することで，平成6年改正後の法251条の2第1項については，従前の連座制及び選挙違反者の被選挙権停止と同じ枠組みにおいて理解しているものと解される。

　なお，従来型の連座制における立候補禁止については，選挙の公正確保のための手段という観点からの説明は問題があるとして，候補者への制裁としての側面からの説明する見解（判例時報1580号93頁コメント），当該候補者に投票した選挙人の意思をある意味無視する当選無効に比して，立候補禁止は候補者個人への制裁であり，選挙の公正の厳格な保持の観点及び本人の反省を促す観点から相当であり，5年間という期間も再選挙及び次回選挙への立候補禁止の趣旨であって，将来的実効性担保手段として相当性を認め得るとする見解（滝沢正・判例時報1594号189頁）などがある。

(2) 最高裁平成9年3月13日第1小法廷判決（民集51巻3号1453頁，裁判例9－2（☞252頁））

　本判決は，前記の新連座制の合憲性について正面から判示した最初の最高裁判決であり，当選無効及び立候補禁止の効果を規定する法251条の3は憲法前

文,1条,15条,21条,31条に違反しないとした(判示事項は後記裁判所の判断の要旨(☞38頁,44頁)のとおり)。

　本判決の判示は,法251条の3は公明かつ適正な公職選挙を実現するため,候補者等に選挙浄化義務を課し,選挙浄化の努力を怠ったときは,候補者等個人を制裁し,選挙の公明,適正を回復するという趣旨で設けられたものであり,その立法目的は合理的であるとし,処刑された悪質選挙違反者に限り連座の効果を生じさせ,連座制適用範囲を相応に限定し,立候補禁止の期間及び対象を限定し,おとり又は寝返りによる場合の免責及び相当の注意を尽くすことによる免責の規定を置いていることを全体としてみれば,前記立法目的を達成するための手段として必要かつ合理的であるとして,合憲性を肯定し,前記(1)の最高裁判決と同様に,昭和37年及び昭和30年の最高裁大法廷判決の趣旨に徴して明らかとしている。

　本判決も,前記(1)最高裁判決と同様に,前記昭和37年及び30年最高裁判決を引用してはいるが,立法目的として選挙浄化義務とその違反に対する制裁の趣旨をも論じており,新連座制の本質については,前記②(☞7頁)で述べたような一般的理解を前提としているものと解し得るところである。この意味で,本判決は,昭和37年及び昭和30年判決を踏まえてその枠組みの中で判断した前記(1)最高裁判決と異なり,新連座制の合憲性について,いわば「一歩を踏み出す」議論をした判例と位置付けることができる(判例時報1605号16頁等の本判決の評釈参照)。

　しかし,本判決が,選挙の公明,適正の回復を極めて重要な立法目的として把握していることは,従前の連座制における議論と全く同一であるから,その延長線上の判断と解されるし,立法目的実現のための手段は目的達成のため必要かつ合理的であればよいとして,合憲性審査基準として合理性の基準を採用

している点も，前記(1)最高裁判決と同様である。

　なお，選挙権被選挙権の制限については，ＬＲＡの基準（より制限的でない他の選び得る手段の有無の審査）等の厳格な審査基準の採用も主張されているが，本判決をはじめとして，最高裁の採用するところとはなっていない。

(3)　最高裁平成9年7月15日第3小法廷判決（裁判集民事183号823頁，裁判例11-2（☞264頁））

　本判決は，法251条の3の合憲性が争われた事案に関するものであり，同条は憲法13条，14条，15条1項，31条，32条，43条1項，93条2項に違反しないとした。

　判示の内容は，前記(2)最高裁判決と同様であり，同判決を参照すべき判決として引用している（判示事項は後記裁判所の判断の要旨（☞39頁，47頁）のとおり）。

(4)　最高裁平成10年11月17日判決（判タ991号100頁，裁判例16-2（☞295頁））

　本判決は，連座対象者に候補者等の秘書を加えている法251条の2第1項5号，2項の合憲性が争われた事案に関するものであり，これら規定は憲法15条1項，31条に違反しないとした（判示事項は後記裁判所の判断の要旨（☞28頁，37頁）のとおり）。

　本判決は，法251条の2第1項5号は，秘書を連座対象者に加え，連座の効果として立候補の禁止を加えて，秘書が所定の悪質な犯罪を犯した場合に候補者の当選無効等の効果を発生させることで選挙の公明，適正を実現する目的で設けられたものであるとした上で，民主主義の根幹をなす公職選挙の公明，適正を確保するという極めて重要な法益を実現するために設けられたものであるから，その立法趣旨は合理的であるとし，秘書に関する連座制の規制は全体としてみれば，前記立法目的を達成するための手段として必要かつ合理的なものであるとし，同条第2項の規定についても，候補者等の容認等が要件であり，

候補者等が秘書の定義に該当しないことを立証して適用を排除できるから，その判断を左右しないと判示しており，前記(2)最高裁判決のように選挙浄化義務とその違反に対する制裁の趣旨には触れておらず，前記(1)最高裁判決と同様の趣旨の判決であって，同判決が参照すべき判決として引用されているところである。

(5) 最高裁平成11年11月25日判決（裁判例18-2（☞303頁））

本判決は，法251条の3の合憲性が争われた事案に関するものであり，同条は憲法13条，15条，31条，93条に違反しないとした（判示事項は後記裁判所の判断の要旨（☞51頁）のとおり）。

判示の内容は，前記(2)最高裁判決と同様であり，同判決及び前記(3)最高裁判決を参照すべき判決として引用している。

(6) 最高裁平成12年6月16日判決（裁判例20-2（☞314頁））

本判決は，法251条の3の適用の合憲性が争われた事案に関するものであり，本判決は，本件への法251条の3の適用は憲法15条，31条に違反しないとした（判示事項は後記裁判所の判断の要旨（☞53頁）のとおり）。

判示の内容は，前記(5)最高裁判決と同様であり，前記(2)(3)の最高裁判決を参照すべき判決として引用している。

(7) 最高裁平成14年11月15日判決（裁判例26-2（☞349頁））

本判決は，連座対象者に候補者等の親族を加えている法251条の2第1項4号の合憲性が争われた事案に関するものであり，同号は憲法15条に違反しないとした（判示事項は後記裁判所の判断の要旨（☞30頁）のとおり）。判示の内容は，前記(4)最高裁判決と同様であり，同判決及び前記(1)最高裁判決を参照すべき判決として引用している。

なお，法251条の2第1項4号の合憲性が争われた福岡高裁平成12年8月8日

判決（裁判例21☞35頁）は，法251条の2第1項各号の趣旨につき，候補者にこれらの者が選挙犯罪を犯すことを防止するための選挙浄化の義務を課したものと説明していたが，本最高裁判決はこの点には触れていない。

4 その他の憲法上の論点について

3では，連座制自体の合憲性に関する議論を概観したが，ここでは，連座制の各規定に関する個別の合憲性に関する議論をまとめておくこととする。

(1) 憲法14条関係

最判平成10年2月12日（裁判例13-2☞27頁）においては，上告人から，連座訴訟が提起されなかった他の選挙区における公職選挙法違反事件と比較して，著しく公平を欠き，正義に反するもので，検察官の訴え提起権の恣意的行使を可能とする法211条は憲法14条1項に違反するという主張がなされている。

しかし，同判決が判断するとおり，法211条1項は，文理上明らかに，検察官は，連座要件に該当すると認めるときは，連座訴訟を提起しなければならないと規定しており，同項は，検察官の恣意的な訴訟の提起を可能とするものではないので，違憲の主張は，その前提を欠くものである。

(2) 憲法31条関係

憲法31条は，「何人も，法律の定める手続によらなければ，その生命若しくは自由を奪われ，又はその他の刑罰を課されない。」と規定しており，刑事手続における法定手続の保障を定める基礎的規定として，科刑の手続及び実体要件の法定と，その内容の適正を要求するものと解するのが通説である（佐藤幸治「憲法」（第3版）587頁）。同条の刑事手続以外の手続への適用について，最高裁は，新東京国際空港の安全確保に関する緊急措置法に定める工作物使用禁止命令に関し，「憲法31条の定める法定手続の保障は，直接には刑事手続に関するものであるが，行政手続については，それが刑事手続でないとの理由のみ

で，そのすべてが当然に同条による保障の枠外にあると判断することは相当ではない」としつつ，刑事手続との性質上の違いを重視した判断をしている（最高裁平成4年7月1日民集46巻7号1174頁）。したがって，刑事手続における選挙違反の審理を前提に，候補者の当選無効及び立候補禁止という重大な効果をもたらす連座訴訟の実体要件及び手続要件については，憲法31条の保障の枠外にあるとは言えないものと解されるが，その保障の範囲及び程度は，刑事手続における保障とはおのずから差異が生じて当然であり，この点に関する一連の裁判例も，このような前提に立って判断を行っているものと解される。

具体的に各主張を見てみると，まず実体要件の明確性に関する主張としては，251条の2第1項第5号の「秘書」の定義は文言自体が曖昧かつ漠然としており，憲法31条に違反するとの主張（大阪高判平成10年5月25日，最判平成10年11月17日（裁判例16-1，16-2☞28頁）），251条の3第1項の「組織」「組織的選挙運動管理者等」「その他当該選挙運動の管理を行う者」「意思を通じて」の文言はその内容を一義的に明確にならず，憲法31条に違反するとの主張（大阪高判平成10年5月25日，最判平成10年11月17日（裁判例9-1，9-2☞38頁），高松高判平成8年11月13日，最判平成9年7月15日（裁判例11-1，11-2☞39頁），福岡高判平成9年8月7日（裁判例12☞40頁））などがなされているが，裁判例は，いずれもこれら規定が不明確であるということはできないとして，違憲の主張はその前提を欠くと判断している（判示事項は前記裁判所の判断の要旨参照）。いずれの裁判例も連座要件の明確性に関する具体的判断基準を明示してはいないが，刑罰法規の犯罪構成要件が曖昧不明確の故に憲法31条違反となるかは，「通常の判断力を有する一般人の理解において，具体的場合に当該行為がその適用を受けるものかどうかの判断を可能ならしめるような基準が読みとれるかどうかによってこれを決定すべきである」とされて

おり（最高裁昭和50年9月10日大法廷判決・刑集29巻8号489頁），この判断基準によっても，連座要件が曖昧不明確故に無効とされることはないものと解される。

次に，手続要件の適正性に関する主張としては，251条の2の第2項の推定規定は秘書等の名称を使用する者が実質的に秘書たる仕事をしていたとの蓋然性がない以上，合理的理由がないとの主張（大阪高判平成10年5月25日，最判平成10年11月17日（裁判例16-1，16-2☞28頁））がある。裁判例においては，同項については，法律上の推定規定であり，候補者等が名称使用を承諾又は容認していることを推定の要件とした上で，候補者等が251条の2第1項5号の秘書の定義に該当しないことを立証して，その適用を排除できるとしているから，連座制を実効あらしめる上で合理的な規定であると判示されている（判示事項は前記裁判所の判断の要旨参照）。

同じく手続面の問題としては，連座訴訟において候補者等が選挙犯罪の成否について弁解防御の機会が与えられるべきであるとの主張がなされている（仙台高判平成8年7月8日（裁判例9-1☞61頁），東京高判平成9年10月7日最判平成10年7月3日（ 裁判例15-3，15-4 ☞292頁），福岡高判平成12年8月8日（裁判例21☞95頁））が，連座訴訟において連座対象者による選挙犯罪の事実の存否を改めて審理することなく，公職の候補者であった者の当選無効及び立候補禁止の効果を生じさせることが憲法31条に違反しないことは，最高裁判決（最高裁昭和37年4月14日大法廷判決等）においてすでに判断され確定しているところであるとされている（なお，この点について，法律の解釈としての主張がされた事例については，第3章第5節（☞92頁）を参照されたい）。なお，連座訴訟において証拠とされる検面調書につき，被告が全く防御の権利を行使することができないまま作成されたものであり，反対尋問権が保障されて

いない検面調書等による組織的選挙運動管理者等であると認定することは憲法31条，32条，15条に違反するとの主張（仙台高判平成8年7月8日（裁判例9-1☞64頁））に対して，仙台高裁は，当該事案においては，いずれも被告申請証人として尋問されて，原供述者への尋問による弾劾の機会が与えられており，被告本人尋問による防御の機会も与えられているとして，証拠とされることに所論の違法はない旨判断している（判示事項は前記裁判所の判断の要旨参照）（なお，この点について，法律の解釈としての主張がされた事例については，第5章第3節②（☞211頁）を参照されたい。）。

そのほか，251条の3第1項に関する過去の判例は「組織」「組織的選挙運動管理者」「意思を通じ」の各定義について，立法者意思を超える拡大解釈を行っており，過度に広汎な規制であるから違憲であるとの主張（福岡高判平成9年8月7日（裁判例12☞40頁））がされている。ここで主張されていることは，各規定の不明確性（故に拡大解釈がされるとの主張であろう）と解され，規制立法の適用対象が過度に広汎であるか否かの問題ではないように解されるので，学説上，表現の自由の制約の審査基準として紹介されている過度の広汎性の法理とは関係がないものと解される。

(3) 合憲限定解釈の主張について

連座要件等の違憲性を主張しつつ，合憲と判断されるためには，合憲的限定解釈がされなければならないとの主張（名古屋高金沢支判平成11年4月21日（裁判例18-1☞59頁），最判平成11年11月25日（18-2☞51頁））がある。本件事案では，そもそも規定自体の合憲性が認められ，合憲限定解釈を要するものでもないとされた（判示事項は後記裁判所の判断の要旨参照）。

この合憲限定解釈とは，付随的違憲審査制において，法解釈として複数解釈が可能な場合に憲法の基底と精神に適合する解釈がされなければならないという手

法のことであるとされており（佐藤・前掲書362頁），最高裁においても，公務員の労働基本権を制限する立法との関係で，この手法が用いられることがあった。

この点については，連座訴訟は，国民主権の端的な発現としての選挙に関する事柄であるから，その選挙結果を容認すべきか否かに関して国民とその代表としての国会が明確に宣言した法規範の意義には重いものがあるが故に，法211条型の当選無効訴訟については，裁判所による合憲限定解釈の余地はないと解する見解がある（高崎・前掲書398頁）。

〈裁　判　例〉

1　法211条の規定に関する主張（検察の恣意的行使を可能とする法211条が憲法14条に違反するとの主張）について

裁判例13-2　☞282頁参照
【候補者等の主張の要旨】
　　　　上告人に対する本件訴訟の提起は，連座訴訟が提起されなかった栃木県第4区における公職選挙法違反事件と比較し，著しく公平を欠き，正義に反するもので，このような検察官の訴え提起権の恣意的行使を可能とする法211条1項の立候補禁止訴訟の制度自体，著しく公平を欠き，正義に反するもので，憲法14条1項に違反する。
【上告審の判断の要旨】
　　　　法211条1項は，検察官による恣意的な訴訟の提起を可能とするものということはできず，この点に関する違憲の主張は，その前提を欠くものといわざるを得ない。

2 法251条の2の規定又はその適用に関する主張
ア 法251条の2第1項（5号）の規定が不明確で憲法31条に違反するとの主張

裁判例16-1, 16-2 ☞295頁参照

【候補者等の主張の要旨】

連座制規定は，他人の犯罪行為によって議員としての身分を失うばかりか，その後5年間にわたって立候補も禁止されるというものであって，近代法の大原則である個人責任の原則を否定するものであり，しかも，法251条の2第1項5号の「秘書」の定義も，文言自体，極めて曖昧かつ漠然としており，右連座制規定は憲法31条に違反する。

【裁判所の判断の要旨】

法251条の2第1項（5号）の規定は，従来の連座制ではその効果が乏しく選挙犯罪を十分に抑制することができなかったため，さらにその対象者の範囲を拡大し，候補者等に選挙運動の総括主宰者をはじめとする同項各号に規定されている者が選挙犯罪を犯すことを防止するための選挙浄化の義務を課し，候補者等がこの義務を怠ったときには，当該候補者等に制裁を課すことにより，選挙の公明，適正を回復するという目的で設けられたものと解され，その立法趣旨は合理的である。また，右規定は，候補者と一定の関係を有する者が買収等の悪質な選挙犯罪を犯した場合について連座制の制裁を課すこととするものであるが，中でも候補者等の秘書については，その者が候補者等又は選挙運動の総括主宰者若しくは地域運動主宰者と意思を通じて選挙運動をし，しかも，禁錮以上の刑に処せられたときに限って連座の効果を生じさせることとしており，また，立候補禁止の期間及びその対象となる選挙の範囲も限定しているのであって，このよう

な規制は，これを全体としてみれば，前記立法目的を達成するための手段として必要かつ合理的なものというべきである。

したがって，本件連座制規定は憲法31条に違反するものとはいえない。

【上告審の判断の要旨】

法251条の2第1項5号の規定は，いわゆる連座の対象者を総括主宰者，出納責任者，地域主宰者及び公職の候補者の親族に限りその効果を当選無効としていた従来の連座制では選挙犯罪を十分に抑制することができなかったという我が国における選挙の実態にかんがみ，連座の対象者として公職の候補者等の秘書を加え，連座の効果に立候補の禁止を加えて，連座の範囲及び効果を拡大し，秘書が所定の悪質な選挙犯罪を犯した場合に，当該候補者等の当選無効等の効果を発生させることにより，選挙の公明，適正を実現するという目的で設けられたものと解される。このように，右規定は，民主主義の根幹をなす公職選挙の公明かつ適正を確保するという極めて重要な法益を実現するために設けられたものであって，その立法趣旨は合理的である。また，同号所定の秘書は，公職の候補者等に使用される者で当該公職の候補者等の政治活動を補佐するものというと明確に定義されており，右規定は，公職の候補者等と右のような一定の関係を有する者が公職の候補者等又は総括主宰者等と意思を通じて選挙運動をし所定の選挙犯罪を犯して禁錮以上の刑に処せられたときに限って連座の効果を生じさせることとしており，立候補禁止の期間及びその対象となる選挙の範囲も限定し，さらに，同条4項において，選挙犯罪がいわゆるおとり行為又は寝返り行為によってされた場合には立候補禁止の効果及び衆議院（比例代表選出）議員の選挙における当選無効につき免責することとしているのであるから，このような規制は，これを全体としてみれば，前記

立法目的を達成するための手段として必要かつ合理的なものというべきである。したがって、法251条の2第1項5号の規定は、憲法15条1項、31条に違反しない。

所論は、法251条の2第1項5号所定の秘書に当たるというためには、その者が、単に当該候補者等の政治活動を補佐するというだけでは足りず、その重要部分を補佐しており、かつ、右補佐の対象が選挙運動とは区別される政治活動であることを要するなどと主張するが、前記の立法趣旨及び同号の規定の文言に徴し、同号所定の秘書を所論のように限定的に解すべき理由はなく、また、同号を違憲としないためにこのような限定解釈を要するものではない。

同号所定の秘書の定義が漠然としていて、検察官によるし意的な訴訟の提起を可能とするものということはできず、この点に関する所論違憲の主張は、その前提を欠く。

イ 法251条の2第1項（4号）の規定やその適用が憲法15条1項に違反するとの主張

裁判例26-2　☞349頁参照
【候補者等の主張の要旨】

憲法15条、93条2項等の位置付けを与えられた選挙権の行使の結果としての当該選挙における最多数の得票に基づく当選人の決定の効力は最大限尊重されるべきであり、また、立候補の自由も参政権の本質をなす憲法上の基本的人権であるから、当選人の決定の効力を無効とした上、立候補の自由を5年という期間にわたり許さないとすることが許されるには、高

度でかつ合理的な理由が存在しなければならない。

　昭和37年3月14日の2つの最高裁大法廷判決は，住民の意思（参政権）並びに候補者の立候補の自由といった立憲民主制においてきわめて重要な人権を制限するに当たり，総括主宰者，出納責任者の選挙運動における重要な位置付けを前提に，当該選挙における候補者の当選に相当な影響を与える蓋然性を踏まえて連座制は有効であると判示していることからすれば，4号の親族の選挙違反にかかる当選無効も，やはり主宰者や出納責任者に比肩すべき実質的な重要性を有しているということが必要であり，親族等について，総括主宰者等とともに連座制が適用されるためには，「意思を通じて」「選挙運動をした」ことが，総括主宰者の場合と同様に「その犯罪行為は候補者の当選に相当な影響を与えるものと推測され，またその得票も必ずしも選挙人の自由意思によるものとは言いがたい」と認められるような実質を持たなければならない。

　したがって，ここに言う「選挙運動をした」とは憲法15条の保障する住民の選挙権及び立候補の自由を不当に侵害しないように，重要な選挙運動（少なくとも選挙区の3分の1の地域における選挙運動の実権をもっている程度に影響力を有する権限乃至活動をする）を意味すると解すべきであるし，「意思を通じて」もそのような重要な選挙運動をすることについて相互に了解しあっていたことが必要であると解すべきである。

　原判決は，「選挙運動」及び「意思を通じて」について解釈を誤り，甲が，上告人の当選に相当な影響を及ぼすべき権限乃至活動を行うことについて了解があったのかどうかについて考慮せず，連座制を適用しているのであって，本件に公選法251条の2，1項を適用する限度で，原判決は憲法15条1項に違反するものである。

【裁判所の判断の要旨】

　　公職選挙法251条の2第1項4号の規定は，民主主義の根幹をなす公職選挙の公明かつ適正を確保するという極めて重要な法益を実現するために設けられたものであって，その立法目的は合理的である。また，同規定は，公職の候補者等と極めて近い身分関係を有する者が公職の候補者等又は総括主宰者等と意思を通じて選挙運動をし，所定の選挙犯罪を犯して禁錮以上の刑に処せられたときに限って，連座の効果を生じさせることとしており，立候補の禁止の期間及びその対象となる選挙の範囲も限定し，さらに，同条4項において，選挙犯罪がいわゆるおとり行為又は寝返り行為によってされた場合には立候補の禁止につき免責することとしているのであるから，このような規制は，これを全体としてみれば，上記立法目的を達成するための手段として必要かつ合理的なものというべきである。したがって，同条1項4号の規定は，憲法15条1項に違反するものではなく，所論のような限定解釈を要するものでもない。そして，原審の適法に確定した事実関係の下においては，公職選挙法251条の2第1項4号を適用して上告人につき立候補の制限をすることも，憲法の上記規定に違反しないものというべきである。以上のように解すべきことは，最高裁昭和37年3月14日大法廷判決・民集16巻3号530頁，最高裁昭和37年3月14日大法廷判決・民集16巻3号537頁及び最高裁昭和30年2月9日大法廷判決・刑集9巻2号217頁の趣旨に徴して明らかである（最高裁平成8年7月18日第一小法廷判決，最高裁平成10年11月17日第三小法廷判決参照）。

ウ　法251条の2第1項の規定が憲法15条1項，3項，93条2項及び31条に違反

するとの主張

裁判例7-1, 7-2 ☞ 245頁参照

※候補者が法210条に基づき提起した訴訟

【候補者等の主張の要旨】

　　法251条の2第1項の規定は、憲法15条1項、3項、93条2項及び31条の趣旨に照らし、限定的に解釈されるべきであり、具体的な選挙につき連座制を適用することができるのは、右の立法趣旨を達成するために必要かつ不可欠と認められる場合、すなわち、総括主宰者・出納責任者が犯した選挙違反行為が選挙人の投票意思を不当に歪めるような具体的危険性を帯び、当該当選人の得票中には、かかる犯罪行為によって得られたものが相当数あることが推測され、当該当選人の当選は選挙人の真意の正当な表現の結果とは断定できないと評価される場合に限られると解するべきである。

　　本件選挙違反事件の行為は、実質的違法性という点ではむしろ軽微なものというべきであり、本件事案に連座制を適用するのは、連座制の立法趣旨を達成するために許容される必要最小限度の手段という範囲を逸脱し、行為とこれに対する制裁の間の合理的均衡を著しく失する。

【裁判所の判断の要旨】

　　法251条の2第1項が定める構成要件はいずれも客観的に明確であり、多義的な解釈を容認する余地はないから、当該構成要件に該当するという認定に達し、かつ、同条4項が定める適用除外規定に該当する事由が認定できないにもかかわらず、当選無効等の効果を生じない場合があることを認めるのは、法律解釈の領域を逸脱し、解釈の名のもとに立法をなすに等

しく，裁判所のなし得るところではない。

　原告の主張は，つまるところ，同項の規定は，立法目的を達成するのに必要な限度を超え，憲法15条，93条，31条に違反するという趣旨と解される。

　当選無効規定が憲法15条，93条，31条に違反するものではないことは最高裁昭和37年3月14日の各判決が判示するところであり，現行の法251条の2第1項の規定中の当選無効に関する部分については，これを違憲とする理由はない。

　上記規定のうち，将来にわたる立候補の制限を定めたものの趣旨は，当選無効の効果のみでは，刑事裁判が遅延し，その間に任期が満了するなどして次期選挙が行われることとなったような場合には連座制が実質上無意味となることにかんがみ，連座制発効の日から将来にわたる立候補制限を加えることにより，連座制を実効あらしめるというところにあり，その目的において是認することができ，5年間という立候補制限の期間も不相当に長いとはいえず，憲法違反と解することはできない。

　本件選挙違反事件の行為の違法性はむしろ重大というべきであるから，これにより当選無効等の効果を生ぜしむるのは，選挙の公正を保持するために必要な限度を超えた制裁を課すことになるという原告の主張は，その前提において既に左袒しがたい。

【上告審の判断の要旨】

　法251条の2第1項は，選挙運動の総括主宰者，出納責任者等が買収罪その他の選挙犯罪を犯し刑に処せられたときは，公職の候補者等であった者が法251条の5に規定する時から5年間当該選挙に係る選挙区（選挙区がないときは，選挙の行われる区域）において行われる当該公職に係る選

挙に立候補することを禁止する旨を規定している。立候補の自由は憲法15条1項の保障する重要な基本的人権というべきことは所論のとおりであるが、民主主義の根幹をなす公職選挙の公明、適正はあくまでも厳粛に保持されなければならないものである。公職選挙法の右規定は、このような極めて重要な法益を実現するために定められたものであって、その目的は合理的であり、選挙運動において重要な地位を占めた者が選挙犯罪を犯し刑に処せられたことを理由として、公職の候補者等であった者の立候補の自由を所定の選挙及び期間に限って制限することは、右の立法目的を達成するために必要かつ合理的なものというべきである。したがって、右規定は、憲法15条、31条、93条に違反しない。そして、原審の適法に確定した事実関係の下においては、法251条の2第1項の規定を本件に適用して上告人の当選を無効とし、立候補の禁止をすることも憲法の右各規定に違反しないものというべきである。以上のように解すべきことは、最高裁昭和37年3月14日判決及び最高裁昭和30年2月9日判決の趣旨に徴して明らかである。

(裁判例21) ☞324頁参照
【候補者等の主張の要旨】

地方公共団体の長としての被選挙権は、憲法15条1項及び93条2項により保障され、その制約の合憲性は厳格に判断されなければならず、法251条の2及び211条の本件連座制規定が合憲であるためには、立法目的を達成するためにより制限的でないその他の手段が存在しないことが必要であるところ、選挙訴訟の長期化により訴訟係属中に候補者の任期が満了し連座制による当選無効の実効を期すことができなくなるという事態を避

けるとの平成6年法改正の立法目的は、百日裁判制度の適正厳格な運用を期し、その上でもなお選挙訴訟が長期化した場合にのみ候補者の立候補を禁止するという措置を講ずることにより十分達成することができるし、立候補の禁止期間も次回選挙への立候補を禁止するに足りる4年間をもってすれば必要かつ十分ということができる上、違反者が親族であるからといって、候補者が常にその責任を問われなければならない理由はなく、組織的選挙運動管理者等の選挙犯罪において、所定の事由があるときは連座制に関する規定を適用しないとする法251条の3第2項の規定と比較しても不均衡であり、地方公共団体の長としての被選挙権を制限する手段として、より制限的でない他の手段を選ぶことなく、また、立法目的を達成する上で必要かつ合理的な制限ともいえないものであるから、憲法15条1項、93条2項に反し、違憲無効である。

【裁判所の判断の要旨】

平成6年法改正により従来より強化された本件連座制規定は、従来の規定によってはその効果が乏しく、選挙犯罪を十分に抑制することができなかったという実態に鑑みて、候補者等に公職選挙法251条の2第1項各号所定の者が選挙犯罪を犯すことを防止するための選挙浄化の義務を課し、候補者等がこの義務を怠ったときは、当該候補者等に制裁を課すことにより、選挙の公明、適正を回復するという目的のために設けられたものと解されるところ、本件連座制規定は、民主主義の根幹をなす公職選挙の公明、適正を保持するという極めて重要な法益を実現するために定められたものであって、その目的は合理的なものということができ、候補者等の親族については、当該公職の候補者等と意思を通じて選挙運動をし、当該親族が選挙犯罪により禁錮以上の刑に処せられた場合に限って連座の効果を

生じさせることとし，さらに，公職の候補者等であった者の立候補の自由を所定の選挙及び5年間の期間に限って制限しているのであって，右規制は，右立法目的を達成するために必要かつ合理的なものと解することができるし，また，右規定が右法益の実現を目的とするものであることからすれば，候補者等の親族について同法251条の3と同旨の免責規定が設けられていないことも，合理的理由があるから，本件連座制規定は憲法15条1項及び93条2項に反しない。

エ　法251条の2第2項の推定規定が憲法31条に違反するとの主張

[裁判例16-1，16-2]　☞295頁参照

【候補者等の主張の要旨】

　　我が国では，一般に「事務所職員」又は「事務員」という呼称よりも「秘書」という呼称の方が高級感を与えることから，実質的には単なる事務員である場合にも秘書の名称を使用することが多く，秘書という名称を使用することを許諾していたことから，直ちにその者が実質的にも前記のような意味での「秘書」の仕事をしていたとの蓋然性はない。したがって，仮に秘書の名称の使用を容認していたとしても，そのことから実質的にもその者が「秘書」であることの事実上の推定の働く余地はなく，本件についても被告において，「秘書ではないこと」を立証しなければならないという立証責任の転換を図るべき合理的理由は全くない。その意味で，右推定規定は，立法の合理的基礎を全く欠いており，実体的適法手続を定めた憲法31条に違反する無効な規定といわざるを得ない。

【裁判所の判断の要旨】

法251条の2第2項は、法律上の推定規定と解される。右規定は、候補者等の政治活動の内容が多様であるとともに、これを補佐する業務にも種々のものがあり得るところから、そのような業務に従事する者が「秘書」に当たるか否かを個別的、実質的に判断しなければならないとすると、立証にも困難を来し、また、連座制の適用の判断に長期間を要し、その実効を期すことができないため、候補者等の補助者が秘書又はこれに類似する名称を使用していて、候補者等がその使用を承諾し又は容認している場合には、秘書と推定することとし、秘書ではないと争う側にその立証責任を負担させることとしたものであって本件連座制規定を実効あらしめるものとして、本件連座制規定と同様に合理的なものというべきであり、憲法31条に違反するものではない。

【上告審の判断の要旨】

　　　秘書又はこれに類する名称を使用する者を法251条の2第1項5号所定の秘書と推定する同条2項の規定の適用のためには、右名称を使用することを公職の候補者等が承諾又は容認していることが要件とされている上、当該候補者等は、同条1項5号所定の秘書の定義に該当しないことを立証して、その適用を排除することができるのであるから、同条2項も、前記判断（前記アの裁判例16-2の【上告審の判断の要旨】（☞29頁）参照）を左右するものではない。

3　法251条の3の規定又はその適用に関する主張
　ア　法251条の3第1項の規定が不明確であり違憲であるとの主張

（裁判例9-1、9-2）☞252頁参照

【候補者等の主張の要旨】

　法251条の3の規定は，同条にいう「組織」，「組織的選挙運動管理者等」，とりわけ「その他当該選挙運動の管理を行う者」の文言があいまいで，その内容が一義的に明確にならないから憲法31条に違反し，無効である。

【裁判所の判断の要旨】

　「組織」，「組織的選挙運動管理者等」の要件については前記説示（後記第3章第1節裁判例の1及び4の裁判例9-1（☞71・76頁）の各裁判所の判断の要旨参照）のとおり解すべきところ，その概念内容があいまいであるとはいえず，法251条の3の規定が憲法31条に違反するとの主張は前提を欠く。

【上告審の判断の要旨】

　法251条の3第1項所定の組織的選挙運動管理者等の概念は，同項に定義されたところに照らせば，不明確で漠然としているということはできず，この点に関する所論違憲の主張は，その前提を欠くものといわざるを得ない（最高裁平成8年11月26日判決（注・後記ウ裁判例8-2（☞42頁））参照）。

(裁判例11-1，11-2) ☞264頁参照

【候補者等の主張の要旨】

　法251条の3第1項の「組織」，「選挙運動の管理を行う者」の文言は，極めて不明確であり，憲法31条に由来する罪刑法定主義に違反する。

【裁判所の判断の要旨】

　法251条の3第1項の「組織」及び「選挙運動の管理を行う者」は，い

ずれもその概念が不明確であるとはいえず，罪刑法定主義に違反するとの主張は，その前提を欠き，採用することができない。

【上告審の判断の要旨】

　　法251条の3第1項所定の組織的選挙運動管理者等の概念は，同項に定義されたところに照らせば，不明確であるということはできず，この点に関する所論違憲の主張は，その前提を欠くものといわざるを得ない（最高裁平成8年11月26日判決（注・下記ウ裁判例8-2（☞42頁)），最高裁平成9年3月13日判決（注・裁判例9-1（☞38頁)）参照)。

(裁判例12)　☞276頁参照

【候補者等の主張の要旨】

　　法251条の3第1項にいう「組織」，「組織的選挙運動管理者」，「意思を通じて」の文言は，その内容を一義的に確定することが困難であり，文言が漠然であるが故に違憲となる。

【裁判所の判断の要旨】

　　「組織」や「意思を通じて」の文言が，それ自体漠然としているとは到底いえないし，「組織的選挙運動管理者等」についても，具体的な例示をもってその趣旨を明らかにしているのであるから，これが漠然としているとは到底いえない。

(裁判例22-1)　☞329頁参照

【候補者等の主張の要旨】

　　法251条の3の規定する「組織的選挙運動管理者」，「組織」，「意思を通じて」の各文言はいずれも極めて曖昧でその内容を一義的に確定すること

は困難であり、「漠然性の故に無効」というべきである。
【裁判所の判断の要旨】
　法251条の3第1項に規定する「組織的選挙運動管理者等」の要件は、不明確で漠然としているということはできない上、「組織」、「意思を通じて」の文言も曖昧とはいえない。

イ　法251条の3第1項が過度に広汎な規制であり違憲であるとの主張

裁判例12　☞276頁参照
【候補者等の主張の要旨】
　法251条の3第1項に関する過去の判例は、同項にいう「組織」、「組織的選挙運動管理者等」、「意思を通じて」の各定義について、広汎な解釈を行い、立法者意思を超えてまで拡大解釈を行っており、過度に広汎な規制というべきである。
【裁判所の判断の要旨】
　法251条の3第1項の立法目的は、公明かつ適正な公職選挙を実現するため、公職の候補者等に組織的選挙運動管理者等が選挙犯罪を犯すことを防止するための選挙浄化の義務を課し、公職の候補者等がこれを防止するための注意を尽くさず選挙浄化の努力を怠ったときは、当該候補者等個人を制裁し、選挙の公明、適正を回復するという趣旨で設けられたものである。そして、同項は、連座制の適用範囲に相応の限定を加え、立候補禁止の期間及びその対象となる選挙の範囲も限定し、さらに、免責規定も設けている。そうすると、このような規制は、その用語の意味が漠然としているとはいえないこととも相俟って、右の立法目的を達成するための手段と

して必要かつ合理的なものというべきであり、その規制の対象や規制の効果も限定的であって、これを過度に広汎な規制ということはできない。

ウ　法251条の3の規定及びその適用が違憲であるとの主張

裁判例8-1, 8-2 ☞247頁参照
【候補者等の主張の要旨】
① 　法251条の3に規定する「組織的選挙運動管理者等」の定義は極めて不明確で漠然としたものであり、その解釈次第ではすべての選挙運動員が「組織的選挙運動管理者等」に含まれる可能性がある。現に、被告らはいかなる手段を使っても右に該当する者の範囲を知り得なかったし、県あるいは町の選挙管理委員会さえも同人らのこの点についての照会に回答することはできなかった。その解釈次第では選挙運動のため車1台を手配する者も「組織的選挙運動管理者等」に含まれかねない。

　　右規定はあまりにも漠然とし、選挙権・被選挙権を保障した憲法15条、適正手続条項を保障した法31条、不合理な差別を禁止した法14条に違反し無効である。

② 　また、本件選挙において、被告のみならず、その対立候補等においても選挙の公正を害する様々な違反があったが、総括主宰者の地位にあるような者の選挙違反事件でも連座制を問われなかったり、後援会幹事長の商品券による買収容疑につき厳格な捜査を継続しなかったり、出納責任者の連座制が問われてしかるべく選挙違反事件が放置されているなどしている。被告のみがあらかじめ周到な用意のもとで被告の政治生命を絶つべき捜査がなされた形跡がうかがえ、検察官による恣意的訴訟提起

によって連座制の適用がなされようとしている。

このように，本件訴えの提起は，特定候補に対するいわゆる「狙い撃ち」適用の典型事例であり，憲法14条，31条，15条に違反する。

【裁判所の判断の要旨】

① 法251条の3にいう「組織的選挙運動管理者等」は明確に定義されており，右定義によれば，候補者等と意思を通じた選挙運動組織における，組織の上層部から末端の選挙運動責任者までのこととなるが，その定義が明確さに欠けると解することはできない。「その他当該選挙運動の管理を行う者」についても，明確性に欠けるところはない。

また，候補者等が選挙浄化責任を果たしたならばその適用を免れることができるから，法251条の3の規定が，憲法15条，31条，14条に違反すると解することはできない。

② 対立候補者側等につき，実質的に後援会の影の大黒柱的存在であった者による立候補届出前の商品券の供与による買収事件，会計責任者による立候補届出前の供応接待事件があるが，前者については，罰金刑に処せられているから法251条の3の連座制を適用する前提を欠き，また，立候補届出前であるので総括主宰者ないし地域主宰者に当たらないものであり，後者については，立候補届出前の違反であるので出納責任者による供応接待でなく，いずれも連座制を適用できない。

したがって，検察官の本訴提起が恣意的訴訟提起で違憲であるとはいえない。仮に他の候補への連座制の不適用が不当であるとしても，それだけでは被告の連座制の適用を免れる正当な理由とはならない。

また，捜査機関が被告に対し，違法な，あるいは恣意的な捜査を行って，被告の選挙運動員を「ねらい撃ち」的に検挙し，捜査を行ったと認

めるに足りない。

【上告審の判断の要旨】

　　法251条の3第1項によれば，同項所定の組織的選挙運動管理者等とは，公職の候補者又は公職の候補者となろうとする者と意思を通じて組織により行われる選挙運動において，当該選挙運動の計画の立案若しくは調整又は当該選挙運動に従事する者の指揮若しくは監督その他当該選挙運動の管理を行う者を意味するものであることが明確に規定されているのであって，これによれば，同条所定の組織的選挙運動管理者等の概念が不明確で漠然としており，恣意的解釈を許すものであるということはできないし，所論主張のような者が組織的選挙運動管理者等に当たると解することができないことも明らかである。したがって，所論違憲の主張は，その前提を欠くものといわざるを得ず，採用することができない。

(裁判例9-1，9-2) ☞252頁参照

【候補者等の主張の要旨】

　　法251条の3の連座制は，立候補の自由・政治活動の自由，投票者の選挙権（憲法15条）を著しく害し，国民主権の原理に反するものとして違憲無効である。

　　同条は，「組織的選挙運動管理者等」の範囲を，選挙運動の総括主宰者，出納責任者に準じる選挙運動で極めて重要な役割を果たしたものと限定的に解釈する限りで合憲となり，同条が，本件違反者らの行為に適用される限度において，合理的で必要やむを得ない限度を超え，憲法15条等に違反し無効である。

【裁判所の判断の要旨】

法251条の3の連座制は，選挙における腐敗防止を徹底するために，選挙浄化のための努力を怠った公職の候補者等に対し，制裁を課すことにより選挙の公正を実現するところにその趣旨があり，選挙実態に照らして合理性があるものであり，その規制手段についても，その目的に照らして合理性があり，その規制の範囲も必要最小限のもので相当であるというべきである。

　本件に適用される限度で憲法15条等に違反するとの主張についても，法251条の3が憲法各条に違反するものでないことは上記のとおりであるから，採用できない。

【上告審の判断の要旨】

　法251条の3第1項は，同項所定の組織的選挙運動管理者等が，買収等の所定の選挙犯罪を犯し禁錮以上の刑に処せられた場合に，当該候補者等であった者の当選を無効とし，かつ，これらの者が法251条の5に定める時から5年間当該選挙に係る選挙区（選挙区がないときは，選挙の行われる区域）において行われる当該公職に係る選挙に立候補することを禁止する旨を定めている。右規定は，いわゆる連座の対象者を選挙運動の総括主宰者等重要な地位の者に限っていた従来の連座制ではその効果が乏しく選挙犯罪を十分抑制することができなかったという我が国における選挙の実態にかんがみ，公明かつ適正な公職選挙を実現するため，公職の候補者等に組織的選挙運動管理者等が選挙犯罪を犯すことを防止するための選挙浄化の義務を課し，公職の候補者等がこれを防止するための注意を尽くさず選挙浄化の努力を怠ったときは，当該候補者等個人を制裁し，選挙の公明，適正を回復するという趣旨で設けられたものと解するのが相当である。法251条の3の規定は，このように，民主主義の根幹をなす公職選挙

の公明，適正を厳粛に保持するという極めて重要な法益を実現するために定められたものであって，その立法目的は合理的である。また，右規定は，組織的選挙運動管理者等が買収等の悪質な選挙犯罪を犯し禁錮以上の刑に処せられたときに限って連座の効果を生じさせることとして，連座制の適用範囲に相応の限定を加え，立候補禁止の期間及びその対象となる選挙の範囲も前記のとおり限定し，さらに，選挙犯罪がいわゆるおとり行為又は寝返り行為によってされた場合には免責することとしているほか，当該候補者等が選挙犯罪行為の発生を防止するため相当の注意を尽くすことにより連座を免れることのできるみちも新たに設けているのである。そうすると，このような規制は，これを全体としてみれば，前記立法目的を達成するための手段として必要かつ合理的なものというべきである。したがって，法251条の3の規定は，憲法前文，1条，15条，21条及び31条に違反するものではない。以上のように解すべきことは，最高裁昭和37年3月14日の各判決及び最高裁昭和30年2月9日判決の趣旨に徴して明らかである。

【裁判例10】 ☞261頁参照

【候補者等の主張の要旨】

　　法251条の3の組織的選挙運動管理者等の規定は，要件が極めて曖昧であり，本件の如く末端の後援会事務職員がたまたま選挙違反を犯せば連座規定が適用され，立候補が禁止されるというのでは，候補者の被選挙権が不当に奪われることになるから，右規定は憲法15条，31条に違反する。

　　本件違反者らは，違法性の認識は全く有していなかったのであり，職員が後援会活動の範囲を若干逸脱して支給されていた給与が選挙運動の報酬

と評価され，支給した側も有罪となり，立候補禁止に結びつくことになれば，候補者の責任を超えたところで生じた選挙犯罪のために被告の被選挙権が奪われることとなるから，少なくとも法251条の3の規定が本件に適用されることは憲法15条，31条に違反する。

【裁判所の判断の要旨】

「組織的選挙運動管理者等」の要件については，その内容が不明確であるということはできない。また，法251条の3の規定は，民主主義の根幹をなす公職選挙の公明，適正の厳粛な保持という，極めて重要な法益の実現のために定められたものであって，その目的は合理的であり，立候補制限規定は，立法目的を達成するために必要かつ合理的なものというべきである。したがって，上記規定が憲法15条，31条に違反するということはできない。

後援会の幹部である本件違反者らは本件選挙違反事件において禁錮以上の刑に処せられて確定しており，後援会を通じて行われた本件選挙運動の経緯に照らせば，被告はその選挙運動に深く関与していたものであり，また，被告が後援会職員の選挙犯罪を防止するために具体的な手段を尽くしたことを認めることはできないのであって，被告の責任範囲を超えたところで生じた選挙犯罪のために被告の被選挙権が奪われるという事情を認めることはできないから，本件に法251条の3の規定を適用することが憲法15条，31条に違反するものではない。

裁判例11-1，11-2　☞264頁参照

【候補者等の主張の要旨】

① 憲法13条違反

公職の候補者等の直接の監督の及びにくい組織的選挙運動管理者等の違反行為によって，当選無効及び5年間の立候補禁止という重大な制裁を課すことは，個人の尊重を定めた憲法13条に違反する。

② 憲法14条違反

組織的選挙運動管理者等と総括主宰者及び出納責任者とでは，候補者等からの距離に格段の差異があるのに，両者に同一の連座の効果を与えることは，前者に対する効果が相対的に著しく過酷なものとなって，合理的理由の見いだし難い差別的取扱いに該当し，憲法14条に違反する。

また，被告は捜査機関から狙い撃ちされたとの感をぬぐいきれないでおり，仮にそうでないにしても，全国規模で取締りの公平を期することは実際上不可能であり，法251条の3の連座制は，制度自体に差別的取扱いの本質を内包しているから，この点でも憲法14条に違反する。

③ 憲法15条1項，93条2項違反

公職の候補者等の直接の監督の及びにくい組織的選挙運動管理者等の違反行為によって，当選無効及び5年間の立候補禁止という重大な制裁を課すことは，憲法15条が保障する国民の選挙権及び被選挙権を侵し，かつ，多数の選挙人の意思に反する結果を生じさせるもので，憲法93条2項に違反する。

④ 憲法31条，32条違反

候補者等に組織的選挙運動管理者等の刑事裁判手続への関与を一切認めず，その刑事裁判における量刑，すなわち禁錮以上の量刑の相当性を争うことを認めないで，組織的選挙運動管理者等を禁錮以上の刑に処する裁判の結果，候補者等に当選無効・立候補制限の制裁を課すのは，適正手続保障を定める憲法31条に違反し，憲法32条によって保障されて

いる裁判を受ける権利を侵すものである。
⑤　適用違憲
　平成6年法律第105号による新連座制は，周知徹底が不十分であったから，本件に新連座制が適用される限りにおいて，憲法13条，14条，15条1項，31条，32条に違反する。

【裁判所の判断の要旨】
①　憲法13条，15条1項，93条2項違反の主張について
　法251条の3の規定は，民主主義の根幹をなす公職選挙の公明・適正の厳粛な保持という極めて重要な法益を実現するために定められたものであって，その目的は合理的であり，その目的を達成するため，組織的選挙運動管理者等が悪質な選挙犯罪を侵して禁錮以上の刑に処せられたことを理由とし，かつ，免責措置を講じた上で，候補者等の当選を無効とし，その立候補の自由を所定の選挙及び期間に限って制限することは，立法目的を達成するために必要かつ合理的なものというべきであり，同規定は，憲法13条，15条1項，93条2項に違反しない。
②　憲法14条違反の主張について
　選挙運動の総括主宰者等と組織的選挙運動管理者等の連座制の免責事由に差異が設けられているのであるから，被告の主張するように，両者に同一の連座の効果を与えることが合理的理由のない差別であり憲法14条に違反するとはいえない。
　捜査機関が被告を狙い撃ちしたことを認めるべき証拠はなく，新連座制が，制度自体として差別的取扱いの本質を内包しているとの被告の主張は，独自の見解というほかはなく，採用することができない。
③　憲法31条，32条違反の主張について

法251条の3第1項は，組織的選挙運動管理者等の刑事裁判が確定した以上，当選無効等の訴訟においては，同刑事裁判で確定された事実関係及びこれを前提とする量刑の点はもはや争うことができないものとする趣旨に出たものと解するのが相当であって，そのように解しても，憲法31条及び32条の規定に違反するものではない（従来型連座制に関する最高裁昭和37年3月14日判決参照）。

④ 適用違憲について

財団法人明るい選挙推進協会によるチラシやパンフレットの配布等が認められ，新連座制に関する周知徹底が不十分であったとまでは認めるに足りないので，法251条の3第1項を本件に適用することが，憲法13条，14条，15条1項，31条，32条の各規定に違反することはない。

【上告審の判断の要旨】

法251条の3の規定は，いわゆる連座の対象者を選挙運動の総括主宰者等に限っていた従来の連座制では選挙犯罪を十分抑制することができなかったという我が国における選挙の実態にかんがみ，連座の対象者の範囲を拡大し，公職の候補者等に組織的選挙運動管理者等が選挙犯罪を犯すことを防止するための選挙浄化の義務を課し，公職の候補者等がこれを怠ったときは，当該候補者等を制裁し，選挙の公明，適正を回復するという趣旨で設けられたものと解するのが相当である。このように，同条の規定は，公明かつ適正な公職選挙の実現という極めて重要な法益を実現するために定められたものであって，その立法目的は合理的である。また，右規定は，組織的選挙運動管理者等が買収等の悪質な選挙犯罪を犯し禁錮以上の刑に処せられたときに限って連座の効果を生じさせることとし，立候補禁止の期間及びその対象となる選挙の範囲も限定し，さらに，選挙犯罪が

いわゆるおとり行為又は寝返り行為によってされた場合には免責することとしているほか，候補者等が当該組織的選挙運動管理者等による選挙犯罪行為の発生を防止するため相当の注意を尽くすことにより連座を免れることのできるみちも新たに設けているのである。そうすると，このような規制は，これを全体としてみれば，前記立法目的を達成するための手段として必要かつ合理的なものというべきである。したがって，法251条の3の規定は，憲法13条，14条，15条1項，31条，32条，43条1項及び93条2項に違反するものではない。原審の適法に確定した事実関係の下においては，法251条の3の規定を本件に適用して上告人の当選を無効とし，立候補の制限をすることも，憲法の右各規定に違反しないものというべきである。以上のように解すべきことは，最高裁昭和37年3月14日の各判決，最高裁昭和30年2月9日判決の趣旨に徴して明らかである（最高裁平成9年3月13日判決（注：前記裁判例9-2（☞44頁））参照）。

(裁判例18-2) ☞303頁参照
【候補者等の主張の要旨】
　憲法15条1項は公務員の選定罷免権を，憲法93条2項は地方公共団体の議会の議員の住民による直接選挙を定めており，このような国民主権に由来する憲法上極めて重要な制度である選挙権の行使の結果としての最多数の得票に基づく当選人の決定の効力は最大限に尊重されるべきであり，また，最多得票数を得て当選人とされた地位は憲法15条1項の保障する基本的人権である立候補の自由の具体的帰結としての意義をも有するから，立候補禁止規定は，憲法15条及び93条の国民主権及び立候補の自由を侵害するものであり，明白かつ高度の合理的な理由が存在しなければな

らず，かつ，必要最小限度に止められなければならない。

また，近代法の大原則である個人責任の原則，過失責任の原則は，憲法13条及び31条により保障されており，憲法31条は罪刑法定主義の基本原則を定めるが，これは，議員の政治生命を奪う刑事罰以上に過酷な行政処分である立候補禁止にも適用されるのであるところ，立候補禁止規定は立候補者に何ら過失がなくても適用されるものであるから，憲法13条，31条の過失責任の原則に違反し，罪刑法定主義を定める憲法31条にも違反するから，これを合憲と判断するには明白かつ高度の合理的理由が存在しなければならず，かつ必要最小限度に止められなければならない。

しかるに，新連座制は，連座制対象者に組織的選挙運動管理者を加え，立候補制限の効果が5年間に及ぶとするが，地方議会の議員の任期が4年であることからすると，当選無効に加え，次回選挙での立候補を許さないのは，議員の政治生命を奪うもので，その目的達成のための必要な限度を逸脱しており，また，我が国選挙では複数人による役割分担と相互協力によって活動しているのが実態であるから，「組織」を拡大解釈すると，国民・住民は選挙に参加できなくなるし，立候補者にも上層部から末端の運動者までに目を届かせることは無理であるから，新連座制の立候補禁止規定は，地方議会議員選挙における選挙権，被選挙権の基本的人権としての重要性及びその制約の必要最小限度の原則に照らし，憲法15条，93条，13条，31条に違反する。

これを合憲とするためには，解釈適用に当たって，選挙浄化という目的達成のため必要最小限度の制限に止めるべく，厳格に解釈する必要があるので，合憲限定解釈をしないまま，本件に適用することは違憲となる。

【上告審の判断の要旨】

法251条の3の規定は、民主主義の根幹をなす公職選挙の公明、適正を保持するという極めて重要な法益を実現するために定められたものであって、その立法目的は合理的であり、右規定による規制も、これを全体としてみれば、立法目的を達成するための手段として必要かつ合理的なものというべきである。したがって、右規定は、憲法13条、15条、31条及び93条に違反するものではなく、右違反を避けるために上告人の主張するような限定解釈を要するものでもない。以上のように解すべきことは、最高裁昭和37年3月14日の各判決及び最高裁昭和30年2月9日判決の趣旨に徴して明らかである（最高裁平成9年3月13日判決（注：上記裁判例9-2（☞44頁））及び最高裁平成9年7月15日判決（注：上記裁判例11-2（☞47頁））参照）。

（裁判例20-1，20-2）☞314頁参照
【候補者等の主張の要旨】
(1) 憲法15条1項違反について

同項は、立候補の自由を保障するものであるが、本件のように、甲がポケットマネーから買収資金を拠出し、かつ、後日これを被告の選挙資金で補填しようとしていた等の事情もない事案については、候補者等としてこれを実効的に防止する術はないのであり、このような事案についてまで法251条の3を適用し、免責規定を適用せずに当選を無効とすることは、憲法の保障する立候補の自由を故なく奪うものであって、違憲というべきである。

同条が、候補者等に対し、組織による選挙運動を自らの手で徹底的に浄化するための厳しい責任を負わせて、腐敗選挙の一掃を図る目的で設

けられたものであるとしても，候補者等が，運動員の個人の財布を浄化するという不可能な責任まで負わされるものではないことは明らかである。

本件で甲は，被告のための選挙活動を，後援会ないしP1事務所とは全く独立して行っており，かつ，その費用もすべて甲個人ないし甲の経営するK工業の経費で賄い，これについては，後日被告から受領するつもりもなかった。このように，甲は，被告のための選挙運動を，いわば「勝手連」的に行っていたのであるから，被告に，右運動に対する「浄化」責任を負わせることは，不可能を強いることになるばかりではなく，甲の一市民としての政治活動の自由をも不当に制約する結果ともなりかねない。

(2) 憲法31条違反について

本件に法251条の3を適用し，当選を無効とし立候補の資格を奪うことは，不利益を被る者に対して事前の告知・聴聞の機会を保障する憲法31条にも反するものである。

すなわち，法251条の3の科す制裁は，当選無効及び5年間の立候補禁止という被告にとって刑事罰よりはるかに過酷なものであるから，その確定にあたっては，憲法31条による適正手続の保障が与えられるというべきである。

しかるに，本件では，刑事事件において捜査段階から一貫して，被告やP1事務所関係者には意見を述べる機会が全く与えられず，その結果，甲，U，V，Tは，執行猶予の見込まれる自己の刑事事件限りの取調べであるとの認識のもとに，予断と偏見をもった捜査に安易に迎合した調書にもとづき，連座制適用の最も重要な要件である刑事事件の有罪

判決が確定しているのである。

　本件請求原因とされている甲による各金銭供与行為は，いずれも買収金としてではなく，甲が選挙とは全く別の個人的思惑のもと，自己の親分肌を見せつけるための金員として供与した疑いが強く存するのであって，この点について，刑事手続において被告に適切な弁解の機会が与えられていれば，右刑事事件の結果が全く異なるものになった可能性も大である。

　現に，T，Bらは，実際に被告の後援会活動のための費用を支出しており，Bは，ガソリン代として受け取ったのであり，取調べにおいても当初そのように事実をありのまま述べていたが，予断と偏見をもつ捜査官憲に迎合してしまったのである。

　よって，本件においては，憲法31条の適正手続の保障がされておらず，法251条の3を適用するのは違憲というべきである。

【裁判所の判断の要旨】

(1) 憲法15条1項違反の主張について

　P3事務所における後援会活動・選挙運動に関しては，資金の出納も含めて甲の専権に属し，いわば野放しの状態にあり，被告において，P3事務所で行われた運動について会計責任者を派遣したり収支報告を求めたこともないのであるから，被告は法251条の3第2項3号所定の「相当の注意」をしたものとは到底認められないことは前示のとおりである。そうすると，被告の主張は，その前提を欠き理由がないことが明らかである。

(2) 憲法31条違反の主張について

　被告は，本件刑事手続において適切な弁解の機会が与えられていない

旨主張する。しかしながら，本件訴訟においては，甲，A及びBについて被告申請の証人として尋問されており，被告には，これらの者の刑事手続における供述調書の内容に関して，甲，A及びBを尋問することによって弾劾する機会が与えられたほか，証人F及び被告本人の各尋問によって本件訴訟の争点について被告の防御の機会も与えられたことは本件訴訟の経過に照らして明らかである。してみると，被告に適正手続の保障がなかったといえないことは明らかである。

　なお，被告は，甲による選挙犯罪の成立自体を争うかの主張をするところ，法251条の3第1項は，右規定による当選無効等訴訟において，受訴裁判所は，組織的選挙運動管理者等について法221条所定の選挙犯罪を理由とする処罰の存否を審理判断すれば足り，さらにその犯罪の成否そのものについてまで審理判断すべきことを定めた趣旨ではないから，被告の右主張は，理由がないというほかない。

【上告審の判断の要旨】

　　　公職選挙法251条の3の規定は，民主主義の根幹をなす公職選挙の公明，適正を保持するという極めて重要な法益を実現するために定められたものであって，その立法目的は合理的であり，右規定による規制も，これを全体としてみれば，立法目的を達成するための手段として必要かつ合理的なものというべきである。したがって，右規定は，憲法15条1項及び31条に違反するものではない。そして，原審の適法に確定した事実関係の下においては，公職選挙法251条の3の規定を本件に適用して上告人の当選を無効とし，立候補の制限をすることも，憲法の右各規定に違反しないものというべきである。以上のように解すべきことは，最高裁昭和37年3月14日大法廷判決・民集16巻3号530頁，最高裁昭和37年3月14日

大法廷判決・民集16巻3号537頁及び最高裁30年2月9日大法廷判決・刑集9巻2号217頁の趣旨に徴して明らかである（最高裁平成9年3月13日第一小法廷判決及び最高裁平成9年7月15日第三小法廷判決参照）。

裁判例25-2　☞345頁参照
【裁判所の判断の要旨】
　　公職選挙法251条の3の規定は，憲法15条及び31条に違反するものではなく，原審の適法に確定した事実関係の下においては，公職選挙法251条の3の規定を本件に適用して上告人の当選を無効とし，立候補の制限をすることも，憲法の上記各規定に違反しないものというべきである。以上のように解すべきことは，最高裁昭和37年3月14日大法廷判決・民集16巻3号530頁，最高裁昭和37年3月14日大法廷判決・民集16巻3号537頁及び最高裁昭和30年2月9日大法廷判決・刑集9巻2号217頁の趣旨に徴して明らかである（最高裁平成9年3月13日第1小法廷判決・民集51巻3号1453頁参照）。
　　そして，公職選挙法251条の3第1項所定の組織的選挙運動管理者等の概念が不明確であるということはできず，この点に関する所論違憲の主張は，その前提を欠くものといわざるを得ない（前掲小法廷判決参照）。

裁判例29　☞360頁参照
【候補者等の主張の要旨】
　　公選法251条の3は，連座制の対象者を「組織的選挙運動管理者等」という漠然不明確な文言で規定していて，無制限に拡大解釈される危険があり，また，その結果，公職の候補者等と関係のない者の行為により立候補

の自由及び被選挙権の侵害という著しい人権侵害をもたらすものであるから，規制手段の点で合理性，必要最小限度性に欠き，憲法15条，31条に違反して無効である。

【裁判所の判断の要旨】

　公選法251条の3第1項は，「組織的選挙運動管理者等」を「組織により行われる選挙運動において，当該選挙運動の計画の立案若しくは調整又は当該選挙運動に従事する者の指揮若しくは監督その他当該選挙運動の管理を行う者」で，総括主宰者，出納責任者，地域主宰者（公選法251条の2第1項1号ないし3号）を除く者と定義しているのであり，「組織的選挙運動管理者等」に関する上記定義に照すと，「組織的選挙運動管理者等」の概念が不明確で漠然としているということはできない。また，公選法251条の3の定める連座制は，民主主義の根幹をなす公職選挙の公明，適正を実現するという合理的な立法目的を達成するための手段として設けられたものであるところ，組織的選挙運動管理者等に対する買収等の悪質な選挙犯罪における禁錮以上の刑に処する判決の確定を条件とするとともに（同条第1項），公職の候補者等が選挙犯罪行為の発生を防止するため相当の注意を尽くしたこと等の一定の場合には連座を免れるとする免責事由を定めて（同条第2項），連座制の適用範囲を相当に限定し，かつ，立候補禁止の期間及びその対象となる選挙の範囲についても限定を加えている（同条第1項）から，その適用を受ける候補者等に対する立候補禁止等の規制は必要かつ合理的な範囲に止まるものということができる。

　したがって，組織的選挙運動管理者等の犯した選挙犯罪による連座制を定める公選法251条の3は，憲法15条，31条に違反するものでなく（以上につき最高裁判所平成9年3月13日第1小法廷判決参照），これに反す

る被告の主張は採用することができない。

エ　法251条の3の規定は憲法31条の中核的内容である責任主義の原則と抵触し違憲であるから，合憲限定解釈をする必要があるとの主張

裁判例18−1　☞303頁参照
【候補者等の主張の要旨】
　　　法251条の3の規定は，候補者本人が罪を犯した場合でないのに，候補者であった者の当選を無効とし，5年間同一選挙区からの立候補を禁止して，当該候補者の政治生命を奪い，刑罰以上に過酷な処分をするものであり，憲法31条の中核的内容である責任主義の原則と抵触し違憲とされかねないから，これを合憲と判断するには，責任主義の観点から，同条1項の適用要件を厳格に解釈するとともに，同条2項3号所定の免責要件については，候補者において当該者が所定の選挙犯罪を行うことを予見しもしくは容易に予見し得たのに敢えてその防止措置を取らなかったなど重大な過失がある場合を除いては，「相当な注意を怠らなかった」と解し，かつ重大な過失の存在は原告において立証すべきである。

【裁判所の判断の要旨】
　　　法251条の3の規定は，公明かつ適正な公職選挙を実現する目的で定められたものであって，立法目的は合理的であり，連座制適用の要件，適用の範囲，免責事由等からすると，右立法目的を達成するための手段として必要かつ合理的なものである。したがって，右規定は何ら憲法31条に違反するものではない（最高裁平成9年3月13日判決参照（裁判例9−2☞44頁））。被告は，右規定が憲法31条に抵触するおそれが大きいこと

を前提に，原告が候補者の重過失を立証しない限り，拡大連座制は適用されないと主張するが，その前提自体失当であり，被告の主張は理由がない。

【上告審の判断の要旨】

法251条の3の規定は，民主主義の根幹をなす公職選挙の公明，適正を保持するという極めて重要な法益を実現するために定められたものであって，その立法目的は合理的であり，右規定による規制も，これを全体としてみれば，立法目的を達成するための手段として必要かつ合理的なものというべきであえる。したがって，右規定は，憲法13条，15条，31条及び93条に違反するものではなく，右違反を避けるために上告人の主張するような限定解釈を要するものでもない。

4 その他の主張

ア 違法性の程度が低い本件に周知期間の短い法改正による連座制を適用することが憲法31条に違反するとの主張

裁判例2 ☞227頁参照

【候補者等の主張の要旨】

本件の法改正（平成6年法律第105号）の周知期間が通常の場合に比して短く，改正内容が選挙運動員らに周知徹底されていたとはいえないこと，被告が選挙違反防止に努めていたにもかかわらず，本件選挙違反事件が起きたのは，このような周知期間の不足が決定的要因となっていること，さらに本件選挙違反事件の行為は，違法性の程度が低く，可罰性に疑問があることなどから，このような選挙違反に連座制を適用することは憲

法31条に反する。

【裁判所の判断の要旨】

　　被告が必ずしも選挙違反防止のための努力を尽くしたといえないことは前記のとおりであるし，本件選挙違反事件が決して軽微なものではなく，違法性が低いものでもないことは，刑事事件の判決が指摘するとおりであり，被告主張のように法改正の周知期間が必ずしも長くなかったことを考慮しても，本件選挙違反事件により被告の当選を無効とすることなどが憲法31条に違反するとはいえない。

イ　本件選挙違反事件を争う機会がないのは憲法31条に違反するとの主張

裁判例9-1　☞252頁参照

【候補者等の主張の要旨】

　　当選無効とされるおそれのある当選人は，本来，他人の選挙犯罪による刑事訴訟手続に参加したうえ，実質的に弁解防御できるようにすることが，適正手続の観点から要求され，少なくとも，当選無効，立候補禁止を求める訴訟において，他人の選挙犯罪の刑事判決が確定していても，公職の候補者等自身の権利として，他人の選挙犯罪の成否について，あらためて弁解防御の機会が与えられるべきである。

　　本件訴訟手続において，検察側の検面調書が証拠として提出されている一方で，被告は本件違反者らの刑事訴訟に証人として喚問されていないどころか，十分な検面調書もとられていないのに，被告による検察官に対する証人請求は受け入れられておらず，仮に右検面調書により事実認定が行われるとすれば，被告は，本件違反者らの選挙犯罪の成否について，実質

的に弁解防御を試みることができるような機会が全く与えられないことになり，かかる訴訟手続によって被告に当選無効，立候補禁止という重大な不利益を課すことは，告知弁解の機会を保障する憲法31条に違反する。

【裁判所の判断の要旨】

　　法251条の3第1項は，同規定による当選無効等訴訟においては，受訴裁判所が，組織的選挙運動管理者等について法221条所定の選挙犯罪を理由とする処罰の存否を審理判断すれば足り，そのほか，さらにその犯罪の成否そのものについてまで審理判断すべきことを定めた趣旨ではないと解するのが相当であり（最高裁昭和41年6月23日判決），そのように解しても，同条が所論憲法の規定に違反するものでないことは最高裁昭和37年3月14日判決の趣旨に徴して明らかである。

裁判例15-3，15-4 ☞292頁参照

※候補者が法210条に基づき提起した訴訟

【候補者等の主張の要旨】

　　第三者の選挙犯罪について禁錮以上の刑に処する有罪判決が確定したというだけで，立候補者の当選を無効とし，立候補を禁止するというのは，明らかにその者に告知と弁解の機会を与えずその権利を奪うものである。検察官からする当選無効，立候補禁止の訴訟は，連座制の適用を受ける者に対して，当該第三者の選挙犯罪について告知と弁明の機会を保障する趣旨と理解すべきであり，検察官は，本件訴訟において，出納責任者である本件違反者の選挙犯罪が有罪であることを改めて原告の前で証明しなければならない。原告は，これが無罪であることを主張して争う権利がある。

【裁判所の判断の要旨】

法251条の2は，公職選挙の公正さを確保するために，選挙浄化の最も強力な手段として定められたものであって，公職の候補者等の当該選挙と密接な関係になる者が買収等の悪質な選挙犯罪を犯し禁錮以上の刑に処せられた場合には，たとえ候補者等が買収等の行為に関わっていなくても，当該候補者等の当選を無効とするとともに，一定の期間立候補制限という効果を生じさせることとしたものである。このような立法目的に照らすと，同条1項各号に該当する者が買収等の悪質な選挙犯罪を犯して禁錮以上の刑に処せられたことを理由として，公職の当選者の当選を無効とし，立候補の自由を5年間に限って制限することは，合理的な制約であるというべきである（最高裁昭和37年3月14日判決，最高裁昭和41年6月23日判決参照）。したがって，法251条の2の規定は，憲法31条に違反するものではなく，また，本件訴訟において，本件違反者の選挙犯罪の事実の存否について審理することなく，原告に右規定が適用されるものとして，原告の請求を棄却することも，憲法の右規定に違反するものではないというべきである。

【上告審の判断の要旨】

　公職選挙法に基づくいわゆる連座制による訴訟において連座対象者による選挙犯罪の事実の存否を改めて審理することなく原告敗訴の判決して，公職の候補者であった者の当選無効及び立候補の禁止の効果を生じさせることが，憲法31条に違反するものでないことは，最高裁昭和37年3月14日各判決，最高裁昭和30年2月9日判決の趣旨に徴して明らかである（最高裁昭和41年6月23日判決，最高裁平成9年7月15日判決（注：上記3のウ裁判例11-2(☞47頁) 参照）。

ウ　被告の反対尋問権が保障されていない検面調書等での認定が憲法31条，32条及び15条に違反するとの主張

>裁判例9-1　☞252頁参照
【候補者等の主張の要旨】
　　　　本件訴訟において，原告から証拠として提出されている本件違反者ら3名の刑事事件における検面調書等は，「組織的選挙運動管理者等」の本件訴訟の争点について，被告が全く防御の権利を行使することができないまま作成されたものであり，被告の反対尋問権が保障されていない検面調書等によって本件違反者らが組織的選挙運動管理者等であると認定することは，憲法31条，32条，15条に違反する。

【裁判所の判断の要旨】
　　　　本件訴訟において，原告から本件違反者ら3名の本件選挙違反事件に係る刑事事件における検面調書等が証拠として提出され，特に同人らの検面調書は，同人らが「組織的選挙運動管理者等」に該当するか否かという本件訴訟の争点に係わる枢要な証拠であるところ，原告が組織的選挙運動管理者等に該当すると主張する本件違反者ら3名については，いずれも本件訴訟において被告申請の証人として尋問されており，被告には，これらの検面調書の内容に関して原供述者に対し尋問することによって弾劾する機会が与えられたほか，被告本人尋問によって，本件訴訟の争点について被告に防御の機会も与えられたことは本件訴訟の経過に照らし明らかである。してみると，これらの検面調書等に証拠価値がないとはいえず，これらの検面調書等が本件違反者らが組織的選挙運動管理者等であると認定する証拠に供されることに所論の違法はないというべきである。

第3章　法律上の論点

第1節　組織的選挙運動管理者等の解釈に関する論点

1　組織的選挙運動管理者等に係る連座制の概観

　法251条の3が規定する組織的選挙運動管理者等に係る連座制は，平成6年法律第105号（公職選挙法の一部を改正する法律。なお，この改正法律は議員提案に係るものである。）による公職選挙法改正により導入されたものであり，法251条の2に規定されている従来の連座制と対比させて「**新連座制**」などと呼ばれているものである（その趣旨及び合憲性については，前記第1章第3項2（☞7頁）及び第2章の2（☞17頁）・3の(2)（☞19頁）参照）。

　ここで，組織的選挙運動管理者等に係る連座制の要件及び効果について若干説明しておく（要件及び効果の詳細については本書末尾を参照されたい。）。まず，法251条の3第1項は，組織的選挙運動管理者等が，法221条（買収）等の罪を犯し，禁錮以上の刑に処せられたときは，当該公職の候補者等であった者の当選は

無効とし（当選無効），ⓑ連座訴訟について原告（検察官）勝訴の判決が確定した時から5年間，当該選挙に係る選挙区において行われる当該公職に係る選挙において公職の候補者となり，又は公職の候補者であることができず（立候補禁止），ⓒ当該公職の候補者等であった者が衆議院小選挙区選出議員選挙における候補者であり，当該選挙と同時に行われた衆議院比例代表選出議員選挙における当選人となったときは，比例代表選挙における当選を無効とする（重複立候補者の比例代表選挙における当選無効）旨を規定している。なお，ⓒの場合についても，衆議院小選挙区選出議員選挙についてⓑの立候補制限の効果が発生することは言うまでもない。

　法251条の3第2項は，組織的選挙運動管理者等に係る連座制の適用除外事由を規定している。同項は，

　　ア　組織的選挙運動管理者等による買収等の違反行為が当該行為をした者以外の者の誘導又は挑発によってされ，かつ，その誘導又は挑発が連座制に該当することにより当該公職の候補者等に連座効を発生させる目的をもって当該公職の候補者等以外の公職の候補者等その他その公職の候補者等の選挙運動に従事する者と意思を通じてなされたものであるとき（いわゆる「**おとり**」）

　　イ　組織的選挙運動管理者等による買収等の違反行為が当該公職の候補者等に連座効を発生させる目的をもって，当該公職の候補者等以外の公職の候補者等その他その公職の候補者等の選挙運動に従事する者と意思を通じてなされたものであるとき（いわゆる「**寝返り**」）

　　ウ　当該公職の候補者等が，組織的選挙運動管理者等が買収等の違反行為を行うことを防止するため相当の注意を怠らなかったとき

には，当選無効・立候補制限いずれの連座効も発生しない旨を規定している（こ

のウの「相当の注意」の意義については、後記4章4節（☞168頁）参照。）。

　なお、組織的選挙運動管理者等に係る連座制は、法251条の2の従来型連座制と同様、上記ⓒの場合を除き、衆議院比例代表選出議員選挙には適用されない（法251条の3第3項）。

　この点につき、従来は参議院比例代表選出議員選挙にも適用されないこととされていたが、平成12年法律第118号（公職選挙法の一部を改正する法律）による公職選挙法改正により、参議院名簿登載者のために行う選挙運動に限り、同選挙にも適用されることとなったので、注意を要する（法251条の2第1項1号参照）。

　組織的選挙運動管理者等に係る連座訴訟は、法211条1項により、組織的選挙運動管理者等に係る刑事裁判が確定した日から30日（刑事裁判確定後に当選告示がされた場合は当選告示の日から30日）以内に、当該候補者を被告として、検察官が高等裁判所に提起しなければならない。

　以下では、組織的選挙運動管理者等に係る連座制の各要件のうち、その中核をなす「組織的選挙運動管理者等」（前頁①）の意義について検討する。

② 「組織的選挙運動管理者等」の意義について

　「組織的選挙運動管理者等」とは、「公職の候補者又は公職の候補者となろうとする者（併せて「公職の候補者等」という。）と意思を通じて組織により行われる選挙運動において、当該選挙運動の計画の立案若しくは調整又は当該選挙運動に従事する者の指揮若しくは監督その他当該選挙運動の管理を行う者」であって、法251条の2第1項第1号から第3号までに規定する総括主宰者、出納責任者又は地域主宰者以外の者をいうものとされている（法251条の3第1項）。

　これを分析すると、
　　① 組織により行われる選挙運動の存在
　　② 当該選挙運動が公職の候補者等と意思を通じて行われること

③ 違反行為者が次のいずれかであること
　　Ⅰ　当該選挙運動の計画の立案又は調整を行う者
　　Ⅱ　当該選挙運動に従事する者の指揮又は監督を行う者
　　Ⅲ　その他当該選挙運動の管理を行う者

が組織的選挙運動管理者等の要件となる。

③ 「組織により行われる選挙運動」

(1) 組織性

　ここにいう「組織」とは，特定の公職の候補者等を当選させる目的をもって，複数の人が，役割を分担し，相互の力を利用し合い，協力し合って活動する実態をもった人の集合体及びその連合体をいうものと解されている（自治省選挙部・逐条解説公職選挙法1593頁，衆議院法制局内選挙法制研究会・選挙腐敗防止法の解説71頁，仙台高判平成8年7月8日（裁判例9-1☞71頁），高松高判平成8年11月13日（裁判例11-1☞72頁））。

　したがって，**第1に**，選挙運動のために組織されたものである必要はなく，政党や後援団体のみならず，民間企業や労働組合，町内会，自治会，同窓会等，本来は選挙運動や政治活動以外の活動を目的とするものであっても，これらの組織により選挙運動が行われる場合には，「組織」に該当し得る。

　また，**第2に**，組織の規模や継続性の有無は問わない（仙台高判平成8年7月8日（裁判例9-1☞71頁），最判平成9年3月13日（裁判例9-2☞72頁））。必ずしも多人数である必要はなく，役割を分担し，相互の力を利用し合い，協力し合って選挙運動を行うために必要な人数であれば足りるものと解されている（前掲選挙腐敗防止法の解説71頁）。また，選挙運動を行う組織として意味がある程度に存続していれば足り，既存の組織や中長期的に存続する組織である必要はない。

第3に，既存の組織の一部であっても「組織」に当たり得る。民間企業等の構成員の一部のみが選挙運動を行っている場合であっても，当該選挙運動に関与している部分が組織としての実態を有していれば，「組織」に該当し得る（仙台高判平成8年7月8日（裁判例9-1☞71頁））。

　第4に，「組織」というために，指揮命令系統が存在することは必ずしも必要ではない。通常，組織には何らかの指揮命令系統が存在することが多いであろうが，いわゆるピラミッド型ではなく，水平的に役割を分担する場合であっても，複数の人が，役割を分担し，相互の力を利用し合うなどして活動する実態をもった人の集合体等であれば，指揮命令系統が存在しなくても，「組織」に該当し得る（福岡高判平成9年8月7日（裁判例12☞73頁），高松高判平成8年11月13日（裁判例11-1☞72頁））。

(2) 選挙運動

　「選挙運動」とは，一般に，一定の選挙につき，一定の候補者を当選せしむべく投票を得若しくは得しむるにつき，直接又は間接に必要かつ有利な周旋，勧誘若しくは誘導その他諸般の行為をなすことを汎称するものと解されており（大判昭和3年1月24日刑集7巻1号6頁等参照），ここでこれと異なる解釈をとる理由はない。

　なお，「組織により行われる選挙運動」とは，選挙運動が当該組織により行われることを要件としているに過ぎず，連座要件を構成する組織的選挙運動管理者等による買収等の違反行為が組織的に行われることまでを必要とするものではない。

④ 「意思を通じて」

　組織的選挙運動管理者等に該当するためには，選挙運動を行う組織が公職の候補者等との間で「意思を通じて」いること，すなわち公職の候補者等と当該組織

の総括者との間で，選挙運動が組織により行われることについての意思連絡があることが必要である（前掲逐条解説公職選挙法1594頁）。

　ここで，意思連絡の内容としては，選挙運動が組織により行われることについて，相互に明示あるいは黙示に認識をし，了解し合うことが必要ではあるが，公職の候補者等において，組織の具体的な名称や範囲，組織の構成，構成員，その組織により行われる選挙運動のあり方，指揮命令系統等についての認識を有していることまでは要しない（仙台高判平成8年7月8日，最判平成9年3月13日（裁判例9-1, 9-2☞74頁））。

　また，公職の候補者等と意思を通じる相手方は，具体的には当該選挙運動を行う組織の総括者である。誰が組織の総括者であるかは，当該組織により行われる選挙運動全体の具体的，実質的な意思決定を行い得る者をいう（同）。なお，公職の候補者等との意思連絡は，組織の総括者が有していれば足り，組織的選挙運動管理者等が公職の候補者等との間で意思連絡を有している必要はない。

5　管理者性

　「組織的選挙運動管理者等」とは，前記（☞67頁）のとおり，公職の候補者等と意思を通じて行われる選挙運動において，

　　　Ⅰ　当該選挙運動の計画の立案又は調整を行う者
　　　Ⅱ　当該選挙運動に従事する者の指揮又は監督を行う者
　　　Ⅲ　その他当該選挙運動の管理を行う者

のいずれである。

　その一般的な意義については，仙台高判平成8年7月8日（裁判例9-1☞76頁）において，以下のような判断が示されている。すなわち，

　Ⅰの「当該選挙運動の計画の立案又は調整を行う者」とは，選挙運動組織の一員として，選挙運動全体の計画の立案又は調整を行う者をはじめ，ビラ配りの計

画，ポスター貼りの計画，個人演説会の計画，街頭演説等の計画を立てる者やその調整を行う者等で，いわば司令塔の役割を担う者をいう。

Ⅱの「当該選挙運動に従事する者の指揮若しくは監督を行う者」とは，選挙運動組織の一員として，ビラ配り，ポスター貼り，個人演説会，街頭演説等への動員，電話作戦等にあたる者の指揮監督を行う者，いわば前線のリーダーの役割を担う者をいう。

Ⅲの「その他当該選挙運動の管理を行う者」とは，選挙運動組織の一員として，選挙運動の分野を問わず，ⅠⅡ以外の方法により選挙運動の管理を行う者をいう。たとえば，選挙運動従事者への弁当の手配，車の手配，個人演説会場の確保を取り仕切る等選挙運動の中で後方支援活動の管理を行う者をそれぞれいうものと解されている。

具体的に，どのような者がこれらに該当するかについては，後記第4章第1節の解説④（☞102頁）及び第4章第1節裁判例の④（☞136頁）を参照されたい。

なお，組織的選挙運動管理者等に該当するためには，総括主宰者（法251条の2第1項1号）等に準ずる立場にあることは必要ではなく，上記のいずれかに該当すれば十分である。

〈裁　　判　　例〉

1　組織性について

裁判例9-1　☞252頁参照
【候補者等の主張の要旨】
　　「組織」とは，特定の公職の候補者等の当選を得せしむる目的のもとにその選挙運動について指揮，監督，命令系統があり，選挙運動のために相互に

役割分担がなされ，公職の候補者等が選挙犯罪を防止するために，相当な注意をすることが可能な統一的人的結合集団，連合集団であることを要する。

【裁判所の判断の要旨】

　法251条の3第1項の「組織」とは，特定の候補者の当選を得せしめ又は得せしめない目的の下に役割を分担して活動する人的結合体を指し，既存の組織かどうか，継続的な組織かどうかを問わず，規模の大小も問わないというべきである。複数の人が，役割を分担し，相互の力を利用し合い，相互に協力し合って活動する実態をもった人の集合体であれば「組織」に当たると解すべきであり，公職の候補者等自らがその「組織」若しくは総括者に働きかけ，選挙違反行為を中止し得るだけの人的結びつきがあり，公職の候補者等の指示を受け入れる関係が存在しなければならないものではなく，会社についてみれば，その構成員のうち当該選挙運動に関与している部分が組織としての実態を有していれば，その部分で「組織」が成立していることになる。

(裁判例9-2) ☞252頁参照

【候補者等の主張の要旨】

　法251条の3第1項所定の「組織」とは，規模がある程度大きく，かつ一定の継続性を有するものに限られる。

【上告審の判断の要旨】

　立法の趣旨及び法251条の文言に徴し，所論のように限定的に解すべき理由はない。

(裁判例11-1) ☞264頁参照

【候補者等の主張の要旨】

人の集まりが「組織」に該当するといえるためには，その集団の内部で統一的な意思が形成されるとともに，指揮命令系統が備わっていることが必要と解すべきである。

【裁判所の判断の要旨】

法251条の3第1項にいう「組織」とは，特定の候補者等を当選させる目的の下に，複数の人が，役割を分担し，相互の力を利用し合い，協力し合って活動する実態をもった人の集合体及びその連合体をいうと解すべきである。なお，組織には，通常は，何らかの指揮命令系統が存在する場合が多いと考えられるが，ピラミッド型でなく，水平的に役割を分担する場合には，指揮命令系統が存在しなくても，選挙運動を遂行し得る「組織」が形成されることがあり得る。

[裁判例12] ☞276頁参照

【候補者等の主張の要旨】

法251条の3第1項の「組織」といえるためには，特定の候補者の当選を得せしめる目的のもとにその選挙運動について指揮，監督，命令系統があり，選挙運動のために相互に役割分担がなされ，候補者等が選挙犯罪を防止するために相当な注意をすることが可能な統一的人的結合連合集団であることが必要である。

【裁判所の判断の要旨】

被告のような解釈は，候補者において，指揮，命令系統のあいまいな団体を選挙運動に利用することによって，容易に連座制の適用を免れしめるものであって，法251条の3の立法趣旨に明らかに反する解釈であり，到底採用することができない。

2 選挙運動性について

(裁判例9-1) ☞252頁参照

【候補者等の主張の要旨】

　　　法251条の3第1項に規定する「選挙運動」とは，「特定の公職の候補者等の当選を得させるために行う勧誘若しくは誘導行為及びこれに付随する必要な行為」と考えるべきである。「挨拶の場の提供」については，少なくともある会合で公職の候補者等に挨拶をさせること自体は，それに連続性がありかつ他の直接的な投票の勧誘もしくは誘導行為等の一環として行われるものでない限り，同条にいう選挙運動には該当しない。

【裁判所の判断の要旨】

　　　「選挙運動」とは，特定の公職の選挙につき，特定の候補者の当選を目的として投票を得又は得させるための直接又は間接に必要かつ有利な一切の行為をいうものと解されているが，特に法251条の3第1項に規定する「選挙運動」を右以上に制限的に解さなければならない理由はない。具体的にある行為が選挙運動に当たるかどうかは，その行為の名目だけでなく，その行為のなされた時期，場所，方法，対象等を総合的に観察し，それが特定の候補者の当選を図る目的意識をともなう行為であるかどうか，また，それが特定の候補者のための投票獲得に直接又は間接に必要かつ有利な行為であるかどうかを，実質に即して判断すべきである。

3 「意思を通じて」について

(裁判例9-1，9-2) ☞252頁参照

【候補者等の主張の要旨】

　公職の候補者等と組織との間で「意思を通じた」というためには，少なくとも公職の候補者等がある程度具体的に組織体を認識したうえで，当該組織体による選挙運動が行われることをその組織の総括者との間で相互に了解しあっていなければならない。換言すると，一方で組織を挙げて応援していただこう，他方では組織を挙げて応援しようという状況にあることが必要である。そして，この相互の了解があるというためには，公職の候補者等において，「どういう組織体が」「どういう選挙運動をしていただくのか」という「ある程度具体的な予想」をもっていなければならない。したがって，「意思を通じた」というためには，公職の候補者等において，当該組織が選挙運動のための強い人的結合等がある集団であることまでも認識していることが必要なのであり，過去に何らの選挙運動の実績もなく，また，後援会員であるなどの特殊な関係にもない団体については，とりわけ選挙運動のための体制を整えこれに臨むなどの特別の状況がない限り，意思を通じたとはいえない。

【裁判所の判断の要旨】

　法251条の3第1項に規定する「意思を通じて」とは，公職の候補者等と組織（具体的には組織の総括的立場にある者）との間で，選挙運動が組織により行われることについて，相互に明示あるいは黙示に認識をし，了解し合うことであり，その場合，公職の候補者等において組織の具体的な名称や範囲，組織の構成，構成員，その組織により行われる選挙運動の在り方，指揮命令系統等についての認識までは必要でないというべきである。なお，選挙運動を行う組織の総括者とは，どの公職の候補者等を支援するか，全体としてどの程度の選挙運動を行うか等組織により行われる選挙運動全体の具体的，実質的な意思決定を行い得る者をいう。

【上告審の判断の要旨】

　「意思を通じ」について，組織の具体的な構成，指揮命令系統，その組織により行われる選挙運動の内容等についてまで，認識，了解することを要するものとは解されない。

④　管理者性について

裁判例9-1，9-2　☞252頁参照

【候補者等の主張の要旨】

　①当該選挙運動の計画の立案若しくは調整を行う者とは，選挙運動全体の計画の立案又は調整を行う者をはじめ，ビラ配り計画，ポスター貼り計画，個人演説会の計画，街頭演説等の計画を立て，その流れの中で調整を行う者，いわばヘッドクオーターの役割を担う者であり，②当該選挙運動に従事する者の指揮若しくは監督を行う者とは，ビラ配り，ポスター貼り，個人演説会，街頭演説等への動員，電話作戦等にあたる者の指揮監督を行う者，いわば前線のリーダーであり，③その他当該選挙運動の管理を行う者とは，選挙運動の分野を問わず，①②以外の方法により，選挙運動の管理を行う者，すなわち，選挙運動の中で後方支援活動の管理を行う者である。

　上記の「立案若しくは調整」，「指揮若しくは監督」，「管理」の範囲を広くとらえすぎると，買収等の選挙犯罪に走らないよう注意することが不可能であるにもかかわらず，末端の管理者等が買収罪等を犯した場合にまで，当該公職の候補者等を当選無効等とすることになり，立候補の自由ひいては政治活動の自由を侵し，憲法15条に違反することになるから，「組織的選挙運動管理者等」とは，上記①ないし③の一に該当するだけでなく，少なくとも運

動の根幹に関わり，その在り方を決定し，多数人を指揮する立場にあり，選挙運動において一定の重要な地位を占める者でなければならないと解すべきである。

【裁判所の判断の要旨】

①「当該選挙運動の計画の立案若しくは調整を行う者」とは，選挙運動組織の一員として，選挙運動全体の計画の立案又は調整を行う者をはじめ，ビラ配りの計画，ポスター貼りの計画，個人演説会の計画，街頭演説等の計画を立てる者やその調整を行う者等で，いわば司令塔の役割を担う者，②「当該選挙運動に従事する者の指揮若しくは監督を行う者」とは，選挙運動組織の一員として，ビラ配り，ポスター貼り，個人演説会，街頭演説等への動員，電話作戦等にあたる者の指揮監督を行う者，いわば前線のリーダーの役割を担う者，③「その他当該選挙運動の管理を行う者」とは，選挙運動組織の一員として，選挙運動の分野を問わず，①②以外の方法により選挙運動の管理を行う者をいい，たとえば，選挙運動従事者への弁当の手配，車の手配，個人演説会場の確保を取り仕切る等選挙運動の中で後方支援活動の管理を行う者をそれぞれいうものと解される。

【上告審の判断の要旨】

上告人は，「組織的選挙運動管理者等」も，総括主宰者及び出納責任者に準ずる一定の重要な立場にあって，選挙運動全体の管理に携わる者に限られるというが，立法の趣旨及び法251条の3の文言に徴し，所論のように限定的に解すべき理由はない。

第2節　秘書の解釈に関する論点

1　法251条の2に規定する連座制の概観

　法251条の2第1項5号の「秘書」の解釈について解説する前に，便宜上，ここで同条による連座制の要件及び効果について若干説明を加える（詳細は本書末尾を参照されたい。）。

　同条の連座制は，連座対象者が

(あ)
- (1) 選挙運動を総括主宰した者（総括主宰者）
- (2) 出納責任者（事実上の出納責任者を含む。）
- (3) 3以内に分けられた選挙区の地域のうち1又は2の地域における選挙運動を主宰すべき者として公職の候補者又は総括主宰者から定められ，当該地域における選挙運動を主宰した者（地域主宰者）

の場合と

(い)
- (4) 公職の候補者等の父母，配偶者，子又は兄弟姉妹で当該公職の候補者等又は総括主宰者と意思を通じて選挙運動をしたもの
- (5) 公職の候補者等の秘書で当該公職の候補者又は総括主宰者若しくは地域主宰者と意思を通じて選挙運動をしたもの

である場合とに大きく区別される。

　(あ)の場合には，①(1)～(3)の者が，②法221条（買収）等の罪を犯し，③刑に処せられたときは，Ⓐ当該公職の候補者等であった者の当選は無効とし（当選無効），Ⓑ連座訴訟について原告（検察官）勝訴の判決が確定した時から5年間，当該選挙に係る選挙区において行われる当該公職に係る選挙において公職の候補者となり，又は公職の候補者であることができず（立候補禁止），Ⓒ当該公職の候補者等であった者

が衆議院小選挙区選出議員選挙における候補者であり，当該選挙と同時に行われた衆議院比例代表選出議員選挙における当選人となったときは，比例代表選挙における当選を無効とする（重複立候補者の比例代表選挙における当選無効）。なお，(2)の出納責任者（この場合は事実上の出納責任者を含まない。）については，これが法247条（選挙費用の法定額違反）の罪を犯し刑に処せられた場合も同様である（法251条の2第3項）。

(い)の場合には，(4)・(5)の者が，法221条（買収）等の罪を犯し，禁錮以上の刑に処せられたときは，前記(あ)と同様の効果が生ずる。(あ)の場合との相違は，③において，(あ)では罰金刑に処せられた場合を含むのに対し，(い)では禁錮以上の刑に処せられた場合に限る点である。

法251条の2第4項は，以上の連座制の適用除外事由として，「おとり」「寝返り」の場合（前記第1節第1項①のア・イ（☞66頁）参照）を規定しているが，この適用除外は上記Ⓑ（立候補禁止）及びⒸ（重複立候補者の比例代表選挙における当選無効）にしか適用されず，上記Ⓐの当選無効には適用がない。

また，これらの連座制は，上記Ⓒの場合を除き，衆議院比例代表選出議員選挙には適用されない（法251条の2第5項）。

なお，この点につき，従来は参議院比例代表選出議員選挙にも適用されないこととされていたが，平成12年法律第118号（公職選挙法の一部を改正する法律）による公職選挙法改正により，参議院名簿登載者のために行う選挙運動に限り，同選挙にも適用されることとなった。

法251条の2に係る連座訴訟のうち，まず(4)・(5)に係るものについては，法211条1項が適用され，組織的選挙運動管理者等に係る連座訴訟と同様であるので，前記第1節第1項①（☞65頁）を参照されたい。

一方，(1)〜(3)に係るものについては，これらの者が法221条3項等の身分に基

づく加重処罰規定や法247条の身分に基づく処罰規定で処罰された場合には，法210条1項により，(1)～(3)の者に係る刑事裁判が確定した旨の通知（法254条の2第1項）を候補者が受けた日から30日以内（当該通知の日から30日を経過する日までの間に当選告示がなされた場合には当選告示の日から30日以内）に，候補者は，検察官を被告として，当選が無効とならないこと，立候補が禁止されないこと又は重複立候補に係る比例代表選挙における当選が無効とならないことの確認を求めて高等裁判所に訴えを提起することができる。上記の出訴期間内に候補者が連座訴訟を提起しない場合又は候補者が連座訴訟を提起しても原告敗訴判決が確定した場合若しくは訴えを取り下げた場合には，それぞれ出訴期間が経過した時又は判決確定の時若しくは訴え取り下げの時に連座効が発生する。

また，(1)～(3)の者に係る刑事裁判が確定した旨の通知（法254条の2第1項）を候補者が受けた日から30日を経過した後に当選告示があった場合には，法210条2項により，候補者を被告として，検察官が高等裁判所に連座訴訟を提起しなければならない。

なお，法221条等を犯したとして有罪の裁判が確定した者が後刻(1)～(3)に該当する者であることが判明したような場合（すなわち，客観的には(1)～(3)に該当する者であるものの，法221条3項等の適用を受けず，加重処罰されなかった場合）には，法211条1項が適用され，刑事裁判確定の日から30日以内に検察官が連座訴訟を提起しなければならない（組織的選挙運動管理者等に係る連座訴訟と同様である。）。

2 秘書の解釈について

法251条の2第1項5号における「秘書」の概念については，括弧書で「公職の候補者等に使用される者で当該公職の候補者等の政治活動を補佐するもの」と定義されている。「使用される者」とは，候補者等の意思を受けて行動する者を指

し，必ずしも候補者等との間の雇用関係が存在する必要はないとされている。秘書の意義が問題となった裁判例（大阪高判平成10年5月25日，最判平成10年11月17日（裁判例16-1，16-2☞下記）参照）では，「政治活動」及び「補佐」の解釈について判断が示されており，いずれも支持できるものと考えられる。

なお，法251条の2第2項により，公職の候補者等が秘書の名称使用を承諾又は容認している場合には名称使用者は公職の候補者等の「秘書」と推定されるので「秘書」の証明責任は候補者側に転換される。

〈 裁 判 例 〉

裁判例16-1，16-2 ☞295頁参照

【候補者等の主張の要旨】

　　平成6年法律第2号の改正により，秘書が新たに対象に加えられた理由は，秘書は，当該候補者等の政治活動の重要部分を，その表面のみならず裏面においても補佐しているという実情を考慮して，そのような立場の者が選挙違反を犯した場合の選挙の公明性を害する程度は総括主宰者と変わらないという評価に基づくものとされる。したがって，本件連座制規定にいう秘書に該当するか否かは，実質的に判断すべきものであり，秘書という呼称を使用していたか，秘書という肩書の名刺を使用していたかなどの形式的理由によって決すべきではない。

① 　右実質的に判断する際の基準としては，右の立法趣旨からすれば，「その者が一定の選挙犯罪を犯した場合には，総括主宰者，出納責任者，地域主宰者といった，選挙運動の中心的役割を担う人物による選挙違反と同程度に選挙の公明性を害するおそれがある程に，当該候補者等の政治活動の重要部分を，その表面部分，裏面部分の両面において補佐しているこ

と」が第1の要件に当たるというべきである。

② 本件連座制規定において，秘書とは，政治活動を補佐する者とされているところ，公職選挙法には政治活動の定義はない。一般に政治活動とは，「政治上の主義，主張を推進・支持し，あるいはこれに反対する活動」をいい，特定の選挙において特定の候補者への投票を得，又は得させるための行為である「選挙活動」とは区別される。したがって，本件連座制規定にいう「秘書」といえるのは，「選挙活動とは区別されるところの公職の候補者等の政治活動を補佐していた者であること」が必要である（第2の要件）。

③ さらに，右第2の要件にいう「補佐する」というのは，単なる事務上の手足としての助力ではなく，一定程度の裁量をもって事務を遂行すること，あるいはスタッフ的な助言をすることと解すべきであり，これは日常的な活動実態として，前記第一の要件とは別の観点から要件（第3の要件）となると解される。

【裁判所の判断の要旨】

① 「政治活動」について

「選挙活動」の定義としては，被告も主張するとおり，狭義では，公職選挙において特定の候補者等への投票を得，又は得させるための行為を指し，被告主張の定義の「政治活動」とは概念を異にするというべきであるが，公職選挙において当選をし，又は当選を得させることは，政治家にとっては，政治上の主義・主張を現実の政治の中で実現させるための第一歩であり，右定義にいう政治活動とともに選挙運動をすることはその活動の最も重要な部分を占めているばかりでなく，政治家の活動内容は極めて多様・広範囲にわたるものであるため，活発な政治活動をしようとすれば

するほど，必然的に多数の補助協力者が必要となり，しかも，これらの者が選挙運動において事実上重要な役割を果たしている現実があるところから本件連座制規定が設けられた立法のいきさつを考えると，本件連座制規定は，「政治活動」と「選挙運動」は切り離すことができない深い関係にあることを前提としているということができる。

　なお，被告の右主張の趣旨が，もし本件違反者が日ごろ従事していた仕事は，被告の政治活動に関するものではなく，選挙運動に関するものにとどまるとの意であるとすれば，被告に代わって地元に常駐し，本来被告がなすべき仕事をしているはずの地元事務所の職員は，単に被告のための選挙運動にのみ従事しているにすぎないということになるのであって，これによれば，被告は日ごろから選挙運動のみをしていたということにもなり，被告が政治家であることを自己否定することにもなりかねない。

② 「補佐」について

　法251条の2第1項5号は，「秘書」とは，「公職の候補者等に使用される者で当該公職の候補者等の政治活動を補佐するものをいう」としている。

　「補佐」するとは，候補者等の指揮命令の下に，その政治活動をよりしやすくするのに役立つ行為や政治活動の効果をより大にするのに有益な行為等政治活動を助けるための労務の提供を指すというべきである。ただ，このような行為の中には，高度な政治的判断が必要とされるような役割を担わされる場合（スタッフ的助言者など）もあれば，単に地元後援会会員との会合の会場の設営準備等それほど高度な裁量判断を必要としない場合もあるなどその具体的行為の内容は広範なものがある。

　秘書とは，候補者等の政治活動を助けるために，その指揮命令下に種々

の労務を提供する者のうち，相応の権限（裁量）と責任をもって担当の事務を処理する者をいうのであり，被告が主張するように，秘書に該当するためには，スタッフ的な助言をする立場にあることを要するとか，さらに，選挙運動の総括主宰者や出納責任者と同じ程度，またはこれに近い程度の重要な役割を分担している場合に限る等限定的に解さなければならないとすることはできない。

　お茶くみやコピー取り，または自動車の運転などの単純，機械的な補助的事務等のみに従事している者については，秘書の呼称を許されていたとしても，「秘書」には当たらない。

【上告審の判断の要旨】
　所論は，法251条の2第1項5号所定の秘書に当たるというためには，その者が，単に当該候補者等の政治活動を補佐するというだけでは足りず，その重要部分を補佐しており，かつ，右補佐の対象が選挙運動とは区別される政治活動であることを要するなどと主張するが，同号所定の秘書を所論のように限定的に解すべき理由はない。

第3節 「おとり」「寝返り」に関する規定の準用の可否

　法251条の2第4項は,「前3項の規定(立候補の禁止及び衆議院比例代表選出議員の選挙における当選の無効に関する部分に限る。)は,第1項又は前項に規定する罪に該当する行為が,次の各号のいずれかに該当する場合には,当該行為に関する限りにおいて,適用しない。」と規定し,1号(おとり)及び2号(寝返り)において免責事由を定めており,拡大連座制においても,「おとり」及び「寝返り」は免責事由とされている(法251条の3第2項1号,2号)。

　「おとり」とは,連座対象者による所定の犯罪が,当該行為をした者以外の者の誘導又は挑発によってなされ,当該公職の候補者等の当選を失わせ又は立候補の資格を失わせる目的をもって,他の公職の候補者等又はその選挙運動者と意思を通じてされたものをいう。また,「寝返り」とは,連座対象者により所定の犯罪がなされ,その犯罪行為が,当該公職の候補者等の当選を失わせ又は立候補の資格を失わせる目的をもって,他の公職の候補者等又はその選挙運動者と意思を通じてされたものをいう。

　このように,おとり,寝返り行為について免責を認めた理由は,このような場合にまで当選無効や立候補禁止の効果を生じさせるのは,当該公職の候補者等であった者にとって酷に過ぎ,また,対立候補者側を不当に利することになって正義に反すると考えられることによるものである。

　この「おとり」「寝返り」による免責事由の準用あるいは類推適用について福岡高判平成8年2月15日（**裁判例7-1**）(☞次頁)と,高松高判平成9年8月26日（裁判例13-1(☞次頁)）の両判決はいずれも,候補者側の主張を失当としてい

る。なお，裁判例7-1は，候補者の主張する事情は，「おとり」「寝返り」の場合のように，立候補制限の不利益を甘受させることが酷に過ぎる事情に該当し，あるいはこれに近似するということはできないと判断しており，一方，裁判例13-1においては，そのような判断は示されず，なお書きにおいて，候補者の主張は証拠に照らし，その前提においても理由がないと判断している。

〈　裁　　判　　例　〉

裁判例7-1　☞245頁参照
※候補者が法210条に基づき提起した訴訟
【候補者等の主張の要旨】
　　　　甲は，原告と同じ政党内の対立派に所属する者であったが，今回の小選挙区制の施行に伴い，互いが得ていた保守票を取り込む必要があったため，対立派の幹部であった甲が原告の選挙運動の出納責任者に就任したものであり，原告は，甲への遠慮から，甲の執り行う選挙運動について原告から指示を出すことはほとんどなく，任せきりにしていた。甲は，運動員に対する金員供与が違法なものであり，発覚すれば原告の当選が無効となることを知りつつ，口が固いとはいえない学生アルバイトに対し，衆人の耳目がある中で公然と金員を交付したものであり，本件選挙違反事件が容易に官憲に露見することを承知のうえで，少なくとも，原告の当選が無効となることを未必的に認識・認容しつつ行ったと見るべきであるから，甲の行為は，法251条の2第4項2号所定の連座制の適用除外事由に匹敵ないし類似する行為と評価できる。

【裁判所の判断の要旨】
　　　　原告が本件選挙において甲を出納責任者とした理由として主張する事情

は，むしろ，原告には，票獲得を目的とし，支持地盤を強化拡充するという選挙対策の見地から，信頼関係が確立されていない甲をして，この間の事情を承知のうえで出納責任者という重要な地位に選任したうえ，これに対する監督を怠ったという落ち度があった事実を示すものではあっても，法251条の2第4項が定めるいわゆる「おとり」又は「寝返り」の場合のように，立候補制限の不利益を甘受させることが酷に過ぎる事情に該当し，若しくは，これに近似するということはできず，原告の主張は失当である。

裁判例13-1 ☞282頁参照
【候補者等の主張の要旨】
　本件選挙違反事件が，被告の対立候補の選挙運動をもしていた者の虚偽自白を根拠としていること，甲らが，対立政党であるM党公認で比例区から立候補していた者の後援会の元事務局長と会長であったことなどからすると，本件選挙違反は「おとり」又は「寝返り」に準じるものとして，法251条の3第2項1号，2号が準用されるべきである。
【裁判所の判断の要旨】
　被告主張の事由が存したとしても，本件選挙違反に法251条の3第2項1号又は2号の準用をすることはできず，被告の主張は主張自体失当である。
　なお，証拠によれば，被告の主張はその前提においても理由がない。

第4節　裁量棄却の可否

　本節に掲げた一連の事件の被告は裁量棄却を主張しているが，行政事件訴訟においては，裁量的棄却という制度は存在せず，被告の主張は主張自体失当であることは明らかである。

　なお，被告の主張に係る裁量棄却とはやや異なるが，行政事件訴訟には事情判決制度（行政事件訴訟法31条）が設けられている。しかし，法219条1項は，法211条の連座訴訟には行政事件訴訟法31条を準用しないとしているため，本件一連の事件において事情判決をすることはできない。

　もっとも，周知のとおり，最高裁判所大法廷判決（最判昭和51年4月14日民集30巻3号223頁）は，議員定数不均衡による選挙無効請求訴訟において，行政事件訴訟法31条の準用がないが，選挙を違憲・違法と宣言しながら事情判決の法理により選挙の無効としないとしているところであり，連座訴訟においても同様に事情判決の法理を援用すべきであるとの主張も考えられる。

　しかし，同判例が用いる事情判決の法理は，法律の明文規定に反するにもかかわらず，国政選挙全体が無効となることが公共の利益に与える影響の重大性にかんがみてやむなく採用した極めて例外的な法理である。これに対し，候補者個人に及ぶに過ぎない連座訴訟の効果がかかる重大な公共の利益に影響しないことはいうまでもなく，連座訴訟に同判例の法理を用いる主張は認められないことは明らかであろう。

　なお，裁判例7 では，裁量棄却に似た主張として，候補者側が事案が軽微であるなどとし，合憲限定解釈を主張したのが退けられており（☞33頁），また，法律上の主張として，法251条の2第4項の適用除外事由の類推適用を主張したのも退け

られている（☞86頁）。

そもそも，法211条が「検察官は，……（連座）訴訟を提起しなければならない」と規定し，検察官は，法251条の2，251条の3などの要件が認定できる限り，連座訴訟を提起しなければならないものとして，検察官に訴訟の提起に関する裁量の余地を認めていないことからも明らかなように，法に定めのない裁量棄却の余地を認めることは，法の趣旨に沿うものではなく，これが認められないのは当然のことであると思われる。

<h2>〈裁　判　例〉</h2>

裁判例2 ☞227頁参照

【候補者等の主張の要旨】

　　　　本件選挙違反事件における金員の授受は，もっぱら経費であるとの認識の下になされ，かつ，後日，その領収証等が発行されることも確実であったし，清算も行われる予定であった。このような違法性の極めて小さい金銭の授受を刑事事件として立件し，その有罪判決が確定したからといって，それを基礎事実とする当選無効等の訴訟を提起することは権利の濫用であり，裁量権の逸脱である。また，被告は，本件の金銭授受行為の有無に関係なく，他地区の投票数によって優に当選を果たしているのであって，この選挙人の意思を無視すべきではない。これらに改正法の周知期間の絶対的不足や，本件の刑事事件の内容，被告の当選の状況その他一切の諸事情を斟酌すれば，本件請求は裁量的に棄却されるべきである。

【裁判所の判断の要旨】

　　　　本件の選挙違反は決して軽微なものとはいえず，そもそも，被告主張のような事柄が法に基づく当選無効等の請求を裁量的に棄却すべき事由になると

は解し難い。なお，本件金員の性質についての認識は，連絡所に集まる人に飲み食いさせる費用や，各地区の有権者に働き掛けてもらうことについての謝礼であったとみられるし，右金員授受の際，その領収証の発行や，清算が予定されていたとも認め難く，被告の主張は理由がない。

(裁判例9-1) ☞252頁参照

【候補者等の主張の要旨】

選挙犯罪の捜査が公職の候補者等の追い落としのみを目的として恣意的に行われた場合は，当選無効等を求める訴えは法が予定し又は法に内在する制約により許容されないものとして，裁量的に請求を棄却するべきであり，本件違反者らに対する一連の捜査は，被告の追い落としだけを目的として恣意的に行われたものであるから，本訴請求は裁量的に棄却されるべきである。

【裁判所の判断の要旨】

本件違反者らに対する一連の捜査が，被告の追い落としだけを目的として警察の責務を放棄して恣意的に違法に行われたものであることを認めることはできないうえ，そもそもそのような事柄が法に基づく当選無効等の請求を裁量的に棄却すべき事由になるものと解することはできない。

(裁判例18-1) ☞303頁参照

【候補者等の主張の要旨】

本件選挙違反が検挙されるに至ったのは，対立候補支持者の画策によるものであり，捜査当局がこれを利用し，被告を追い落とすために恣意的に行われた不公正な捜査によるものである。このような不公正な捜査は正義に反

し，右捜査と不可分な本訴請求は，著しく正義・公正に反するので，裁量的に棄却されるべきである。

【裁判所の判断の要旨】

　　被告が不公正な捜査と指摘する事実は認められず，他に本件の犯罪捜査が不公正な捜査であることを認めるに足りる証拠はなく，被告の主張は理由がない。

第5節　対象となる公職選挙法違反事件に関する主張の可否

　本節に掲げた一連の事件の争点は，連座訴訟がこれに先行する刑事裁判で判断された事項についてその判断に拘束されるのか否かという点にある。

　この点について，違反者が刑事裁判において，221条3項等の身分に基づく加重処罰規定，又は247条の出納責任者の身分に基づく処罰規定により処罰された場合につき，候補者が法210条の連座訴訟において，違反者がこれらの身分に該当しないことを主張しうることは，法210条の文言から明らかである（なお，その他の連座身分（秘書，親族，組織的選挙運動管理者等）については，このような身分自体は刑事裁判での審判対象とならないので，そもそも拘束力のような問題は生じない）。

　しかし，刑事裁判におけるその他の判断事項について，候補者が連座訴訟において争うことができないことは，法210条，211条の規定振りから明らかである。従来型連座制に関する最判昭和41年6月23日民集20巻5号1134頁も，出納責任者たる訴外甲が公選法221条の罪を犯しているとは断定できないのに当選を無効とすることはできないとの主張に対して，「公職選挙法251条の2第1項により出納責任者の選挙犯罪を理由として当選人の当選を無効とするためには，出納責任者と認められる者が同項に掲げる罪を犯したものとして刑に処せられたことが証明されれば足りる。」と判示している。以下の各裁判例も，同最高裁判例を引用しつつ，違反者の公職選挙法違反の事実などを争う主張を主張自体失当として退けており，正当である。

〈裁　判　例〉

裁判例4　☞236頁参照

【候補者等の主張の要旨】

　　　本件違反者は，金員を後援会活動に対する給料として供与したものであり，買収のために金員を供与する認識はなかった。

【裁判所の判断の要旨】

　　　確定判決がなされた犯罪事実を争うにすぎないものであり，主張自体失当である。

裁判例9-1　☞252頁参照

【候補者等の主張の要旨】

　　　本件違反者らに供応罪は成立しない。

【裁判所の判断の要旨】

　　　法251条の3第1項は，同規定による当選無効訴訟において，受訴裁判所は，組織的選挙運動管理者等について法221条所定の選挙犯罪を理由とする処罰の存否を審理判断すれば足り，そのほか，さらにその犯罪の成否そのものについてまで審理判断すべきことを定めた趣旨ではないと解するのが相当である（最高裁昭和41年6月23日判決）から，被告の主張は採用できない。

裁判例11-1　☞264頁参照

【候補者等の主張の要旨】

　　　公職の候補者等は，当選無効等の訴訟で，本件選挙違反事件の刑事裁判に

おける量刑を争うことができると解するのが相当である。そして，法251条の3第1項は，ある者が組織的選挙運動管理者等に該当すると評価される時期に犯した買収等の罪のみによって禁錮以上の刑に処せられたときに適用され，組織的選挙運動管理者等と評価できない時期に犯した買収等の罪と合わせて禁錮以上の刑に処せられた場合には，「禁錮以上の刑に処せられた」との要件を充足しないものと解すべきである。本件においては，本件違反者ら3名が仮に組織的選挙運動管理者等に該当するとしても，その時期は早くとも平成7年3月下旬以降であるから，本件選挙違反事件の刑事裁判における公訴事実のうち，2件のみが同項に該当するにすぎないので，本件違反者ら3名はいずれも罰金刑に処せられるのを相当とする。仮に公訴事実のすべてにつき組織的選挙運動管理者等に該当するとしても，その回数や金額に照らすと，罰金刑を相当とする。

　したがって，本件違反者ら3名が「禁錮以上の刑に処せられた」との要件を充足しない。

【裁判所の判断の要旨】

　組織的選挙運動管理者等の選挙犯罪を理由として，法251条の3第1項により候補者等の当選を無効とし，立候補を制限するためには，組織的選挙運動管理者等と認められる者が同項に掲げる罪を犯したものとして禁錮以上の刑に処せられたことが証明されれば足りると解するのが相当である（従来型連座制に関する最高裁昭和41年6月23日参照）。そうすると，本件刑事裁判が確定した以上，同裁判で確定された事実関係及びこれを前提とする量刑の点については，もはや争うことができない。

(裁判例13-1)　☞282頁参照

【候補者等の主張の要旨】

買収事件は，捜査機関によるでっち上げであり，架空の事実である。

【裁判所の判断の要旨】

立候補禁止請求事件においては，確定した刑事判決の内容を争うことは許されないと解すべきである（最高裁昭和41年6月23日判決参照）から，被告の主張は失当である。

裁判例21 ☞324頁参照

【候補者等の主張の要旨】

公職の候補者は，総括主宰者等に対する選任又は監督について注意を怠らなかつたとしても，公職選挙法251条の2所定の要件に当たる限り，自らが関知しない他人の犯罪行為によって当選を無効とされ，5年間にわたって立候補が禁じられるという不利益を受けるが，右選挙犯罪の存否について刑事裁判所の判断に拘束されるとすることは，被告にとって，防禦の機会を与えられることなく右のような不利益を受けることとなり，裁判を受ける権利を侵害される結果となるので，刑事裁判所の判断にかかわらず，選挙犯罪の存否につき審理すべきである。

【裁判所の判断の要旨】

親族等を被告人とする法違反に係る有罪判決が確定した場合，連座訴訟の受訴裁判所は，当該犯罪の存否については刑事裁判所の判断に拘束され，その存否について審理判断することはできない。

第4章 事実認定の場面における問題点

第1節 組織的選挙運動管理者等に関する問題点

　法251条の3は,「組織的選挙運動管理者等」という概念について「公職の候補者又は公職の候補者となろうとする者(以下この条において「公職の候補者等」という。)と意思を通じて組織により行われる選挙運動において,当該選挙運動の計画の立案若しくは調整又は当該選挙運動に従事する者の指揮若しくは監督その他当該選挙運動の管理を行う者(前条第1項第1号から第3号までに掲げる者を除く。)をいう。」と定義しているところ,判例に現れた「組織的選挙運動管理者等」について整理すると以下のようになる。

1 「組織」について

　「組織」とは,一般に特定の公職の候補者等を当選させる目的をもって複数の人が,役割を分担し,相互の力を利用し合い,協力し合って活動する実態をもった人の集合及びその連合体をいうとされる(自治省選挙部・逐条解説公職選挙法

1593頁)。

このような実態が認められる以上，組織の大小・継続性の有無は問わないと解されるが，例えば，仙台高判平成8年7月8日，最判平成9年3月13日（裁判例9-1, 9-2☞107頁）は，会社幹部の6人及びこれらの者の指示に従った会社の従業員について，組織性を肯定しているほか，福岡高判平成9年8月7日（裁判例12☞111頁）は，政党支部役員4名の違反者を中核とする人的結合について「組織」に該当するとしており，組織であるための構成員の数は必ずしも多数である必要はないと考えられる。

また，高松高判平成8年11月13日（裁判例11-1☞109頁）は，選挙運動の組織と認定された当該後援会は，規約が存在せず，選挙が近づくと活動が始まって，選挙が終わると活動をやめ，選挙のない時期には，全く活動がなされず，典型的な後援会とは異なるが，本件選挙の近づいた平成6年終わりころから，活動の再開を始めたもので，後援会が3名を中核とし，島内の被告の支援者により互いに役割を分担し，協力し合って活動する実態をもった人の集合体であることを理由に組織性を肯定しているほか，名古屋高金沢支判平成11年4月21日（裁判例18-1☞112頁）も，選挙の時以外は全く活動しない後援会組織であり，選挙があるたびに結成されている後援会について名古屋高金沢支判平成15年12月10日（裁判例29☞115頁）は，選挙の時以外にはほとんど活動実態がなく，選挙のたびごとに，前回選挙時の体制を踏襲しつつ，違反者らが組織の点検を行って選挙運動の態勢を構築していた後援会について，いずれも組織性を肯定している。これらの裁判例からみると，選挙が迫った時期に専ら当該選挙のための選挙運動をするために急きょ結成された人的結合体であっても，選挙運動を行う組織として意味のある程度に存続している限り，それ以上継続して存続する必要もなく，後援会，選挙対策本部等については，その名称にかかわらず組織性が認められると言

えよう。

　上記の裁判例11-1（☞109頁）のほか，福岡高判平成9年8月7日（裁判例12☞111頁）は，指揮，監督，命令系統が全く存在しておらず，自然発生的に出来上がった集合体に過ぎないとの主張に対して，指揮命令系統を要するとの主張に対しては，指揮・命令系統のあいまいな団体を選挙運動に利用することによって容易に連座制の適用を免れしめるものであり被告の主張は採り得ないとしつつ（☞73頁），事実認定の上では，違反者4名によって，具体的な選挙運動の企画・立案がなされ，企画立案された方針に従って，多数の選挙運動者に対する選挙運動が依頼されていることなどの違反者らの具体的な行動から，その組織に，指揮・命令・監督系統が存在していたことを認定し，組織性を肯定している。選挙運動組織としては，何らかの指揮命令系統が存在するいわばピラミッド型の組織であることが多いと思われるが，ピラミッド型でなくても，いわば水平的に役割を分担して活動する人的結合体と認められれば，組織性を否定する理由はないと考えられ，指揮・命令系統が認めがたいとの理由で直ちに組織性が否定されるものではないと解される。

　また，組織であるためには，選挙運動等を行うことを本来の目的とするものに限られず，選挙運動・政治活動等以外の活動・事業等を目的とするものであっても組織性を肯定しうる。仙台高判平成8年7月8日，最判平成9年3月13日（裁判例9-1，9-2☞107頁）は，民間の会社代表者が，県議選立候補予定者を招へいして会社の朝礼を開催し，従業員多数を前に立候補予定者を紹介し，これに対する支持・支援を呼びかけるなどした事案で，会社の幹部6名が，会社の指揮命令系統を利用して被告を当選させる目的で，従業員の朝礼及び下請業者との会食の設営，被告の後援者名簿要旨等の配布等につき役割を分担することから，会社幹部の組織により選挙運動をしたと認定している。

高松高判平成8年5月31日（裁判例8-1☞105頁）も後援会を選挙運動の組織と認定した事案であるが，被告が，本件違反者3名の行った買収行為による選挙運動は，組織とは関係なく，自らの資金をもって自らの意の赴くままに行ったものである旨の主張については，法251条の3は，選挙運動が組織により行われることを要件としているに止まるから，組織的選挙運動管理者等の買収等の選挙犯罪行為自体には組織性は不要であり，たとえば，組織的選挙運動管理者等に該当する者が，個人的動機・決意によって買収等を行った場合のように，組織的背景のない単独犯行のような場合も除外されないと解されるので，この主張自体は，組織性を否定するための主張としては意味に乏しいと考えられる。

　福岡高判平成12年8月29日（裁判例22-1☞114頁）は，実質的に他の後援会の下部組織である後援会について，選挙運動の組織と認定した事案であるが，階層構造を有する組織の一部をなす組織の場合であっても，当該組織の実体に照らして組織性を認定している。

　また，名古屋高金沢支判平成16年2月20日（裁判例30☞119頁）は，Aらが計画した選挙運動について，町の各地区の役員により構成される「区長会」が，会として被告支持の決定をし，区民を動員して選挙運動に参画したという事案について，同会を組織として認定した事案である。

2 「選挙運動」について

　一般に選挙運動の意義については，一定の選挙につき，一定の候補者を当選せしむべく投票を得若しくは得しむるにつき，直接又は間接に必要かつ有利な周旋，勧誘若しくは誘導その他諸般の行為をなすことを汎称することと解するのが定説である（大判昭和3年1月24日刑集7巻1号6頁，最決昭和38年10月22日刑集17巻9号1755頁等）。

　仙台高判平成8年7月8日（裁判例9-1☞124頁）は，朝礼は本件会社におい

て日常的に業務上行われていたものであることや，候補者の挨拶の場の提供は，それに連続性があり，かつ，他の直接的な投票の勧誘若しくは誘導行為等の一環として行われるものでない限り，選挙運動に該当しない旨主張したが，裁判所は，朝礼において多数従業員の前で，被告に挨拶をする場を提供し，違反者が自ら被告への投票及投票のとりまとめを訴えた行為等について，選挙運動を行う前から業務として行われていた朝礼のほか，同様の趣旨での下請業者との会食についても「各行為が行われた時期，場所，方法，対象等を総合的に観察すると，本件選挙における被告の当選を目的として，同選挙の際の被告への投票及び投票の取りまとめを依頼する趣旨でしたものに他ならず，選挙運動に当たる。」と判示しており，従前の会合を利用する場合であっても選挙運動になりうる。

　また，大阪高判平成8年9月27日（裁判例10☞125頁）は，被告が，後援会の目的が被告の政治活動を支援することにあり，後援会活動と機関誌の発行が主たるものであり，機関誌等の配布も，具体的な選挙を意識して行ってきたものではなく，被告の政策を訴えてその理解を得るために行われてきたものであるなどと主張したが，選挙戦術として後援会の地区担活動を利用して県下各地の支援者を増やすことを方針とせざるを得ない状況を被告及び後援会幹部は共通の認識であったこと，地区担活動の対象が後援会の会員宅に限定されていたということができないことなどから，選挙運動としての実質を備えていると判断しているが，選挙運動の形式にとらわれず，その実質をもって判断するのは当然であると言えよう。

3　「意思を通じ」について

　「意思を通じ」とは，公職の候補者等と組織の総括者との間で，選挙運動が組織により行われることについて意思の連絡があること，つまり，相互の了解し合っていることを言う（前掲逐条解説公職選挙法1594頁）。仙台高判平成8年7月8

日，最判平成9年3月13日（裁判例9-1，9-2☞129頁）でも，「公職の候補者等と組織（具体的には組織の総括的立場にある者）との間で，選挙運動が，組織により行われることについて，相互に，明示あるいは黙示に認識し，了解し合うこと」と一般的な規範を定立している。

　具体的事例としては，高松高判平成8年11月13日（裁判例11-1☞132頁）は，違反者が本部事務所での事務所開きの際に，被告から自宅を選挙運動のための事務所として使用するように言われて，これを承諾したことについて，意思を通じたとしているが，これは明示的に認識し了解した場合とも考えられる例であろう。他方，このように明示的なものでなくても，被告の行動や選挙運動の内容から意思を通じていたと認定することも可能であることを示すのが，仙台高判平成8年7月8日，最判平成9年3月13日（裁判例9-1，9-2☞129頁），大阪高判平成8年9月27日（裁判例10☞131頁），福岡高判平成9年8月7日（裁判例12☞133頁）及び名古屋高金沢支判平成11年4月21日（裁判例18-1☞134頁）である。このうち，裁判例12は，被告が，具体的な選挙運動の内容を知らなかった旨の主張に対して，被告が，違反者の一人に対して選挙運動への協力を依頼したこと，違反者らが企画，立案した「役員会」「励ます会」に出席して出席者に対して，選挙運動への協力を要請したことなどの被告の具体的な行動から，被告と違反者らが相互に当該選挙運動が組織により行われることを明示的又は黙示的に認識し了解し合っていたことの証左であるとしている。また，裁判例10（☞131頁）は，被告自身が，後援会を利用した選挙運動をすることを主導する立場にあったことから，後援会組織の総括者との間で選挙運動を後援会組織を通じて行うことについて相互に了解があったものとした事例である。裁判例18-1（☞134頁）も，被告が，連合後援会第1回役員会が開催され，これに出席して支援を求める挨拶をし，これを受けて甲らが後援会役員に対し，有権者に後援会への入会を働

きかけて支持を広げること，被告のポスターを掲示することなどの具体的な選挙運動の実行を要請したときまでには，被告と甲らが意思を通じていたものと認められるとしているが，このような外形事実からは，甲らにおいて，被告の挨拶内容から，組織による選挙運動を後援会で行ってほしいとの被告の意図を理解し，その理解に基づいて具体的な選挙運動の実行を要請したことが認められ，遅くともこの時点までに相互の意思連絡があったものと認定したものである。

　いずれも，意思を通じてということから，相互了解したことについての直接事実が認められなくても，これを推認させる間接事実の積み重ねによって，意思を通じたことを認定しているのは注目に値するが，公職の候補者等が，当該組織により選挙運動が行われることを認識して黙認しているだけでは，意思を通じていることにはならないことに留意する必要がある。

4　管理者性について

　前記第3章（☞68頁）のとおり，選挙運動の管理等を行う者は，法251条の3第1項によれば，

　　　Ⅰ　当該選挙運動の計画の立案若しくは調整を行う者
　　　Ⅱ　当該選挙運動に従事する者の指揮若しくは監督を行う者
　　　Ⅲ　その他当該選挙運動の管理を行う者

の3つに分類することができる。もとより，実際の選挙運動の場面においては，例えば，Ⅰに当たる者が，同時にⅡ，Ⅲにも当たるという場合など，3つの類型の2つ以上に該当する場合は，少なくないものと考えられる。

　Ⅰについては，当該選挙運動全体の計画の立案又は調整を行う者のほか，ビラ・ポスター貼りの計画，個人演説会・街頭演説等の計画を立てる者又はそれらの調整を行う者等のいわば司令塔の役割を果たす者を指すと言われる。例えば，高松高判平成9年8月26日（裁判例13-1☞139頁）は，後援会の発起人の立場

にあって，各地区の世話人の人選，後援会の結成の日時等の決定，公示後の選挙用ポスターの貼る方法，被告の選挙カーの遊説コース及び随行者等，被告の個人演説会を行うときの準備・設営・進行方法，被告の戸別訪問の道順・随行者についての決定に関与した違反者について，仙台高判平成8年7月8日，最判平成9年3月13日（裁判例9-1，9-2☞137頁）は，従業員の朝礼に被告を招き，下請業者との会食を設営して被告を招き，それぞれの場で被告に立候補の決意と支援を要請する挨拶をさせること等を発案し，朝礼等の設営日のほか，朝礼の参加者，会食に集める下請業者の選定，下請業者に対する案内状の内容等を指示し，また，個々の選挙運動の是非についても判断していた違反者を，福岡高判平成13年2月15日（裁判例24☞143頁）は，幹部メンバーとして組織的に選挙活動を行い，また定期的に開催されていた事務局会議において選挙情勢を分析する担当となり，回収した後援会カードの集計結果に基づいて各地区の活動状況や成果を他のメンバーに説明し，これに基づくその後の選挙対策の立案，実行にも積極的に関与し，更に支部後援会に対する指揮・監督等も行うなどしていた違反者について，名古屋高金沢支判平成15年12月10日（裁判例29☞147頁）は，地区後援会の態勢づくり，世話人の人選，県政報告会の開催督促，世話人の指揮，選挙資金の配分などを行っていた違反者について，いずれも管理者性を肯定している。

　また，Ⅱは，前線のリーダー役を担う者であり，ビラ・ポスター貼り，個人演説会の会場設営，電話作戦等に当たる者を指揮監督する者等をいうとされる。例えば，高松高判平成9年8月26日（裁判例13-1☞139頁）は，ブロックの代表として，後援会報等の配布やポスター貼りを各担当地区の世話人に頼んだり，村民をミニ集会に参加させるよう，また，被告の個人演説会を知らせるビラを村民に配布するように担当地区の世話人に依頼した違反者について，仙台高判平成8年7月8日，最判平成9年3月13日（裁判例9-1，9-2☞137頁）は，会食に関す

る稟議書の作成，受付や司会，被告の後援者名簿用紙等の下請業者への配付等を指示するとともに，会食の場所の手配等を指示して実行させた違反者，各営業所長に対し，被告の後援者名簿用紙への従業員らの氏名の記入，名刺の配付，ポスターの貼付，営業所従業員の朝礼への出席等を指示し，それぞれ実行させた違反者について，いずれも，管理者性を肯定している。また，福岡高裁宮崎支判平成14年1月25日（裁判例25-1☞144頁）は，後援会本部の下部組織である地区後援会の編成，事務所開設やパンフレットの配付等による投票依頼，同会独自のチラシの配付，ミニ集会の開催などの選挙運動を立案，指示，指揮していた違反者について，ⅠⅡの側面から管理者性を肯定している。

Ⅲについては，Ⅰ及びⅡ以外の方法により選挙運動の管理を行う者，例えば選挙運動従事者への弁当の手配，車の手配を取り仕切るあるいは，個人演説会場の確保を取り仕切る等選挙運動の後方支援活動の管理を行う者を指すとされる。名古屋高判金沢支判平成11年4月21日（裁判例18-1☞141頁）は，連合後援会が選挙区全域における個人演説会の立て札を準備するなどの裏方的活動や電話による投票依頼を行っていたところ，その選挙運動を指揮していたのは，違反者の甲であることから，甲を組織的選挙運動管理者であると認定しているが，これはⅢであると理解することもできるであろう。

なお，管理者の選挙運動に関する権限について争いになった裁判例として，大阪高判平成8年9月27日（裁判例10☞138頁）及び名古屋高判平成15年12月2日（裁判例28☞145頁）がある。裁判例10は，違反者の一人が後援会の幹事長ではあるが，その職務権限を明らかにした規定はなく，権限の内容は不明であること，後援会の運営は，違反者が幹事長に就任する前から一定のルールに従って行われてきており，その活動の立案，調整，指揮，監督は，参事会（幹事会）などと通じて行われたものであり，違反者に権限がなかったことを主張したが，違

反者は，後援会の幹事長として，県知事選における選挙運動の基本方針を決定する役員会に出席して，その決定に関与し，右決定に沿って県下各後援会事務所の設置，臨時職員の採用を主導的に実行し，地区担活動の指揮監督を行った者であることを理由に，「組織的選挙運動管理者等」に該当する旨判示し，被告の主張を退けた事例である。また，裁判例28は，違反者甲がDらとの間で溝があったことがあるものの，B，E，Gらにおいて甲に資金を提供するなどしていることから，甲の管理者性を認めた事例である。

〈裁　判　例〉

1　組織性について

裁判例8-1　☞247頁参照

【候補者等の主張の要旨】

　　　本件選挙に当たり，被告後援会が活動を開始したのは，平成7年3月20日以降である。
　　　被告後援会は，被告を公私ともども支持し，その育成に努め，以て地方政治の発展のため寄与せんとすることを目的とした組織である。被告後援会の人的構成を中心とする組織は，被告がL党を離脱した平成6年8月時点においてほぼ壊滅してしまい，実体のないものであった。
　　　甲は，平成7年3月20日まで，後援会組織作りの活動をしていたものであって，それまでの間の活動は，法251条の3の「組織により行われる選挙運動」ではない。
　　　本件違反者ら3名の行った買収行為（平成7年2月28日ころから同年3月29日ころまでの間）による選挙運動は，組織とは関係なく，自らの資金を

もって，自らの意の赴くままに行ったものである。

【裁判所の判断の要旨】

　被告が，平成6年9月，L党からM党に移ったことにより，L党を支持する会員が被告後援会から多数脱会し，被告後援会の組織が壊滅的な状況に陥り，被告は，その建て直しのため，Aに会長，Bに幹事長，甲に幹事長代行の就任を要請し，承諾を得た。

　平成7年1月22日施行のX県知事選挙において，旧M党等の推薦を受けた候補者が大敗し，選挙に素人の被告後援会幹部らは役職の辞意を申し出たが役員会で認められず，上記各幹部が引き続き職務を行うことになり，心機一転した幹部らは，同月19日の役員会で，副会長，幹事の役員，各地区の支部長を選出した。同役員会は，10日に1回位の割合で開催され，被告のための選挙運動を計画・立案し，甲らもこれに出席していた。そして，同年2月26日，被告後援会の青年部役員会を開催し，乙を部長に，丙を副部長に就任することを決めるとともに，各地区の役員も決定した。被告もその会に一時出席し，甲も被告支援の挨拶をした。

　甲は，同年2月中旬，知人に選挙情勢調査のためのアンケート調査を依頼し，被告に不利な選挙情勢を把握し，苦戦を強いられている被告を当選させるため青年部の会員を1人でも多く獲得し，若者票を集めるために，丙及び乙らに金銭の供与を行った。

　同年3月4日，約150名の支持者を集めて被告後援会の事務所開きが開催され，A会長が被告後援会組織を挙げての被告への支援を呼びかける旨の挨拶をし，被告も自己への支援を要請する挨拶を行った。

　このような事実によれば，被告後援会は，本件選挙について遅くとも平成7年2月中旬から被告を当選させる目的をもって選挙運動を開始した，法

251条の3第1項の「組織」に当たる。

[裁判例9-1, 9-2] ☞252頁参照

【候補者等の主張の要旨】

　　　本件会社及びその社員は，被告の選挙対策本部，後援会，政経会の構成員でもなく，被告の選挙対策本部において，被告の選挙運動組織として認識，把握されていなかった。

　　　本件会社においては，特定の政党，特定の公職の候補者等を支持しない基本方針があり，組織を挙げて被告のためにのみの選挙運動を主体的に展開することができない事情や実態があった。被告の選挙対策本部，後援会，政治団体及びこれらと同視しうるような特殊な関係をもった会社等の組織を「組織的選挙運動を行う組織」というべきで，本件会社はこれに該当しない。

【裁判所の判断の要旨】

　　　本件会社の代表取締役である甲並びに同人を頂点とした乙，丙，E，B及びFら同社の幹部が，本件会社の指揮命令系統を利用して，被告を当選させる目的のもとに，それぞれ朝礼及び会食の設営，被告の後援者名簿要旨等の配布等につき役割を分担し，相互の力を利用し，協力し合って，同社の従業員及び下請業者に対して組織により選挙運動を行ったものであると言わざるを得ず，少なくとも，甲，乙，丙，E，B及びFら会社幹部において「組織」を形成していたことは明らかである。

【上告審の判断の要旨】

　　　①本件会社の代表取締役甲は，上告人（注：被告）のための選挙運動を本件会社を挙げて行おうと企図し，従業員の朝礼及び下請業者等に対して選挙運動をすることを計画し，これを本件会社の幹部らに表明し，その結果，少

なくとも乙（U部長），丙（T部次長），E（V部長），B（U部次長）及びF（U部課長）らがこれを了承した，②右計画の下，甲は，乙及び丙に対し，選挙運動の方法や各人の役割等の概括的な指示をした，③これを受けて，乙及び丙は，朝礼及び慰労会の手配と設営，総決起大会への出席，後援者名簿用紙，ポスター等の配布と回収などの個々の選挙運動について，E，B，Fや，各営業所のチームリーダー，その他関係従業員に指示するなどして，これらを実行させ，また，自らも慰労会の招待状の起案や上告人の都合の確認に当たるなどした，④上告人は，右要請に応じて，朝礼及び慰労会に出席した，⑤その席上，甲は，上告人を会社として応援する挨拶をし，上告人自らも，本件会社の従業員又は下請業者らの応援を求める旨の挨拶をした。

　上記の事実によれば，甲を総括者とする前記6人の者及び同人らの指示に従った関係従業員らは，上告人を当選させる目的の下，役割を分担し，協力し合い，本件会社の指揮命令系統を利用して，選挙運動を行ったものであって，これは，法251条の3第1項に規定する組織による選挙運動に当たるということができる（原審は，少なくとも前記6人において「組織」を形成していたとするが，右と同旨をいうものと解される。）。

裁判例10　☞261頁参照
【候補者等の主張の要旨】
　組織による選挙運動といいうるためには，特定の候補者等を当選させる目的で複数の者が役割を分担して相互の力を利用しあい，協力しあって活動する実態を持った人の集合団体及びその連合体による選挙運動であることを要するものと解される。
　当選させる目的については，組織を統括する者に具体的な選挙について，

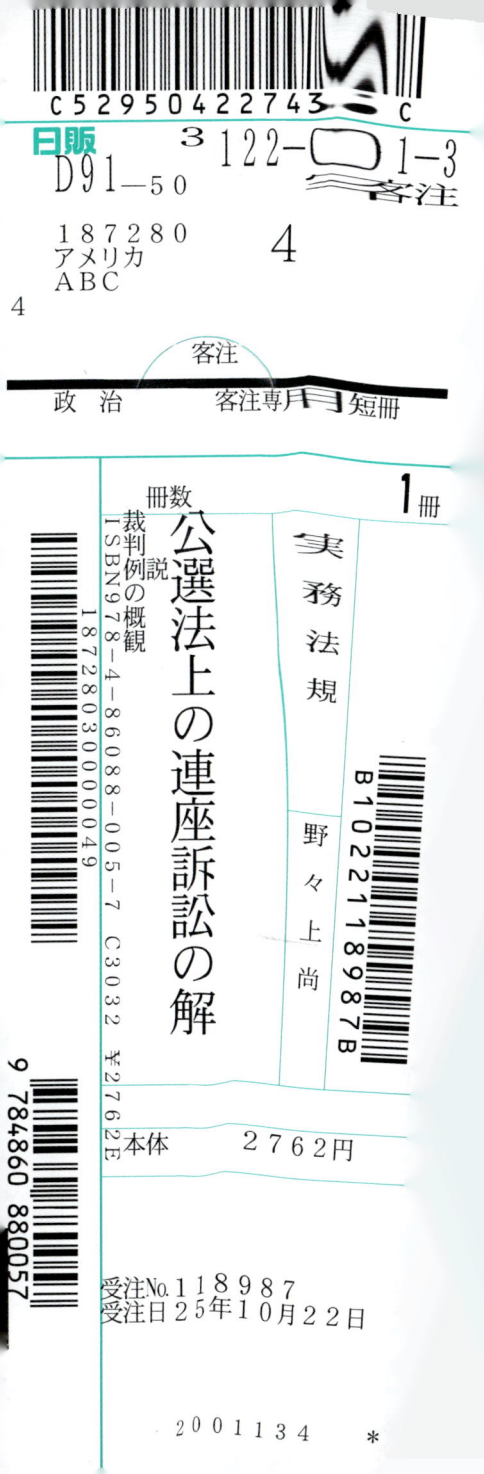

公選法上の連座訴訟の解説 裁判例の概観

冊数 1冊

実務法規

野々上 尚

ISBN978-4-86088-005-7 C3032 ¥2762E

本体 2762円

受注No.118987
受注日 25年10月22日

その目的がなければならないところ，本件では誰がその目的を有する後援会の統括者であるか明らかではない。

【裁判所の判断の要旨】

　　本件後援会は，重要事項を役員会によって決定していたところ，Ａ，甲，乙，Ｂは，後援会の幹部として，県知事選挙に臨む基本的な選挙運動方針を決定する役員会に参加し，その決定に沿って甲，乙，Ｂが中心となって県下各地の事務所の設置，地区担の採用，地区担活動の指揮，監督を行っていたことを認めることができ，これらの者が後援会という集合体を総括する者として，被告に県知事選挙に当選させる目的を有していたと認めることができる。

[裁判例11-1] ☞264頁参照

【候補者等の主張の要旨】

　　原告が組織であると主張するＯ島地区後援会及び各地区後援会は，いずれも集団内部で統一的な意思が形成され，指揮命令系統が備わっているものではなく，組織としての実態を有しない。本件違反者らが，Ｏ島地区後援会長，Ｑ地区後援会長の名称を使用したことはあったが，これは活動の便宜のためであり，名称に対応する実態が存在していたわけではなく，被告のための後援会組織は一切存在しない。仮に何らかの実体を伴うものであるとしても，被告のための選挙運動は，Ｏ島地区後援会及び各地区後援会によって行われたものではない。

【裁判所の判断の要旨】

　　①被告は，昭和62年4月施行のＹ市長選挙のとき以降，選挙の行われる前年の暮れから選挙が終了するまで，Ｏ島の自宅を離れてＹ市Ｚ町のマン

ションに住み，Y市の市街地を中心に選挙運動に取り組み，O島での選挙運動に関してはO島の支援者に任せきりにしていた。②平成3年4月施行のU県議会議員選挙に際し，O島地区後援会及び各地区後援会が結成され，被告の選挙の応援がなされたが，同後援会は右選挙後活動を停止した。③本件違反者ら3名は，本件選挙に備え，従前からの支援者に呼びかけ，前回の選挙後休止していたO島地区後援会及び各地区後援会を起動させ，本件違反者ら3名その他の支援者各自の役割分担を決め，同3名は，それぞれO島地区後援会長，O島地区後援会幹事，Q地区後援会長に就任した。④O島地区後援会は，本件違反者ら3名及び各地区後援会会長を中心に，各地区ごとの励ます会や決起集会，O島独自の出陣式等を企画し，これら集会に出席した多数の地区住民に被告が支援を訴えたり，後援会名簿への有権者の署名集めをし，その署名者に電話で被告に対する投票依頼をする選挙運動を行うなどした。⑤O島地区後援会事務所は，O島の被告の自宅に設けられ，各地区後援会ごとに有権者への投票依頼をする電話番等の当番が割り当てられて実行され，資金面についても，後援会費等の徴収は行われなかったものの，同事務所に設けられた多額の陣中見舞金が出納責任者に届けられず，O島地区後援会独自の活動資金に充てられた。

　以上の事実に照らせば，O島地区後援会は，その規約が存在せず，選挙が近づくと活動が始まって，選挙が終わると活動を止め，選挙のない時期には全く活動がなされず，典型的な後援会とは異なるものの，本件選挙の近づいた平成6年終わりころから活動の再開を始めたもので，このようなO地区後援会が，本件違反者ら3名を中核とし，島内の被告の支援者により，互いに役割を分担し，協力し合って活動する実態をもった人の集合体であることは明らかであり，法251条の3第1項にいう「組織」に該当するものといえ

る。

裁判例12 ☞276頁参照

【候補者等の主張の要旨】

　　K党の正式な市町村支部であるP町支部は，本件選挙の際には対立候補によって切り崩され，壊滅状態に陥っており，丙が中心となって新役員を選出したが，これらの役員は，党員ではない甲が支部長に就任していることをはじめとして，党の規約に基づく正式の手続に則って選出されたものではなく，党の正式な支部とはいえないし，その中での指揮，監督，命令系統は全く存在しておらず，P町で，自然発生的に出来上がった集合体にすぎない。そのような集合体に過ぎないP町支部による選挙運動は，丙が，すべて窓口となって，県連において旧1区における被告の選挙運動を担当したCから連絡を受け，数名の協力を得てなしたもので，Cは，実際の選挙運動がどのようになされているか全く把握していなかった。

　　以上のとおり，P町支部は，そもそも集団とはいえない。

【裁判所の判断の要旨】

　　本件違反者ら4名の行った選挙運動については，同人らにおいて，具体的な選挙運動の企画，立案がなされていること，そのようにして企画，立案された方針に従って，多数の選挙運動者に対する選挙運動の依頼がなされていること，協力者カードの集まりが悪いことから，個々の選挙運動者に対して，更に多くの協力者カードの提出を求めるよう指示がなされていること，会合等に出席しない選挙運動者に対しては，個別に訪問するなどして選挙運動をすることを勧奨していること，上部団体から資金が供給され，その資金を管理する者がいて，これを適宜買収資金等として支出することによって，

組織の維持を図っていることなどの事実が認められるのであって、これらの事実は、いずれも、本件違反者ら4名によって行われた選挙運動が、複数の者が役割を分担し、その分担に従って、相互の力を利用し、協力し合って活動し、その中において、指揮・命令・監督系統が存在していたことの証左であるといわなければならず、本件違反者ら4名を中核とする右のような人的結合体が、法251条の3第1項にいう「組織」に該当することは明らかである。

(裁判例18－1) ☞303頁参照
【候補者等の主張の要旨】
　　　連合後援会は選挙の時以外は全く活動しない組織であり、選挙があるたびに結成されているところ、本件選挙では、町会後援会等の役員を選出する手続をとっていないから、連合後援会は結成されていないし、平成7年の市議選の際の役員はほとんど任期が満了しているから、それを甲が本件選挙の際の役員とみなすことはあり得ず、役員会という名目で会合を開催したとしても、それは本件選挙についての連合後援会ではない。また、連合後援会には、N党支持者もいれば旧M党支持者や他党支持者もいたのであるから、政党間の争いとなった本件選挙において連合後援会が結成されるはずもない。

【裁判所の判断の要旨】
　　　本件選挙では、町会後援会党の役員を選任する時間的余裕がなかったため、正式な役員選任手続は行われなかったものの、甲の提案で連合後援会の役員は平成7年の市議選の際と同一人が就任し、当時の町会後援会等の役員とみなして役員会が招集・開催され、その役員会で甲が要請した各選挙運動を多数の役員らが分担して実行したのであるから、本件選挙の際に、連合後

援会の組織が実体として存在したことは優に認められる。また，本件選挙が政党間の争いの色彩が強いものであったとしても，被告が当選を目指して立候補する以上は旧Ｍ党支持者のみならず，それ以外の者からの得票を期待するのが当然であり，ことに被告においては市議会議員から県議会議員への鞍替えのチャンスでもあつたのであるから，市議選時の地元組織を有効に活用することをはばかる理由はないし，また，市議会議員選挙と全く同一の構成員を維持しなければ，連合後援会を結成し得ないというものでもないから，被告指摘の事由が連合後援会が存在しなかったことの理由にはならない。

(裁判例20-1) ☞314頁参照

【候補者等の主張の要旨】

　　甲のした一連の行動は，甲が私利私欲，身勝手な個人的な思惑によつて行つたものであり，被告はもとより，後援会との間でも甲と相互の役割分担について協議したことも全くなく，実際に役割を分担したこともないのであるから，本件プレハブにおける活動が同項にいう「組織」とはいえず，甲の右行動が「組織により行われた」とは到底いえない。しかも，甲の買収行為は，すべて被告の後援会組織が不十分かつ未整備な段階になされている。

【裁判所の判断の要旨】

　　「選挙運動」とは，特定の公職の選挙につき，特定の候補者の当選を目的として投票を得又は得させるための直接又は間接に必要かつ有利な一切の行為をいう。「組織」とは，特定の公職の候補者等の当選を得させる目的の下に役割を分担して活動する人的結合体を意味する。複数の人が役割を分担し，相互の力を利用し合い，相互に協力し合って活動する実態をもった人の集合体であれば「組織」に当たると解すべきである。

本件についてみるに甲は，本件選挙において被告を当選させようとして，主としてP2，P3，P4の3地区において被告に対する投票を獲得しようと考え，被告，AないしHと相談の上，遅くとも平成10年12月初めころまでに，P3事務所を選挙運動の拠点として，甲自身が定めた各人ごとの地区割りに従い，AないしEをして，各地区住民や地区自治会役員らを（被告）後援会に勧誘・入会させて後援会カードを集め，これにより被告への投票の依頼並びに投票の取りまとめ等の選挙運動を行わせ，その運動状況についてはあらかじめ定められた日時にP3事務所に前記の者らが参集して報告，協議を行ったうえ，さらに甲自らが具体的運動方針を指示し，その結果を報告させる体制を整えていたものであって，所要経費も甲において出捐していたのである。以上によれば，甲の行ったこれらの行動は，「組織により行われる選挙運動」に当たると認めるのが相当である。

(裁判例22-1) ☞329頁参照

【候補者等の主張の要旨】

本件P町後援会は，被告の後援会組織であるQ町後援会の指示を伝達する連絡網にすぎず，選挙運動について指揮，監督，命令をするいずれの系統も備えておらず，したがって，事務局長などという地位はなく，複数のものが役割分担をし，相互に協力する程度の組織としての実体を有しない。

【裁判所の判断の要旨】

甲は，本件選挙において被告を当選させようとして，P町での被告に対する投票を獲得しようと考え，Q町後援会事務所で行われた本部会議にP町からBとともに出席し，ここでの協議を受け，P町後援会役員会でBが会長，甲が事務局長に就任し，同人が事務所開きの段取り，被告と語る会の場所の

選定，ローラー作戦，個別訪問，選挙カーによる遊説の行程の作製，各地区世話人責任者を通じての前記会合への動員，協力者カードの配付・回収をし，これにより被告への投票の依頼並びに投票の取りまとめ等の選挙運動を行わせ，一部経費も負担していたものであり，また，P町後援会はQ町後援会の実質下部機関ではあるが，会長，事務局，町内6地区の世話人責任者も決められ，Q町後援会の決定事項を支持者に伝える伝達機関に止まらず，事務所開き等の具体的運営などしていたもので，組織と認めるに足るものである。

裁判例29 ☞360頁参照
【候補者等の主張の要旨】
　本件選挙に際して，甲を主宰者とする組織により被告のための選挙運動が行われた事実はない。すなわち，「N後援会」は，昭和62年に設立され，規約を有し，Y市内に事務所を構え，同事務所を拠点として後援会活動を行っている実存の団体であり，甲は，その役員ではなく，単なる連絡係として，被告からの依頼で，告示後の選挙運動に備えて，後援会活動の強化のために行動していたにすぎないのであって，甲を主宰者とする組織による選挙運動というものはそもそも存在しなかった。したがって，甲が行ったとされる本件買収行為は被告のための組織による選挙運動には当たらない。
　そして，本件選挙における被告のための選挙運動は，被告が総括主宰者となって，自ら，各地区の世話人を選任し，後援会事務所において世話人会を開催し，また，被告の指示で家族が地域を回る形態で行われた。
【裁判所の判断の要旨】……（「意思を通じ」の点とあわせて判断している。）
　ア　公選法251条の3第1項の「組織により行われる選挙運動」の「組織」

とは，特定の公職の候補者等の当選の目的のため役割を分担して活動する人的な結合体を意味し，また，同項は，「組織により行われる選挙運動」が当該公職の候補者等と「意思を通じて」なされていることを要件としているから，当該公職の候補者等が意思を通じる相手方はその組織にあって，当該組織を当該公職の候補者等を当選させる目的を達成するために動かすことのできる立場にある者（いわゆる総括者的立場にある者）であることを要するものというべきである。

イ　ところで，後援会は，被告の政治活動を支援するためにつくられた後援団体であるが，被告が本件選挙で立候補したＹ市選挙区の各地区毎に設けられた地区後援会を中心とする組織であり，かつ，少なくともこのような地区後援会を中心とした後援会（以下，このようなものとして「後援会」という。）は，平成14年当時においては，被告が県議会議員選挙に立候補する意思を表明した場合に当該選挙において被告の当選を目的として選挙運動をする以外にはほとんど後援会活動をしないところの，ほとんど専ら選対組織として機能し存在していた組織であり，また，このような後援会の運営に必要な経費が専ら被告の寄附によってまかなわれていたため，その運営は被告自身の意向に従うものであったこと，甲は，後援会の地区後援会の一つであるＰ地区に係る地区後援会の一員であるとともに，被告の古くからの支持者として，被告の身近にあって，前回選挙（被告が立候補した平成11年4月の選挙）の告示前選挙運動において選挙運動資金の管理を担当した者であったところ，被告は，平成14年9月，甲に対し，平成15年4月に予定されていた本件選挙に立候補する意思を表明し，後援会の地区後援会を通じての被告のための選挙運動を要請したことから，Ｅが本件選挙への立候補を表明する平成15年1月8日ころまでは，甲が中

心となって，被告の上記意向を体して，活動停止状態にあった地区後援会について被告のための選挙運動を行う態勢をつくるため，被告及び被告の古くからの支持者の一人であるＤと相談しながら，各地区の世話人の人選を行い，さらには，被告自ら，又は，甲において，世話人に対する被告のための選挙運動に関する支持あるいは要請を行うなどにより，少なくとも10地区については，世話人も決まり，地区後援会がその世話人を中心として被告のための選挙運動を行う態勢をつくるとともに，甲が，被告から交付を受けた選挙運動資金を，世話人に対し，同選挙運動のために要する費用等の趣旨で現金を供与するなどして支援した結果，上記各地区においては，世話人が地区後援会の活動の名目で被告のための選挙運動が継続的に行われる状態となったこと，平成15年1月8日ころ以降は本件選挙の投票日の前日までは，Ｅの本件選挙への立候補表明による危機感から，被告及び後援会長であるＢが前面に出て，後援会を指揮する形態で，上記のようにして態勢のつくられた地区後援会が中心となって被告のための選挙活動が行われ，甲もこれに協力していたことが認められるから，本件選挙において，被告のための選挙運動は，後援会がその中核である地区後援会という組織を使ってした選挙運動であったことは明らかである。

　そして，甲は，後援会がその中核である地区後援会という組織を使ってした選挙運動の一環として，本件買収行為をしたことも，明らかである。

ウ　また，後援会が，被告の政治活動を支援するためにつくられた後援団体であること，また，後援会が，被告が本件選挙で立候補した武生市選挙区の各地区毎に設けられた地区後援会を中心とする組織であって，平成14年当時においては，被告が県議会議員選挙に立候補する意思を表明した場合に当該選挙において被告の当選を目的として選挙運動をするための

選対組織として機能し存在していた組織であったこと、しかも、このような後援会の運営に必要な経費が専ら被告の寄附によってまかなわれていたため、その運営は被告自身の意向に従うものであったこと、甲は、被告の古くからの支持者であり、被告の身近にあって、前回の県議会議員選挙の選挙運動において選挙運動資金の管理を担当した者であったところ、被告の意向を体して、上記のとおり、活動停止状態にあった地区後援会について被告のための選挙運動を行うことができる態勢づくりをした者であり、その後同態勢ができた上記各地区では世話人を中心として地区後援会の後援会活動の名目で被告のための選挙運動が行われるに至ったこと、そして、平成15年1月8日ころ以降は、被告及び後援会長であるBが、後援会を指揮する形態でされたが、上記のようにして態勢のつくられた地区後援会を利用して、その後援会活動が中心となって被告のための選挙運動が行われ、甲もこれに協力していたこと、甲は、その前後を通じて、被告から上記のようにして行われている被告のための選挙運動の資金として被告から受け取った多額の金員を管理し、その裁量で世話人に配分していたこと等の事実があったのであるから、B及び平成15年1月8日ころ以降のBは、いずれも、被告の意向を体する者として、後援会という組織に関して、これを被告のための選挙運動を行うものとして動かすことのできる立場にある者として、いわゆる総括者的な立場にあった者ということができる。

エ　そうすると、本件選挙において被告のためにされた選挙運動が「組織により行われる選挙運動」に該当し、かつ、この「組織により行われる選挙運動」が、公職の候補者等である被告と意思を通じてなされたものであり、そして、甲のした本件買収行為が上記選挙運動の過程で行われたものと認めることができる。

被告は，甲が後援会と被告などとの単なる連絡役にすぎず，後援会の総括的な立場にあった者ではないから，被告が甲と，後援会がする被告のための選挙運動について意思を連絡したからといって，公選法251条の3第1項にいう「組織により行われる選挙運動」が当該公職の候補者等と「意思を通じて」なされたことにはならないし，甲は，被告の依頼で，告示後の選挙運動に備えて，後援会活動の強化のために行動していたのであるから，甲のした本件買収行為は後援会が組織としてした被告のための選挙運動とは関係がない旨主張するが，到底採用することができない（被告らは，甲が本件選挙の選挙運動において，単なる後援会との連絡役にすぎない旨供述するが，被告は，甲に対して短期間に5回にわたり合計700万円もの多額の金員を被告のための選挙運動資金として交付し，しかも，その後，その具体的な使途の確認もしなかったことは上記に認定したとおりであるから，この事実に照しても，甲が単なる連絡係であった旨の被告らの上記供述等は到底措信できない。）。

裁判例30　☞371頁参照
【候補者等の主張の要旨】
(1)　Z町区長会という組織が存在すること自体は間違いないが，Z町区長会が被告を支援するための選挙運動または政治活動を組織的に行った事実はない。
　　もとより，Z町の各区長は，各区の世話役であり，各区で行う行事を取り仕切ったり，Z町からの行政的な連絡事項を区民に連絡したりする役割を担っている。これに対して，Z町区長会は，旅行や懇親会などの親睦的な行事を年に数回行うだけであり，Z町区長会が組織として何らかの具体

的な活動を行っているという実態はない。

　したがって，Ｚ町区長会会長という役職も，いわゆる名誉職にすぎず，何ら具体的な職責を担っているわけではない。強いて言えば，Ｚ町区長会長の役割は，Ｚ町役場から町民への行政的な連絡事項を伝達する際の連絡網の起点としての役割を果たすことにあると言える。すなわち，区民への連絡事項がある場合も，町役場は区長会長にのみ連絡すれば足り，あとは，区長会長から各区長へ，さらに各区長から各区民へと連絡がなされるのであり，区長会には，日頃から，組織的な活動を行っている実態は全くないのである。

(2)　原告がＺ町区長会の組織的活動として指摘する各行為は，選挙運動にあたらないことは勿論のこと，区長会による組織的な活動にもあたらない。

　すなわち，Ｚ町区長会会長である甲は，Ｚ町後援会の副会長の一人として名を連ねているが，これはいわゆる充て職に過ぎず，区長会会長である甲がＺ町後援会の副会長として同後援会の活動に関与していた実態はない。したがって，Ｚ町区長会が組織的にＺ町後援会の活動に協力・関与していた実態もない。

　また，各区に対するローラー作戦やミニ集会への参加依頼のため，形式的には，Ｚ町区長会会長である甲名義の依頼文書が各区長宛てに配布された事実はあるものの，各区長との間の実際の連絡調整を甲が行っていた事実は一切ない。これらローラー作戦やミニ集会の実務は，Ａ，P_3後援会及び被告を支持するＺ町町議らによって行われていたものである。

　例えば，ミニ集会についてみれば，ＡやＺ町町議らが各区の後援者らに個別に依頼してミニ集会を企画し，その都度ミニ集会への被告派遣の連絡

文書を作成しているのであって，Ｚ町区長会や甲が企画立案した事実はない。なお，区長がミニ集会を開催している場合もあるが，それは被告を後援する区長が個人の意思で開催しているのであって，Ｚ町区長会の指令に基づいて開催しているものではない。各ミニ集会において甲が挨拶することもあったが，その回数はごくわずかであり，Ｚ町区長会として組織的な選挙運動として行っていたとは言い難い。

さらに，甲が各種集会において挨拶をしたことがあるのは事実であるが，甲は，あくまでも充て職であるＺ町後援会の副会長として挨拶したのであり，この挨拶をもって，区長会の組織的活動ととらえることはできない。

【裁判所の判断の要旨】

(1) 区長会が，会員である区長相互の親睦・協議・研修を図ること等を目的とし，代表者等の定めを有する法人格のない団体（組織）であることは明らかである。なお，区長会は，選挙運動それ自体を目的とする団体ではないが，公選法251条の3第1項にいう「組織」とは，複数の人が役割を分担し，相互の力を利用し合い，相互に協力し合って活動する実態を持った人の集合体であれば足りるから，区長会は同項にいう「組織」に該当するものである。

また，甲は，区長会会長であるから，その総括者であることは明らかである。

(2) そして，区長会は，平成15年1月24日，区長会として，被告を支持・支援していく旨の推薦決定した上で，Ａらにより計画された上記の被告の選挙運動についても，臨時区長会や区長会役員会を開催するなどの方法で，区長会としての意思を統一しながら，同選挙運動へ積極的に参加し，区長らの大部分は，区民を代表する立場にある区長の立場あるいは影響力

を行使して、Z町以外でのローラー作戦の実施に必要な人員確保のための区民の動員、必勝祈願祭及び激励大会・出陣式、総決起大会、被告の遊説及び投票依頼のための練り歩きとこれらへの区民の動員、ミニ集会の開催などの行為をし、また、これら活動に自ら参加したのであるから、これら区長の行為は、区長会の組織として行われたものと認めることができる。

また、区長会が本件選挙に立候補を表明している被告を推薦する旨決議する行為、及び甲が、同決議を踏まえて、Z町後援会の総会やその事務所開きにおいてした挨拶は、明らかに、本件選挙での被告に対する投票及び投票の取りまとめを要請する内容であって、被告の選挙運動に当たるものであり、区長会の組織的な選挙運動に当たるものと認めることができる。

被告は、被告の選挙運動を組織的に行っていたのは、被告を支持する町議らやP3後援会の者らであり、区長会が被告の選挙運動を組織的に行った事集はない旨主張する。しかしながら、甲がZ町後援会の副会長となり、区長がその集落支部長となったこと自体はいわゆる充て職としてであったとしても、上記のとおり、区長会は、平成15年1月24日開催の区長会で本件選挙での被告の推薦を決定した後、Aらが計画した被告の選挙運動への参加について、臨時区長会、区長会役員会を開催するなどの方法で、組織として意思決定を行い、区長らは、同決定等に基づき、同選挙運動としてされたZ町後援会総会、事務所開き、総決起大会等に自ら参加したり、区民を動員して参加させたのであるから、区長会が組織的に被告の選挙運動を行ったことは否定できない。もっとも、上記の被告の選挙運動は、Aらが計画したものであり、区長会が計画したものでも、その会長である甲が計画したものでもないが、他の団体又は組織（団体M）が計画した選挙運動について、他の団体（団体N）がこれに組織として参加するこ

とも有り得るのであり，その場合の団体Nの当該選挙運動への参加をもって組織的な選挙運動でないということはできないから，上記被告の選挙運動が区長会が計画したものでなく，他の者が計画したものであることで，被告の選挙運動における区長会の選挙運動が組織的なものでないということはできない。なお，上記の事実によれば，区長会は，区長会という組織として，被告の後援会組織と一体となって，被告の選挙運動を行ったものとみることができないではないが，そうであるとしても，被告の選挙運動における区長会の選挙運動が組織的なものであることを否定することはできない。

　したがって，区長会は，Aらの計画した被告の選挙運動に組織として参加することにより，被告のために組織的な選挙運動をしたものである。

(3)　なお，被告は，甲はあくまでも充て職であるZ町後援会の副会長として挨拶したのであり，この挨拶をもって，区長会の組織的活動ととらえることはできない旨主張する。

　しかし，甲は，Z町後援会副会長であると同時にZ町区長会会長であるところ，甲は，Z町後援会の総会（平成15年2月11日），P3後援会の事務所開き（平成15年3月1日），必勝祈願祭及び激励大会・出陣式（平成15年4月4日）及び総決起大会（平成15年4月11日）のいずれにおいても，「Z町区長会を代表して挨拶をする。」と前置きして，被告を支援する具体的内容の挨拶をしているのであって，むしろZ町区長会会長としての立場を強調し，区長会という組織の意思表明として発言しているものと解されるから，被告の上記主張は到底採用できない。

2　選挙運動性について

(裁判例9-1) ☞252頁参照

【候補者等の主張の要旨】

　　朝礼は，本件会社において日常的に業務上行われていたものであり，本件会社が被告の選挙運動のために組織として人的に結合し，役割分担したうえ設営したものではない。

　　挨拶の場の提供は，それに連続性があり，かつ，他の直接的な投票の勧誘若しくは誘導行為等の一環として行われるものでない限り，選挙運動に該当しないというべきところ，本件会社の組織が従業員に対し連続的に直接的な投票の勧誘行為等，組織的に選挙運動を展開した事実はない。

　　下請業者との会食は，本件会社において，以前から業務の必要上行われているものであり，4月1日に行われた会食も本件会社の業務の一環として行われたものであり，本件会社が被告の選挙運動のために役割分担したうえ，設営したものではなく，被告のためにする組織的選挙運動ではなかった。

【裁判所の判断の要旨】

　　甲が本件選挙において被告を応援することを表明し，その方法として朝礼及び慰労会名目の会食を計画し，乙，丙らをしてその設営の準備をさせ，朝礼においては多数従業員の前で，会食においては多数下請業者の前で，いずれも被告に挨拶する場を提供し，甲自らも被告への投票及び投票の取りまとめを訴えた行為，会食の席上で丙らが被告の後援者名簿用紙を被告のポスター等とともに下請業者らに配布し，会食後，乙が被告の妻や兄らとともに下請業者方を訪ね，被告の名刺等を配布するなどして，被告への投票及び投票取りまとめを依頼した行為，また，丙が後援者名簿用紙を社内で回覧するとともに，各営業所に被告のポスターとともに配布し，乙が投票日前日の本件会社の朝礼において，棄権することがないよう呼びかけた行為等は，その

行為がなされた時期，場所，方法，対象等を総合的に観察すると，本件選挙における被告の当選を目的として，同選挙の際の被告への投票及び投票の取りまとめを依頼する趣旨でしたものにほかならず，選挙運動に当たる。

(裁判例10) ☞261頁参照

【候補者等の主張の要旨】

　被告後援会の目的は，被告の政治活動を支援することにあり，後援会活動と機関誌の発行が主たるものである。その活動内容は，地区担が後援会の会員宅に機関誌や近況報告と題する書類，後援会入会申込書を封筒に入れて配布していたが，具体的な選挙を意識して行ってきたものではなく，被告の政策を訴えてその理解を得るためのものとして行われてきたものである。入会申込書は後援会への入会勧誘にすぎず，配布先も無差別なものではなく，後援会の会員宅になされていたのである。

　連座制の効果が結びつく場合には，選挙運動の意義を厳格に解すべきであることからも，本件のような後援会活動を選挙運動と解する余地はできない。

【裁判所の判断の要旨】

　本件後援会の地区担活動は，県知事選挙の1年以上前から行われていたものであるが，被告が市長選挙と県知事選挙への立候補を表明していたことから，従前被告を支援していた団体等の組織の支援が見込めなくなり，被告及び後援会の幹部としては，県知事選挙に当選するための選挙戦術として，後援会の地区担活動を利用して，県下各地に支援者を増やすことを方針とせざるを得ない状況となっており，右のような状況は被告及び後援会幹部らの共通の認識であったと認めることができる。役員会は，この方針を協議決定

し，これに基づいて，県下各地に事務所を設置し，多数の臨時職員を雇用して地区担活動を行ったものと認めることができる。そして，地区担活動は，後援会活動の名の下に行われていたものの，その対象とされた者が必ずしも自ら後援会に入会した者ばかりではなく，会員としてタックシールに記載されていた者の人数が県知事選挙当日のＸ県の全有権者数の約27.5パーセントに上っていたというのである。地区担が配布した文書の内容は，もっぱら県知事選挙に立候補を予定している被告を紹介するとともに，その県政に対する政策を明らかにし，県知事選挙での被告への支援を訴えるものであったというのである。被告及び他の後援会幹部はもとより，地区担自身も，地区担活動を県知事選挙の選挙運動であることを意識していたことが認められる。したがって，このような地区担活動は，一般的な後援会活動の範囲を超え，一般有権者に県知事選挙での被告への投票を依頼する選挙運動としての実質を有していたものといわざるを得ない。

さらに，被告は，地区担活動としての文書の配布は，具体的な選挙を意識して行ったものではなく，配布先も後援会会員宅に限定されており，選挙運動でないと主張するが，地区担活動の対象が後援会の会員宅に限定されていたということができず，配布された機関誌，近況報告と題する書面，後援会入会申込書の内容がいずれも県知事選挙での被告への支援を訴えるものであるから，右主張も理由がない。

(裁判例18-1) ☞303頁参照

【候補者等の主張の要旨】

被告は，選対本部長であったＡ市議が地元の被告支持者である甲らに個人的に選挙運動を指示したものであって，甲も過去の市議選で被告を指示して

きた立場から個人的に被告のために選挙運動をしたにすぎない。
【裁判所の判断の要旨】
　連合後援会は，甲の指示・要請に従って，他の役員らが，有権者に後援会への入会を働き掛けること，被告のポスターを掲示すること，出陣式，総決起大会等に有権者を動員すること，遊説隊を出迎えることなどの各運動を分担して実行し，連合後援会の内部組織である「Q会」，「R会」，「K会」もそれぞれ甲の指示に基づき，その役割に応じた選挙運動を実行したものであって，連合後援会が甲の指揮・監督のもとで組織として選挙運動を行ったことも優に認められる。

裁判例30　☞371頁参照
【候補者等の主張の要旨】
(1)　ローラー作戦について
　被告は，政策及び政治信条等を広く住民に理解してもらい，後援会の勢力を拡張するために後援会加入を勧誘する目的から，告示前に，いわゆるローラー作戦を実施したが，このローラー作戦は，被告の政策及び政治信条等を住民に理解してもらう政治活動であって，選挙運動ではない。
　実際にも，被告は，ローラー作戦が「事前運動」であると誤解されないよに，ローラー作戦の実施に当たっては，①必ず後援会から来たことを告げること，②訪問の目的は後援会入会勧誘及び被告の政策・政治信条の広宣であり，選挙の投票依頼などしないことを実施者に守るようにさせていた。
(2)　ミニ集会について
　ミニ集会は，被告の政策及び政治信条等をひろく住民等に訴え理解して

もらう目的で開催される政治活動であり，選挙運動に当たらない。

【裁判所の判断の要旨】

　本件選挙にあたって告示前に行われたローラー作戦の実施やミニ集会の開催，Ｚ町後援会総会の開催，同事務所開きとこれらへの支持者や有権者である区長や区民の動員，電話作戦の実施は，いずれも，被告の後援会の名でされたものであるが，被告が本件選挙への立候補を表明し，そのことが本件選挙区において周知となっている状況において，本件選挙で被告を当選させたいと考えるＡらが，本件選挙区の有権者に対して被告の氏名や人柄を売り込み，被告への投票を要請し，又は，被告を支持・支援する者の離脱を防止することなどにより本件選挙での被告の当選を目的として，本件選挙の告示日に接着した時期から短期間に集中的に実行することを計画し，その計画に従って実行された一連の活動であり，明示又は黙示に，被告への投票の要請の趣旨をも内容とするものであったものと認められるから，前記認定の被告の後援会活動の実情も考慮すると，いずれも被告の当選を目的とした被告の選挙運動に当たるものと認められる。また，本件選挙の告示日後にされた電話作戦，必勝祈願祭及び激励大会・出陣式，総決起大会，被告の遊説及び投票依頼のための練り歩きとこれらへの区長や区民に対する参加要請が被告の当選を目的とした被告の選挙運動に当たることは明らかである。

　被告は，ローラー作戦の実施は被告の政策及び政治信条等を住民に理解してもらうための後援会活動あるいは政治活動であって，選挙運動ではない旨主張するが，同作戦は，後援会への入会勧誘等の名目でされているものの，その実態は，被告を当選させたいと考えている者が各戸を個別に訪問して，被告の名前や写真が載ったリーフレットやチラシを各戸に配る活動であって，本件選挙における被告の立候補が周知の状況において，突然に本件選挙

の告示日に接着して実施されていることを考え併せると，少なくとも暗に被告への投票を要請し，本件選挙での被告の当選を企図した活動であり，被告の選挙運動に当たるものというべきである。なお，被告は，ローラー作戦の実施に当たって，事前に，その従事者に対して，必ず後援会から来た旨を告げること，訪問の目的は後援会入会勧誘及び被告の政策・政給信条の広宣であり，選挙とか投票の依頼はしないことを注意していて，そのように実施されているから，被告の選挙運動には当たらない旨主張し，証拠によれば，同主張事実が認められるが，このような事実も上記判断を左右しない。

また，被告は，ミニ集会の開催も，被告の政策及び政治信条等を住民に理解してもらう政治活動であって，選挙運動ではない旨主張するが，時期的にも本件選挙に近接して行われた活動であるばかりでなく，証拠によれば，被告又は被告の妻は，区長から連絡を受けた上で，区民が集ったミニ集会に出向き，「今度の選挙に立候補するのでよろしくお願いします。」「選挙には（被告）に投票してほしい。」「是非，勝たせてください。」などと被告への投票を要請する具体的な発言をしていることが認められるから，被告の当選を目的とした選挙運動であることは明らかである。

③ 「意思を通じて」について

裁判例9-1，9-2 ☞ 252頁参照

【候補者等の主張の要旨】

被告が本件会社の朝礼において，同社代表取締役である甲（注：組織の総括者）の社員に対する話を聞いたとしても，「（被告名）先生です。皆さんよろしくお願いします。」程度のもので，甲は「会社で（被告の名前）先生を

応援します。」,「100人が1人10人に声をかければ1000票になる」などについては,被告の前では話しておらず,被告はこれを聞いていない。

　被告が出席挨拶の機会をもった団体,会社全てが組織を挙げて被告の選挙運動を行っているものではなく,被告にもそのような認識はない。被告において組織を挙げて被告のために選挙運動をしてくれる団体,会社であると認識しているのは,後援会の構成員である会社,ビラ貼り,電話作戦等のための人員若しくは街宣あるいは連絡用車両を提供してくれる会社,過去の選挙で選挙運動を展開してくれた団体等である。

【裁判所の判断の要旨】

　被告は,本件会社のT部次長から,同社の下請業者を集めての会食への出席について都合を聞かれ,これに出席する旨を答えており,出席を求めてきたのが同社幹部であったことや,T部次長の発言内容に照らすと,被告は,右会食が本件会社の行事として行われるものであり,これが同社の代表取締役である甲の意向によるものであって,同人が個人的に行うことができる事柄ではなく,また,会食の設営の準備等の関係からしても,同社の幹部らが相談し,役割を分担することによって会食が設営され,これへの被告の出席が求められたということを十分に承知したものと推認でき,被告は,被告のため票集めを目的として組織により会食の設営等が行われることについての認識を有していたものと認めざるをえない。

　さらに,被告は,被告の総決起大会の会場において,本件会社T部次長から同社の朝礼への出席について都合を聞かれ,出席する旨を答えているが,これも会食の場合と同様であるうえ,被告の出席を求めてきたのがT部次長で,しかもそれが,被告の総決起大会の場であり,その際には被告は既に前記会食への出席を了解していたことなどの事実に照らすと,被告は,同社の

幹部らが相談したうえで、朝礼への出席が求められたということを十分に承知したものと推認することができ、朝礼の設営が被告のため票集めを目的として組織により行われることについての認識を有していたものと認めざるをえない。

本件会社の朝礼において、代表取締役である甲が被告を紹介し、会社の組織を挙げて被告を応援することになった旨を宣明し、被告はこれを聞いたうえで、自己の政策等を述べるとともに、本件選挙における投票の依頼をしたことが認められ、この事実と、上記のとおり、被告が朝礼や会食の設営が被告のため票集めを目的として組織により行われることについての認識を有していたものと認めざるをえないことをあわせ考慮すると、被告は、遅くとも朝礼の場において、本件会社における組織の総括者である甲との間で、被告のため票集めを目的とした選挙運動が組織により行われることについて相互に認識をし、了解し合ったものと認めることができ、甲と被告は組織により選挙運動を行うことにつき、意思を通じたというべきである。

【上告審の判断の要旨】

上告人が、選挙運動が組織により行われることについて、甲との間で、相互に明示又は黙示に了解し合っていたことも明白である。

(裁判例10) ☞261頁参照

【候補者等の主張の要旨】

重要事項が決定されたとする後援会の役員会は、誰が召集し、誰が出席するものか不明確であり参事会（幹事会）とは別の会議かどうかも不明である。また、被告の出席の下に役員会が開催されて、被告の指示によって後援会活動を利用した選挙運動の方針が決定されたような事実はなかった。被告

は，役員会に出席して重要な協議をするような状況になかったし，役員会の内容について報告を受けていたようなこともなかった。

　また，被告は，後援会活動について，あくまで後援会活動であり，選挙運動であるとの認識を有していなかったから，後援会の事務に関して打ち合わせや協議をしたとしても，あくまで後援会活動についての打ち合わせや協議にすぎず，選挙運動についての意思の連絡があったことにはならない。

【裁判所の判断の要旨】

　被告は，後援会組織の地区担活動を通じて行う県知事選挙の選挙運動について，役員会におけるその基本方針の決定を主導し，その後も甲らから報告を受けたり役員会に出席するなどして地区担活動の状況を十分に把握し，後援会の設置等具体的な事項についての決定にも関与し，県知事選挙について，後援会活動を利用した選挙運動をすることを主導する立場にあったといえる。

　一方，A，甲，乙，Bは，いずれも，後援会組織を通じた県知事選挙の選挙運動において，役員会の協議決定を通じて，選挙運動全体の基本方針とその具体化策を決定した者として後援会組織の「総括者」であると認められるところ，県知事選挙の基本的な選挙運動方針が協議決定された役員会が開催された後である平成6年8月頃までには，被告とA，甲，乙，Bとの間に選挙運動を後援会組織を通じて行うことについて相互に了解があったことも明らかに認められるから，被告と後援会との間の意思の連絡があったことは肯定されるというべきである。

裁判例11-1 ☞ 264頁参照

【候補者等の主張の要旨】

被告には，O島地区後援会や各地区後援会が組織により選挙運動を行うことや，本件違反者ら3名がこれらの総括者であることの認識はなかった。
【裁判所の判断の要旨】
　　同人らが本部事務所での事務所開きの際に，被告からO島の自宅を選挙運動のための事務所として使用するよう言われて，これを承諾し，被告のためにO島地区後援会の組織を利用して選挙運動を行うことにつき，本件違反者ら3名（注：組織の総括者）と被告は意思を通じるに至ったと認められる。

(裁判例12) ☞ 276頁参照
【候補者等の主張の要旨】
　　旧中選挙区における被告の選挙運動を担当したCにおいても，P町支部との間では，丙を窓口にして連絡を取り合っているだけで，具体的な選挙運動がどのようにして行われているかを知り得なかったし，まして，旧中選挙区における選挙運動を県連に委ねていた被告は，それを知りようもなく，単にCが決めた予定に従って機械的に集会等に出席したにすぎなかったものであり，被告は，本件違反者ら4名（注・組織の総括者でもある）と意思を通じていたとはいえない。
【裁判所の判断の要旨】
　　被告は，平成8年9月17日に丙宅を訪問して，選挙運動への協力を依頼したこと，県連から被告の選挙運動をするために派遣されたCを通じて，丙に対して選挙運動のための組織づくりを働きかけたこと，本件違反者ら4名の企画，立案した「役員会」，「励ます会」に出席して，出席者に対して，選挙運動への協力を要請したこと，選挙カーによる遊説の際には，本件違反者ら4名らの立案した行程に従い，同人らの依頼した選挙運動者の応援を受け

ながら，P町内を回っていること，本件違反者らのうち2名の要請を受けて変更された選挙カーの予定に従い，P町に再度選挙カーによる遊説を行っていること等の事実が認められるのであって，これらの事実は，被告と本件違反者ら4名が，相互に当該選挙運動が組織によって行われることを明示的又は黙示的に認識し，了解し合っていたことの証左といわなければならず，本件違反者ら4名の行った選挙運動が，被告と意思を通じて行われたものであることは明らかである。

裁判例18-1　☞303頁参照

【候補者等の主張の要旨】

被告は，党と党との選挙である本件選挙においては，連合後援会の組織体による選挙運動を行うことができないものと考えており，連合後援会に支援を要請したことがないし，甲も平成10年2月3日に開催された「地元説明会」において，「うちの後援会で選挙ができるものでもない」と挨拶していたのであるから，連合後援会の組織により選挙運動を行うことにつき，被告と甲は意思を通じていない。

【裁判所の判断の要旨】

遅くとも，平成10年2月22日に連合後援会第1回役員会が開催され，これに被告が出席して支援を求める挨拶をし，これを受けて甲が役員らに対し，有権者に後援会への入会を働き掛けて支持を広げること，被告のポスターを掲示することなど，具体的な選挙運動の実行を要請したときまでには，甲は連合後援会の組織により選挙運動を行うことにつき，被告と意思を通じたものと認めるのが相当である。

裁判例20-1 ☞314頁参照

【候補者等の主張の要旨】

　　被告と甲との関係，後援会・選挙活動における甲の関わり方からして，甲の行動は被告と意思を通じてなされたものでないことは明らかである。

【裁判所の判断の要旨】

　　「意思を通じて」とは，公職の候補者等と組織（具体的には組織の総括的立場にある者）との間で，選挙運動が組織により行われることについて，相互に明示あるいは黙示に認識し，了解し合うことである。

　　本件についてみるに，被告及びFは，P3事務所の開設を承認し，同事務所において開かれる会合に出席し，甲及びその指示により稼働していたA及びBほかの行動を認識し，甲の立てた方針について反対することなくこれを容認していた。被告は，甲から渡された回収済みの後援会カードを利用して票読みを行い，AやBらの援助のもとにP2，P3，P4の3地区において個別訪問を行ったりしていたのであるから，甲と「通じて」いたことも明らかである。

裁判例22-1 ☞329頁参照

【候補者等の主張の要旨】

　　P町後援会は被告の後援会組織であるQ町後援会の指示を伝達する連絡網にすぎず，選挙運動について指揮，監督，命令をするいずれの系統も備えておらず，したがって，事務局長などという地位はなく，複数のものが役割分担をし，相互に協力する程度の組織としての実体を有しないから，被告がS町後援会の組織による選挙運動が行われることについて，甲らと意思を通じたことはない。

【裁判所の判断の要旨】

　被告は，本部会議においてＰ町にも後援会が結成されることを認識し，Ｐ町で行われた役員会にも出席して，Ｂ，甲らによるＰ町後援会の選挙運動を容認していた上，被告は，甲らの援助のもとにＰ町において戸別訪問を行つたりしていたのであるから，甲と「意思を通じて」いたことは明らかである。

裁判例29　☞360頁参照
【候補者等の主張の要旨】

　公選法251条の3第1項の意思を通じたというためには，被告が組織の総括者（組織による選挙運動全体の具体的，実質的な意思決定を行い得る者）との間で，本件選挙における被告のための選挙運動が組織により行われることについて相互に認識し，了解し合うことが必要であるが，甲は，「被告後援会」及びその地区後援会において単なる連絡係であって，組織の総括者ではなかったから，被告が甲との間で上記選挙運動について意思を連絡したとしても，被告が上記選挙運動について公選法251条の3第1項の意思を通じたことにはならない。

　本件選挙における被告のための選挙運動は，被告自身が総括主宰者となって行った。

【裁判所の判断の要旨】

　①（組織性）における本裁判例の判断要旨（☞115頁）を参照されたい。

4　管理者性について

（裁判例9-1，9-2）☞252頁参照

【候補者等の主張の要旨】

　　甲は，本件会社の代表取締役ではあっても，既存の組織を利用して選挙運動につき具体的な意思決定を行う者でなく，「総括者」には当たらない。

　　乙が，下請業者との会食に関して，部下のBに稟議書を作成させ，受付司会等を指示実行させ，丙に会場の手配をさせたことは，下請業者を統括するU部長として業務上当然のことをしたまでであり，被告のための組織的選挙運動の指示，監督をしたものではない。

　　営業所従業員を朝礼に出席させることは，業務上当然のことであり，丙が事務所開き，総決起大会へ出席したことは，本件会社の組織的選挙運動の一環としてなされたものではない。

【裁判所の判断の要旨】

　　甲は，朝礼に被告を招き，会食を設営して被告を招き，それぞれの場で被告に立候補の決意と支援を要請する挨拶をさせること等を発案し，朝礼は3月28日に，会食は4月1日にそれぞれ設営すること，朝礼の場に他の営業所従業員をも参加させること，会食に集める下請業者の選定については青森地区の業者とすること，下請業者に対する案内状に被告の出席も予定している旨の一文を付け加えること等をそれぞれ指示し，また，個々の選挙運動の是非についても判断していた者であると認めることができるから，甲は，「当該選挙運動の計画の立案若しくは調整を行う者」に該当するというべきである。

　　乙は，Bに対し，会食に関する稟議書の作成，受付や司会，被告の後援者名簿用紙等の下請業者への配付等を指示するとともに，丙に対し，会食の場所の手配等を指示し，丙は，各営業所長に対し，被告の後援者名簿用紙への

従業員らの氏名の記入，名刺の配付，ポスターの貼付，営業所従業員の朝礼への出席等を指示し，それぞれ実行させた者であると認めることができるから，乙及び丙は，それぞれ「当該選挙運動に従事する者の指揮若しくは監督を行う者」に該当するというべきである。

【上告審の判断の要旨】

　　甲が，法251条の3第1項所定の「当該選挙運動の計画の立案若しくは調整」を行う者に，乙及び丙が「選挙運動に従事する者の指揮若しくは監督」を行う者に各該当し，これらの者が「組織的選挙運動管理者等」に当たることも明らかである。

（裁判例10）☞ 261頁参照

【候補者等の主張の要旨】

　　甲は，後援会活動については無給のボランティアであった。幹事長ではあるが，その職務権限を明らかにした規定はなく，権限の内容は不明であり，後援会職員の面接，採用を行っているものの，甲のみがその権限を有していたものではない。後援会の運営は，甲が幹事長に就任する以前から一定のルールに従って行われてきており，その活動の立案，調整，指揮，監督は，参事会（幹事会）などを通じて行われてきたものであり，甲にはそのような権限がなかった。

　　乙は，被告がY市長に当選した後も一地区担として後援者宅を訪問したりしており，被告が3期目の市長選挙に当選した後も，一地区担として主として和歌山市外の後援者宅を訪問し，その後，後援会事務所で支援者の事務所訪問を受け付け応対する仕事を担当していたものである。乙はブロック責任者とされていたが，実体は連絡係にすぎないものであり，朝礼等の際に何ら

かの注意を与えたことがあったとしても，そのことから組織的選挙運動管理者等となるとはいえない。

【裁判所の判断の要旨】

　　甲は，後援会の幹事長として，県知事選挙における選挙運動の基本方針を決定する役員会に出席して，その決定に関与し，右決定に沿って，県下各後援会事務所の設置，臨時職員の採用を主導的に実行し，地区担活動の指揮監督を行った者であり，また，乙は，後援会の会計責任者兼組織対策部長として，県知事選挙における選挙運動の基本方針を決定する役員会に出席して，その決定に関与し，右決定に沿って，甲を補佐して県下各後援会事務所の設置，臨時職員の採用を実行し，地区担活動の指揮監督を行った者であるから，いずれも選挙運動全体の計画の立案を行い，選挙運動に従事する者の指揮，監督を行った者ということができ，「組織的選挙運動管理者等」に該当するというべきである。

 裁判例13-1 　☞282頁参照

【候補者等の主張の要旨】

　　本件選挙違反の違反者らは，（被告名）事務所の事務局長から指示を受けたＰ村後援会長の指示で選挙運動を行っており，末端運動員と代わらない立場にあった。

【裁判所の判断の要旨】

　　確かにＰ村後援会は，（被告名）事務所と連絡を取り合って，また，その要請に従って選挙運動を行っていたものの，Ｐ村内においては，その要請の範囲内において，同村後援会が独立して選挙運動の仕方を決定していたものであり，しかも，同後援会長が本件違反者らと相談のうえ決定した。

すなわち，本件違反者らは，同後援会の発起人の立場にあり，各地区の世話人の人選を行い，同後援会の結成の日時・場所・進行の仕方を決めるなどし，公示後の選挙用ポスターを貼る方法，被告の選挙カーの遊説コース及び随行者・先導車・後続車の人選，被告の個人演説会を行うときの準備・設営・進行方法，被告の個別訪問の道順・随行者について決定してきたものであって，同後援会の行う「選挙運動の計画の立案若しくは調整を行う者」に該当する。

　また，本件違反者らは，ブロックの代表者として，後援会会報等の配布やポスター貼りを各担当地区の世話人に頼んだり，村民をミニ集会に参加させるよう，また，被告の個人演説会を知らせるビラを村民へ配布するよう担当地区の世話人に依頼しており，同後援会の行う「選挙運動に従事する者の指揮若しくは監督を行う者」に該当する。

(裁判例14)　☞286頁参照

【候補者等の主張の要旨】

　甲は，その妻が脳内出血のため倒れ，常時介護を必要とする状態となり，妻の療養看護に専念し，以来，組織の一員として被告の政治活動に参加することはなかった。選挙運動に関係していた者達は，出てきた甲を見て，妻の看病に専念し，事務所に出るには及ばない旨言い聞かせていたのであり，たまたま甲が，これらの人々の眼を逃れ，事務所の仕事を手伝っていたことがあっても，それは，甲個人としての行為であり，選挙運動組織の一員としての行為としてしたものではなく，選挙運動の管理者とはいえない。

【裁判所の判断の要旨】

　甲が，本件選挙において，ほか1名とともに右組織の実質上の最高責任者

として，選挙運動の計画の立案若しくは調整を行い，選挙運動に従事する者の指揮若しくは監督を行っていたことは後記（☞287頁・2）認定のとおりである。甲は，同年8月26日以降，本件選挙の選挙運動の計画の立案，選挙運動に関する指揮等に携わっていたものであり，妻の発病によって選挙運動から離脱したとの被告の主張は到底採用できない。

[裁判例18-1] ☞303頁参照
【候補者等の主張の要旨】
　本件選挙において被告の組織的選挙運動管理者等に該当するのは選対本部長のA市議であり，甲は個人的に選挙運動をしたにすぎないのであるから，これに該当しない。
【裁判所の判断の要旨】
　本件選挙運動における甲の立場及び役割・行動からすると，甲は法251条の3第1項にいう組織的選挙運動管理者等に該当することが明らかである。
　本件選挙において，A市議が選対本部長として，本件選挙運動全体の計画の立案・決定，指揮・監督を行ったことは被告指摘のとおりであるが，連合後援会は被告の地盤とする地域で最重要拠点のS地区について，被告及び選対本部と調整を取りながら独自に選挙運動を進めることになっていた上，選挙区全域における個人演説会の立て札を準備するなどの裏方的活動や電話による投票依頼を行うことについても，連合後援会（その内部組織）が独自に行っていたものであり，これらの連合後援会の選挙運動を指揮していたのは甲であるから，A市議が組織的選挙運動管理者等に該当するとしても，甲が組織的選挙運動管理者等であることと両立し得ないものではない。

(裁判例20) ☞314頁参照

【候補者等の主張の要旨】

　　本件プレハブにおける甲の活動が、被告ないし後援会との関係で組織とはいえず、したがって、甲の前記行動はそもそも組織的選挙運動と認められないものであるうえ、甲が本件後援会における選挙運動の計画の立案・調整に関与したことは全くなく、選挙運動に従事する者の指揮・監督をした事実もない。

　　確かに、甲は同人の手前勝手な思惑により、本件プレハブを建ててみたり、被告への投票依頼をしてみたりしており、またAやBらに指示をするなどしている。しかし、組織の一員とすらいえない者が勝手に判断して特定の候補者のために活動しても、それは組織的選挙運動とはなりえないものである。

【裁判所の判断の要旨】

　　「当該選挙運動の計画の立案若しくは調整を行う者」とは、選挙運動組織の一員として、選挙運動全体の計画の立案又は調整を行う者をはじめ、ビラ配りの計画、ポスター貼りの計画、個人演説会の計画、街頭演説等の計画を立てる者やその調整を行う者等で、いわば選挙運動の総括者である。

　　「当該選挙運動に従事する者の指揮若しくは監督を行う者」とは、選挙運動組織の一員として、ビラ配り、ポスター貼り、個人演説会、該当演説等の動員、電話作戦等にあたる者の指揮監督を行う者、いわば前線のリーダーの役割を担う者をいう。

　　「その他当該選挙運動の管理を行う者」とは、選挙運動組織の一員として、選挙運動の分野を問わず、これら以外の方法により選挙運動の管理を行う者をいい、例えば、選挙運動に従事する者の弁当の手配など、いわば後方支援活動の管理を行う者をいう。

本件についてみるに，甲は，P3事務所における後援会活動（選挙運動）においては，AないしEに対して指示を与え，最高責任者のように行動していたもので，誰も甲の指示に異を唱えるものはいなかったのであるから，甲が「当該選挙運動の計画の立案若しくは調整を行う者」に当たると認めるのが相当である。

裁判例24　☞341頁参照
【候補者等の主張の要旨】
　　甲は，K会本部の事務を担当しておらず，その事務は，被告の秘書であるA，Bらが行っていた。甲は，T支部後援会の事務局長との肩書をもっていたものの，同人の下には事務局員が配置されていたわけではなく，農業の傍ら選挙運動を手伝っていたに過ぎず，その役割はT支部後援会の会長を事務的に補佐するものであり，具体的な仕事としては，事務所の連絡事項をT地区の各区長に伝達する程度のものであった。そして，T支部後援会の事務についても，甲自身が判断して決定できる事項はなかった。このように単なる連絡係に過ぎなかった甲が，K会の指令塔の役割を果たしたり，前線リーダーの役割あるいは後方支援活動の管理者の役割も担っていたはずがない。
　　よって，甲は，法251条の3第1項の「当該選挙運動の計画の立案若しくは調整を行う者，当該選挙運動に従事する者の指揮若しくは監督を行う者，その他当該選挙運動の管理を行う者」のいずれにも該当せず，本件選挙において組織的選挙運動管理者等でなかったことは明らかである。

【裁判所の判断の要旨】
　　甲は，本件選挙における被告の選挙運動組織であるK会を統括する事務局長に就任し，同会の選挙対策本部事務局において，被告，A，Bらと共に幹

部メンバーとして本件選挙に向けて組織的に選挙活動を行い、また定期的に開催されていた事務局会議において選挙情勢を分析する担当となり、回収した後援会カードの集計結果に基づいて各地区の活動状況や成果を他のメンバーに説明し、これに基づくその後の選挙対策の立案、実行にも積極的に関与し、更に支部後援会に対する指揮・監督等も行うなどしていたのであるから、法251条の3第1項にいう「組織的選挙運動管理者」に該当することは明らかである。甲を有罪とする刑事確定判決でも、甲はK会の事務局長として各支部からの情報を取り纏めたり選挙情勢を分析するなどし、その結果を他のメンバーに説明して選挙対策の立案に関与するなど積極的に選挙運動を行い、自ら提案して買収行為などの違法な選挙運動まで行っていたことが認定されている。

⦅裁判例25-1⦆ ☞345頁参照

【候補者等の主張の要旨】

　　　甲は、名目上、X地区後援会長に就任したが、妻が重病のため実質的な活動は全くしておらず、他の役員や世話人らにおいて、実質的な選挙運動を主導、計画、立案し、実行していたものである。すなわち、甲は、①本件選挙について、立案、調整、整備について直接指導した者ではなく、特にビラ配りの計画や個人演説会の計画、地区におけるミニ集会には一切関与しておらず、②ビラ配り、戸別訪問等に当たる選挙運動従事者に対する指揮、監督や、資金調達もしておらず、③選挙運動支援のための会場確保、事務所の手配等にも関与していないから、組織的選挙運動管理者等に該当しない。

【裁判所の判断の要旨】

　　　A、Bは、被告の依頼により、後援会の本部を組織し、更に、従前の市長

選挙の際と同様に各地区の後援会組織作りを進め、その一環として、甲に対し、X地区後援会の組織作り、会長就任及び選挙運動を依頼し、甲はこれに応じて、X地区後援会長として、組織を作り、これを指揮して被告のため選挙運動を行ったものであり、被告は、X地区後援会の行事に度々出席して挨拶する等していたものである。すなわち、被告と本部の総括者的立場にあるA、Bとが意思を通じて組織により選挙運動を行っていたものであり、本部の下部組織としてX地区後援会が選挙運動をし、被告自身もX地区後援会の行事に参加していたのであるから、本部及びその下部組織であるX地区後援会による選挙運動が被告と意思を通じて組織により行われた選挙運動であったことは明らかである。

そして、甲は、自らX地区後援会の組織を編成した上、同会事務所の開設、パンフレットの配付等による投票依頼、同会独自のチラシの配布、あるいはミニ集会の開催等、同後援会による選挙運動を立案、指示、指揮等していたというのであるから、甲は名実ともにX地区後援会の会長として活動していたもので、選挙運動の計画の立案、調整及び選挙運動に従事する者の指揮、監督を行っていた者であるから、組織的選挙運動管理者等に該当することは明らかである。

(裁判例28) ☞357頁参照
【候補者等の主張の要旨】

甲は、選対本部長の名称を与えられてはいたが、実質的には組織的運動管理者としての権限もなく、選挙運動の指揮も執っていなかった。甲に選対本部長の肩書きが付されたのは平成15年3月15日前後であるが、選対本部においては、同月11日に開催された第1回選挙対策会議において既に選挙運

動の計画立案，選挙運動の具体的行動計画についての大筋は決定されており，甲にその決定権限が与えられることはなく，かえって，甲が計画した行動は，Dの反対もあって中止となっており，甲は選挙運動全体の計画の立案，調整等は行っていなかった。また，選対本部は統制に欠けるところがあり，組織として機能しておらず，甲が指揮監督するような状態ではなかった。したがって，甲は組織的選挙運動管理者には該当しない。

【裁判所の判断の要旨】

　甲は，選対本部長の就任前から本件選挙に深くかかわり，被告の要請を受けて選対本部長に就任した後は，被告の選挙運動の指揮を執り，選挙運動全体の計画の立案・調整を行ったものであって，甲は，本件選挙に際し，組織的選挙運動管理者等として，被告と意思を通じて組織により選挙運動を行ったものと認められる。

　被告は，選対本部は統制に欠けるところがあり，組織として機能しておらず，甲が指揮監督するような状態ではなかったと主張するところ，甲は，報酬を出さないと人は動いてくれないとの考えから，事務長のDや会計担当のGには事前に相談することなく，平成15年3月29日に戸別訪問を行うことを計画したところ，Eに選挙違反になるおそれがあると警告を受けたことから中止を余儀なくされ，そのころ以降，甲とDとの間に溝ができ，Dは甲の行動を把握できない状況に立ち至っていたことが認められる。しかし，一方で，甲は，同年4月上旬ころ，選挙運動を展開するためには報酬を支払うことが不可欠であり，被告がその程度の費用を負担するのは当然であると思うようになり，Dとも相談して，選挙のために自由に使える金銭として100万円程度は必要であるとの結論に達し，Bを通じて，Gにその旨伝えてもらうことにしたこと，Bは，これを受けて，Gに対し，選対本部自体が機能して

おらず，いろいろ金銭が必要であるため甲に100万円程度を出してやって欲しい旨述べ，結局，Gは，同月7日現金100万円を甲に交付し，また，同月25日にも甲から20万円を要求され，これを甲に交付したこと，甲は，これらを選挙運動に従事した報酬の意味で自己の飲食代に充てたり，運転手やウグイス嬢として選挙運動に協力した者に対する報酬として支払ったりしたこと，BもGも，選対本部内部で選挙経験が豊富な者としては甲，Eくらいしかおらず，甲とEの協力が得られなくなれば，選対本部をまとめる者がいなくなると思っていたため，上記の程度の金銭を甲に渡すことはやむを得ないと思っていたことが認められる。

　これらの事実によれば，被告をY市長に擁立したいと考えていたBや，副本部長であるE，出納責任者であったGなどが，本件選挙のためには，甲の活動が不可欠と考え，結局は甲を支持する立場から，甲にその希望するとおりの金銭が交付されるよう協力し，甲はこれを基盤として組織的な選挙活動を行ったものと認められるから，被告の主張するように，選対本部は統制に欠けるところがあり，組織として機能していなかったとか，甲が指揮監督するような状態ではなかったなどということはできない。

(裁判例29)　☞360頁参照
【候補者等の主張の要旨】
　　甲は，「（被告）後援会」の連絡係にすぎず，そのような役割を果たしていたに止まるのであって，本件選挙における被告のための選挙運動において組織的選挙運動管理者等ではなかった。
【裁判所の判断の要旨】
　　ア　上記（☞360頁）のとおり，甲は，後援会の地区後援会の一つである

　　　　P地区に係る地区後援会の一員であるとともに，被告の古くからの支持者として，被告の身近にあって，前回の県議会議員選挙の選挙運動において選挙運動資金の管理を担当した者であったところ，被告の意向を体して，活動停止状態にあった地区後援会が被告のための選挙運動を行うことができる態勢づくりをするとともに，本件選挙の選挙運動においても選挙運動資金の管理者として，上記態勢のできた各地区の世話人に対し，被告から交付を受けた選挙運動資金をもって，同選挙運動のために要する費用等の趣旨で現金を供与するなどして支援し，その結果，上記各地区においては，世話人が地区後援会の活動の名目で被告のための選挙運動が継続的に行われる状態となったのであるから，これらのことに上記（☞360頁）の甲に関する諸事実を勘案すると，甲は，後援会が地区後援会組織を中心として行った被告のための選挙運動について，地区後援会の世話人の人選に関与し，県政報告会の開催督促をするなどの方法で，計画立案及び調整の一部を担い，また，選挙運動に中心となって従事した世話人を指揮し，監督するとともに，被告から交付された選挙運動資金について，被告のための選挙運動を活発化させるための観点から，その裁量で世話人に対してこれを分配するなどして管理していたものであるから，公選法251条の3第1項にいう「組織的選挙運動管理者等」に該当することは明らかである。

裁判例30　☞371頁参照
【候補者等の主張の要旨】
　　　　Z町区長会会長である甲は，Z町後援会の一人として名を連ねているが，これはいわゆる充て職に過ぎず，区長会会長である甲がZ町後援会の副会長

として同後援会の活動に関与していた実態はない。そして，甲が組織的にローラー作戦やミニ集会の企画立案及び現場の指揮監督を行った事実もない。

【裁判所の判断の要旨】

　　甲は，区長会において，区長会として被告を推薦することを積極的に提案して，他の区長らの了承を得，その後も，必要に応じて，Ａらの要請あるいは自らの発意で，臨時区長会，区長会役員会を開催するなどして，区長会が被告の選挙運動に積極的に参加する方向で意思統一を図るとともに，各区長に対してローラー作戦等への区民の動員などの選挙運動に関する指示等をし，また，Ｐ1区が属する第4地区が一番最初に行われるローラー作戦を行う旨を率先して申し出るなど，自発的積極的に被告の選挙運動を牽引し，さらには，Ｚ町後援会総会，事務所開き，総決起大会等で区長会を代表するものとして，本件選挙での被告を支援する具体的内容の挨拶を行うなどしていたのであるから，甲は，区長会が組織的に行った被告の選挙運動に関して，少なくともその選挙運動の現場において同選挙運動に従事する区長らを指揮監督する者に該当するものと認めることができる。

　　なお，被告の選挙運動を計画したのはＡらであって，甲ではないことが認められ，さらに，甲は，臨時区長会等の開催に当たって，その招集の事務手続をＡやＺ後援会関係者に委ねており，開催された臨時区長会等では，概括的な指示や要請をするだけで，具体的な指示や要請はＡやＺ後援会関係者が行っていることが認められるが，そうであるからといって，甲が被告の選挙運動の現場において同選挙運動に従事する区長らを指揮監督する者に該当しないということにはならない。

　　そして，このことは，甲が，「私が今回の選挙運動の中で果たした役割は，後援会と区長会のパイプ役を果たしたＡから，選挙運動に関する後援会

の決定や，区長会として何を行えばよいのかの報告を受け，区長会を召集してこれを各区長に指示伝達するという，区長会長として区長会の選挙運動を指揮先導する意味合いが大きかった。」と述べ，指示を受けた区長の１人が，「私は，区長会の場や懇親会の場での甲の区長会会長という立場での挨拶から（被告）の選挙運動を引っ張っていくということが分かって，これからは（被告）の選挙運動に当たっては，区長会の総意と区長会が推薦したこともあって，区長という立場上，（被告）の今度の選挙では一生懸命働いてあげようという考えを持ちました。」と述べていることからも十分に裏付けられるものである。

　したがって，甲は，本件買収犯罪当時，区長会による被告の選挙運動において，公選法251条の3第1項にいう「組織的選挙運動管理者等」の地位にあったものと認めることができる。

第2節　親族に関する問題点

　親族に係る連座制は，①公職の候補者等の父母，配偶者，子又は兄弟姉妹で，②当該公職の候補者，総括主宰者又は地域主宰者と意思を通じて選挙運動をしたものが，③買収罪等の罪を犯し，禁錮以上の刑に処せられたときに適用される。

　これらの要件のうち，「意思を通じて選挙運動」をしたかが特に問題となりうる。「意思を通じ」るとは，親族が候補者等のために選挙運動を行うことについて相互に認識し，了解し合うことであり，買収罪等の犯罪を犯すことについて意思を通じる必要はなく，仮に，買収等の犯罪を行わないで選挙運動を行う旨の約束をしていても「意思を通じ」の要件を充たす。意思の連絡は，明示的になされる必要はなく，暗黙のうちに相互に意思を疎通した場合も含まれるので，具体的な依頼をしておらず，かつ，一緒に選挙運動をしたことがなくても，暗黙のうちに相互了解をした場合には，「意思を通じ」の要件を充たすこととなる。候補者等が一方的に黙認しているだけでは，相互了解がないが，親族において候補者等が黙認していることを了解し，候補者等においても自己が黙認していることを親族が知ったことを認識すれば，相互了解が成立したと考えられる。相互了解の内容としては，親族が候補者等のために選挙運動を行うことであり，具体的な選挙運動の内容についてまで相互了解する必要はない。具体的な選挙運動を指定されずに，包括的に選挙運動を依頼される，選挙運動を行うことについて抽象的又は包括的に「意思を通じ」た親族の方が選挙運動において重要な役割を果たす場合が多く，また，選挙運動には極めて多岐にわたる行為があり，候補者等や選挙運動員としてはあらゆる手段を尽くして当選を得ようとするのは当然であるので，具体的な選挙運動の内容について意思を通じたかどうかは特段重要ではないと考えられる。なお，福岡高判平成14年4月26

日(裁判例26-1☞153頁参照)は、違反者甲の違反内容及びその他の選挙運動への参画、費用の負担などの具体的事情について詳細な認定がなされた例である。

　次に当該親族による「意思を通じた選挙運動」は、親族の買収等の違反行為の前になされる必要があるか否かが問題となるが、251条の2第1項は、同項4号に掲げる者(意思を通じて選挙運動をしたもの)が買収等の罪を犯し刑に処せられたとき、と規定しており、「意思を通じて選挙運動」を行うものが買収等を行うからこそ連座制を適用するに値するだけの悪質さが認められるのであるから、少なくとも当該買収等の行為時までに、選挙運動を行うことについて相互了解が成立している必要があると考える。

〈裁　判　例〉

1 「意思を通じて」について

裁判例5 ☞238頁参照

【候補者等の主張の要旨】
　　　　　被告からみれば、本件違反者である被告の妻甲が現実にどのような選挙運動をするかについて個々具体的に意思の連絡があることが必要であるが、甲との間には、選挙運動の準備行為をすること及び将来後援会入会申込書の発送等の選挙運動をすることについての意思の連絡はあったものの、それ以上に具体的にどのような選挙運動をするかについて意思の連絡はなく、被告は、妻が本件選挙犯罪にかかわる選挙運動をすることも知らなかった。

【裁判所の判断の要旨】
　　　　　被告とその妻甲は、Ｓ地区懇談会の会合や親戚等への挨拶に同行し、相互に相手方の行為の意味を了解し合って各選挙運動をしたものと認められる。

裁判例17　☞300頁参照

【候補者等の主張の要旨】

　　被告と本件違反者である被告の実弟甲とは対立・離反する関係にあり，本件選挙に関し，被告は，甲に対して応援を依頼する意思も，依頼した事実もなく，甲は被告の意思に反して選挙運動を行ったものであり，全く依頼しておらず，甲と一緒に選挙運動をしたことはないのであり，甲は「意思を通じて選挙運動をしたもの」に該当しない。

【裁判所の判断の要旨】

　　「意思を通じて」とは，公職の候補者等の兄弟等が当該候補者等のために選挙運動を行うことについて，当該候補者等が認識・認容し，兄弟等との間で，そのことを相互に明示又は黙示に了解し合うことをいうものと解すべきである。

　　甲は，平成9年7月の後援会設立のころには兄弟の一員として従来どおり被告の選挙運動を行うことを決意しており，遅くとも同年10月中旬ころ同後援会事務所で被告と会い，選挙運動の状況を話し合った時には，被告も甲の右意思を了知し，甲が被告の選挙運動をすることを認識・認容し，甲も被告の右意思を認識したもので，そのような相互の了解が存在していたことは，事務所開き，総決起大会，後援会事務所での両者の言動によって認められ，甲は本件選挙において被告と意思を通じて被告の選挙運動をしたものと認められる。

裁判例26-1　☞349頁参照

【候補者等の主張の要旨】

　　甲が被告と意思を通じて，本件選挙の選挙運動を行っていたことは否認す

る。また，原告が主張するような兄弟間の話し合いで本件選挙に尽力することを甲が承諾したことはない。

　そもそも，甲と被告は，兄弟喧嘩が絶えず，険悪な仲であって，被告は，甲に対し，選挙運動をすることを明示的には勿論黙示的にも依頼できる状況ではなく，甲としても被告のために選挙運動を行う心づもりなどはなかったのであって，被告の選挙運動は，P地区の自治会の役員及び被告の地元のY地区民らが被告を推挙し自主的に後援会組織を立ち上げて行っていたものである。甲が原告が主張するような本件選挙に関する協力行為のうち幾分かは行ったことを認めるが，その余の大部分はこれを認めることはできない。甲の本件選挙犯罪ほか甲がなしたわずかな本件選挙に対する協力行為は，被告と本件選挙の選挙運動をする意思を通じた上でのことではなく，甲が独自の判断で単独で行ったものであり，被告の知らなかったことである。また，甲が行った程度の選挙協力では，到底，本件選挙について連座制を適用する根拠とはなり得ないものである。

【裁判所の判断の要旨】

　先ず，甲が敢行した本件選挙犯罪は，本件選挙における複数の選挙人及び選挙運動者に対する物品の供与あるいは供与の申込み，現金の供与あるいは供与の申し込みであるが，いずれの事犯も，本件選挙運動の一連の流れの中で敢行されているものであり，この一事をもってしても，甲は本件選挙運動をするについて被告と意思を通じていたことを強く推認させるものと言うべきである。

　また，甲は，本件選挙犯罪以外にも，前記認定のとおり，Q後援会の立ち上げを始め，T地区のU地区の選挙人宅への戸別訪問に従事したり，本件選挙運動全体を統括する事務局長会議へ出席したり，選挙事務所の設置場所の

提供や事務所建設業者の斡旋をしたり，後援会へ150万円の寄付をしたりしたほか，甲が社長であるDの社員HをDから給与を支払いながら選挙事務所の重要な役職である本部事務局長に専従させるとともにDの女子社員にも選挙運動を手伝わせ，Dの車両を選挙カーとして貸し与えたりするなど，自己が社長であるDの社員及び物品等も動員して本件選挙に種々の協力をさせている。そして，告示後の選挙運動についても，前記のとおり，チェックマンとしての役割に従事しているのである。このような甲の働きは本件選挙運動において重要な地位を占めるものであり，甲は運動の細部にわたっても気を配り協力しているうえ，前記認定の通り，被告と甲は，Q地区後援会の役員を決める会合にも同席し，爾後も事務所開き，総決起集会，出陣式などに同席しているのである。そのほか，本件選挙事務所には被告関連の連絡先の電話番号とともに甲の電話番号も記載された電話番号表が貼ってあったこと，選挙対策本部長名で作成され被告初め本件選挙運動関係者に対して示されていたと推認される「選挙日程行程表」にも甲の氏名が書かれていたことなどの事実をあわせ考えると，被告と甲とは本件選挙運動について意思を通じていたことを認めることができると言うべきである。

　なお，被告は，本件選挙の選挙運動の経緯に関する事案のうち，甲が行ったと認められる行為につき，その大半を否定し，残る一部についても被告とは意思を通じないままに行ったものであると主張し，その理由としても，もともと，被告と甲との仲は険悪であったが，甲は世間体を取り繕うために仕方なく一定の協力はしようと考え，被告とは意思を通じないで一方的に甲独自の判断で本件選挙に協力するという方法を採ったものであると主張する，が，本件選挙の選挙運動における甲の取った積極的行動とその重要性などに照らし，到底採用できない。

また，被告は，そもそも後援会は，政治活動として行われるのであり，選挙で当選する目的の選挙運動とは明確に区別されなければならないと主張し，甲が立ち上げた後援会もそのような趣旨のものであるから，後援会を立ち上げたことをもって直ちに甲が選挙運動を行ったと認定すべきではないと主張するところ，確かに，後援会というものは被告主張のような側面を有することは否定できないであろうし，被告は本件選挙以前は町議会議員であったものであるから，日常の政治活動の基盤としての後援会が存在していてもなんら不自然ではないが，選挙戦に突入した場合には，後援会なるものが選挙運動の強力な母体となることは一般経験則上通常のことと考えられ，ことに本件においては，被告の地元であるP地区を除くその他の地区の後援会は本件選挙のために立ち上げられたものであることは明らかであるから，Q地区後援会の立ち上げをした甲の活動は本件選挙運動としてなされたものと評価するに十分である。これらの事実をあわせ考えると，Q地区後援会の発足のために尽力した甲の活動は，本件選挙運動の中で重要な位置を占めるものであって，当初の兄弟間の合意に基づいて行われたものと認めることができるから，被告と甲とは，連座制適用の要件である「意思を通じて選挙運動をしたもの」と認めるのが相当である。

（裁判例27）☞354頁参照
【候補者等の主張の要旨】
　　被告は，平成15年4月10日，甲に対し，いわゆる選挙の七つ道具をそろえるよう言ったことはある。しかし，同月15日には，．甲に対し，選挙の七つ道具の準備をすることだけに専念すればよいから，選挙運動はしなくてもよい旨を言い渡しており，甲が本件ビール券を購入し，交付したことは知ら

ないし，被告と甲が意思を通じて選挙運動をしたことはない。

【裁判所の判断の要旨】

　　公職選挙法251条の2第1項4号の「選挙運動」とは，告示の前後を問わず，当該選挙につき，候補者又は候補者となろうとする者を当選させるべく直接又は間接に当該選挙に必要，有益な行為をいうものと解するのが相当であり，また，同号の「意思を通じて選挙運動をした」は，上記候補者等と一定の親族関係にある者が選挙運動をするについて当該候補者等と意思を通じることをいうが，それは，明示的に意思の連絡をした場合に限られず，暗黙のうちに互いの意思の疎通がある場合をも含むと解するのが相当である。

　　ところで，被告は，甲に対しては，いわゆる「七つ道具」をそろえるように指示したに止まり，被告のために本件選挙運動をすることを指示したことはないし，甲が本件ビール券を購入したことは知らないし，甲が被告と意思を通じて選挙運動をしたことはないと主張する。

　　しかしながら，甲は，被告からの指示に従って「七つ道具」をそろえ，被告も，甲が本件選挙のために前記事務所を設営し，「七つ道具」を準備したのを知りつつ，これを自ら使用等していたものであるし，また，甲は，被告に対し，情勢に関する助言をし，被告も甲の求めに応じ，甲を同道して「N年会」に出席して，本件選挙に立候補したことを選挙人に告げて投票を依頼したことが認められるのであるから，甲は，本件選挙において，被告の当選を目的とする選挙運動を行っていたというべきであり，本件違反行為たるビール券の交付も選挙運動に当たることは明らかである。

　　そうすると，甲は，本件選挙において，被告を当選させるための選挙運動を行っていたことは明らかであり，さらに前記認定した事実によると，甲及び被告は，それぞれ相互に選挙運動を行っていることを了解し，明示的又は

黙示的に意思を通じて本件選挙の選挙運動を行っていたというべきである。

したがって，甲は，候補者等である被告と公職選挙法251条の2第1項4号にいう「意思を通じて選挙運動をしたもの」に該当すると認められる。

2 選挙運動性について

裁判例5　☞238頁参照
【候補者等の主張の要旨】

本件違反者である被告の妻甲は，Ｓ地区懇談会の会合に被告とともに出席し，出席者に対して茶菓子を提供して接待をし，さらに，被告がＹ市役所職員や知人の家を訪問した際に同行して，直接会って挨拶をした相手もいるが，甲の各行為は，被告がＳ地区懇談会の会合の出席者に対して，被告を推薦候補者とするよう要請し，市役所職員等に対して，社会的儀礼としての退職の挨拶をしたのに応じて，その範囲内で接待や挨拶をしたものにすぎないから，いずれも選挙運動に当たらない。

【裁判所の判断の要旨】

被告とその妻甲は，本件選挙の行われる直前，Ｓ地区の推薦候補者の発表と挨拶を目的に召集されたＳ地区懇談会の会合に出席し，出席していた30ないし40名の選挙人の前に並んで立ち，被告においてＳ地区の候補者に推薦されことに感謝の意を表するとともに，当選後はＳ地区の窓口となって働く意欲のあることを披瀝して，被告への支援を懇請する趣旨の挨拶をし，さらに，甲において，右選挙人に対して茶菓子の接待をしているのであるから，甲の右行為は，本件選挙における被告の当選を目的として，同選挙の際の被告への投票及び投票の取りまとめを依頼したものにほかならず，選挙運

動に当たるというべきである。

　また，甲は，選挙人である甲の親戚の家5軒，選挙人であるY市役所職員や知人の家11軒をそれぞれ戸別訪問して，市役所を退職したがこれからもよろしくとの趣旨の挨拶をするのに同行して，Gらに対しては甲自身も同様の挨拶をしているが，退職の挨拶としては全く異例のことであり，その行為のなされた時期，場所，方法，対象等を総合的に観察すれば，甲及び被告の各行為は，退職の挨拶の名目でなされているが，本件選挙における被告の当選を目的として，同選挙の際に被告への投票及び投票の取りまとめを依頼する趣旨でしたものと認められるから，甲の右行為もまた選挙運動に当たるというべきである。

第3節　秘書に関する問題点

1　秘書性について

　法251条の2第1項5号は，連座制の対象となる「秘書」について，「公職の候補者等の秘書（公職の候補者等に使用される者で当該公職の候補者等の政治活動を補佐するものをいう。）で当該公職の候補者等又は第1号若しくは第3号に掲げる者と意思を通じて選挙運動をしたもの」と規定している。

　秘書の認定については，同条2項に推定規定があり，検察官が秘書の名称使用の承諾・容認を立証すると，被告側に「秘書」でないことの立証責任が転換されることとなる。ただし，あくまで推定規定であることから，被告側から秘書としての実態を有さない旨の主張立証がなされた場合には，検察官の側で秘書に該当する点を積極的に主張立証することとなる。

　以下の裁判例においては，いずれも違反者がこのような秘書にあたるものと判断している。

2　選挙運動性について

　「選挙運動」とは，一般に，一定の選挙につき，一定の候補者を当選させるべく投票を得若しくは得させるにつき，直接又は間接に必要かつ有利な周旋勧誘若しくは誘導その他諸般の行為をなすことをいうとされている。また，「意思を通じて」の要件については，第4章第2節の解説（☞151頁）を参照されたい。

〈裁　判　例〉

1　秘書性について

裁判例6-1, 6-2 ☞241頁参照

【候補者等の主張の要旨】

　　甲は，被告の秘書の肩書のある名刺を使用していた。しかし，同人は，もともと保育園の用務員として雇用されたのであるが，用務員の肩書の名刺では体裁が悪いという被告の見栄もあって，被告の肩書のある名刺の使用を許していたもので，これが同人の仕事の実体を示していない。

　　甲が，被告の政治活動を手伝うことがあったとしても，それは，被告の指示を受けて車の運転ないし単純な事務的な仕事をしたにすぎない。例えば，被告が，その意思であるいは後援会長と相談のうえで，後援会の組織作りを行い，地区割，幹部の人選，各委員会の設置等を決めていたのであり，甲は，被告の命により人集めをしたり，被告が決めた会場の予約をするといった単純な，機械的，事務的な仕事に従事したにすぎない。

　　また，被告の後援会の会合で被告のメッセージを代読することがあったが，これも全て被告が作成した文書を単に代読するにすぎないもので，甲が被告に代わって文案を作成することはなかった。また，被告の会合や行事出席の予定についても，日程の決定やその調整は被告自身が行い，甲は被告の指示でそれをメモしたにすぎず，全く機械的な作業にすぎない。

【裁判所の判断の要旨】

　　甲は，平成7年1月以降，Bに秘書としての仕事のやり方を教わりながら，被告のため，被告の行動予定を管理し，住民の慶弔を把握してこれを被告に伝え，必要の都度慶弔電報を打ち，可能な限り車を運転してこれを被告に伝え，被告の後援会等会合の開催場所の予約やその費用の支払事務を行い，被告が出席できない市主催の社会福祉大会等に被告の名代として出席して被告の議員としての挨拶状を代読し，政治団体として届出のある被告の後

援会の収支報告書を作成して提出し，本件選挙に際して選挙管理委員会に立候補届出のために出頭するなどの行為をしてきた。

　甲の上記行為の多くは，被告の政治活動に有益な行為と評価できることが明らかであるだけでなく，被告が同人による秘書の名称使用を容認し秘書としての給与も支給していた本件においては，各行為が秘書の行為に該当せず，同人が被告の秘書に該当しないと認定することは困難である。すなわち，被告が自己の使用する者にたまたま命じて被告の政治活動の補佐に該当する事務的，機械的行為をさせたという場合であればともかく，被告の議員秘書である旨を表示した名刺の使用を許容し，かつ，議員秘書としての活動に対する給与まで支払っている甲の行為が，格別高度の判断，才覚を要しなかったからといって，これをもって秘書の行為に当たらないとすることはできない。

【上告審の判断の要旨】

　所論の点に関する原審の事実認定は，原判決挙示の証拠関係に照らして首肯するに足り，右事実関係の下においては，甲が法251条の2第1項5号の秘書に該当するとした原審の判断も，正当として是認することができる。

裁判例16-1 ☞295頁参照

【候補者等の主張の要旨】

　甲は，被告の東京事務所で使用されていたが，能力的にも性格的にも秘書業務には不向きと判明したが，友人からの紹介であるため解雇することもできず，やむなくY事務所で事務職員として使用することとした。被告は，東京に議員会館と永田町のビル内に計2つの事務所を有し，選挙区には4つの地元事務所を有していた。このうち，議員会館内の事務所には公設秘書のC

が常勤して主として被告の国会活動を補佐し，永田町のビル内の事務所にはD及びEの2名の公設秘書が詰めて，主に被告の地元対策として各地元事務所の事務職員を指揮していた。

また，甲が配属されたY事務所には，同人が配属された当時，Fが責任者をしていたほか，G及び女子事務員1名が勤務していた。その業務内容は，被告の定めた詳細な地元秘書業務通達に基づき，被告又は東京のビル内事務所からの指示を機械的，事務的に執行するというものであったが，甲はこのような仕事内容に不満を持ち，余り熱を入れなかったため他の職員とのトラブルが絶えなかった。

X県N区の被告の各事務所は徹底した中央集権体制が採られており，各事務所には詳細な業務処理基準と事務処理用書式を配布し，これの遵守を求め，特に地元事務所については，すべての業務につき，東京事務所の公設秘書又は被告自身の判断を仰ぐことになっていた。

甲は，選挙区内の4つの地元事務所の1つにすぎないY事務所で，その管轄区域のうちZ郡の一部の後援会等と東京事務所の間の単なる連絡役を努めていたのにとどまり，その担当する地域の広さや担当業務の内容からいっても，選挙活動でいう地域主宰者にも当たらない地位であり，秘書には当たらない。

【裁判所の判断の要旨】

① 法251条の2第2項の適用について

甲は被告の秘書と名乗り，その肩書の付いた名刺を使用していたが，被告はこれを承諾または少なくとも容認していた。すなわち，被告は，（被告名）通達と称する詳細な事務処理要領を作成しており，その中には選挙区の地元事務所に勤務する「地元秘書」がすべき仕事内容も記載されてい

るほか，右事務所には「秘書」と称する職員が置かれていることを前提とする規定もある。

　被告は，（被告名）通達の作成には関与していないと供述するが信じ難いし，地元事務所の職員は被告が日ごろ国会活動のため東京にいなければならないため，それに代わり地元に常駐して被告のために日常の業務活動に従事しているのであるから，職員が秘書の肩書を使うのはむしろ当然のことであって，被告は十分にこれを予見することができたはずである。

　特に，法改正で本件連座制規定が設けられ，連座制の対象者の範囲が拡大されて秘書にまで広がったものであるが，法改正当時代議士でもあった被告が，自分の職員の業務内容や使用している肩書名称等につき，改めて確認しなかったとは信じられない。

② 「秘書」でないことの立証の成否について

　甲がY事務所で担当していた仕事・目的は，被告が地元を代表するに値する立派な人柄，高い政治的識見，幅広い行動力を持つ人物であることを地元民に認識させ，その支持を取り付けることにあり，そのためには地元有力者をはじめとして支持者と絶えず接触し，また，支持者を増やす努力をする必要があり，その業務内容としては後援会の世話，陳情の取次，会合の計画・設定，被告に代わって行事に出席すること等多種多様のものがある。

　そして，これらの仕事は，いずれも（被告名）通達において地元秘書の仕事として記載されているものであり，国会議員である被告は，日ごろ東京にいて，選挙区にはいないから，地元とのパイプ役である地元事務所及びその職員（秘書）は，政治家としての活動を万全のものにするためには必要かつ重要な意味を持っているのであり，被告が主張するように，単純

に東京からの指示に基づき機械的にその手足となって動けば足りるというものではなく，多かれ少なかれ権限（裁量）と責任を伴うものである。

従って，甲が被告の政治活動を補佐するものには当たらないと認めることはできない。

裁判例23 ☞335頁参照

【候補者等の主張の要旨】

法251条の2第1項1号ないし4号に規定する者は，総括主宰者，出納責任者，地域主宰者，候補者の父母，配偶者，子又は兄弟姉妹といった候補者と極めて密接な関係にあり，かつ選挙運動の中心的役割をになう者であって，これらの者との対比からすると，同項5号の秘書は，候補者に影響力を与えるほど重要な役割を有する者であって，選挙運動組織のかなり末端にいて雑務に近い仕事に従事するような者は右の秘書に含まれない。

被告には，10数名の私設秘書がいたが，そのほとんどは市町村会議員・議長経験者や被告の先輩である国会議員の元秘書の経験を有していた者で，その中のDが私設秘書会長としてまとめ役をになっていたのであり，甲は，年齢，経験ともに最も若手であり，これらの秘書をまとめることはできない。また，選挙区の各市町村には，それぞれ後援会があり，地元の有力者が後援会長になり，それぞれ独自の判断で行動していたもので，甲は，被告の選挙運動の組織としては，末端部分で雑務に等しい業務をしていたにすぎない。

したがつて，甲は，同項5号の秘書に当たらない。

【裁判所の判断の要旨】

甲は，被告の選挙運動において主導的な役割を果たしたと認めることがで

き，被告の主張は採用できない。甲は，法251条の2第1項5号に規定する者に該当する（編注：甲について裁判所が認定した事実関係については，本件事案の概要2（2）（☞336頁）を参照されたい。）。

2 選挙運動性について

裁判例6-1 ☞241頁参照

【候補者等の主張の要旨】

甲が人集めや連絡等後援会の手伝いをしたとされる時期は，被告が本件選挙で無投票当選することが確実視されていた時期であることから，この時期に被告に当選を得させるための選挙運動など考えられないところであり，強いていえば，同人の行為は被告の地盤培養行為の手伝いにすぎない。

【裁判所の判断の要旨】

X県議会議員のY市選挙区の定数は2人であるところ，平成6年8月ころまでは，選挙区の立候補者は，被告を含めても2人で，無投票で当選するのではないかと予測されていたところ，同年10月ころには，さらに1人の立候補が確実となり，被告は俄に選挙での票の獲得が不可欠と認識し，被告の側近としての甲も当然このことを認識していた。

被告は，Y市全域を選挙区とする選挙の経験はなく，無投票が噂されていたためもあって，後援会も名目はあっても実質的な組織化ははかどっていない状況にあった。

被告は，当選するためには，後援会をY市内全域に展開する必要があると考え，Aの後援会であるA会の例にならい，市内を10の後援会に分かち，A会の主だった人に各支部の役員を委嘱することとし，甲とともに各後援会

支部の設立に奔走した。

　Aと被告は所属政党を同じくしていたものの，Y選挙区から他にも同党からの立候補者が予定されたため，A会の主だった人に支部役員を頼んでもすぐに引き受けてくれるとは限らず，甲が各地区の主だった人の集会に出向いて選挙の協力方を依頼し，その支部の役員を決定できるところもあった。

　各支部の体制が概ね整ったころから，被告は，後援会，同幹部会，励ます会等本件選挙での票固めのための会合を頻繁に開催し，甲が，開催場所の確保等の準備，秘書名義の案内状の発送等をし，また会合における選挙への協力依頼をするなどした。

　甲は，平成7年1月下旬ころ，選挙事務所を確保し，ここに電話を架設し，選挙に必要な備品を搬入するなどの準備をし，同所に被告の後援会の支部長を集めて事務所開きをし，この際，後援会の幹部及び支部長に票の取りまとめのための現金の供与をした

　被告は，同年2月下旬ころ，甲とは別に運転手を雇い，以後運転は専らその者にさせ，甲は事務所の運営に専念した。

　以上認定の事実によれば，甲が，本件選挙において被告を当選させるための選挙運動に従事したことは明らかである。

　被告は，後援会活動は，選挙運動に当たらないと主張するが，前認定の状況下における後援会の組織作り及び後援会の各種会合の設定が，被告に当選を得させる目的で行われたことは明らかであるから，右主張は採用できない。

第4節　相当の注意に関する問題点

「相当の注意」とは，法251条の3第2項が規定する，組織的選挙運動管理者等に係る連座制の適用除外事由の一つである。同項は，前述した第3章第1節の解説のとおり，違反行為者が「おとり」（1号）若しくは「寝返り」（2号）である場合又は公職の候補者等が違反行為防止のため「相当の注意」を怠らなかった場合（3号）には，同条1項は適用しない旨を定めている。

なお，「相当の注意」を怠らなかったことを含め，同条2項各号の免責事由の存在は，被告である候補者側が主張・立証すべきものとされている（衆議院法制局内選挙法制研究会・選挙腐敗防止法の解説99頁）。

同項3号の「相当の注意」の内容について，裁判例は，

> 「社会通念上それだけの注意があれば，組織的選挙運動管理者等が，買収行為等の選挙犯罪を犯すことはないだろうと期待しうる程度の（注意義務）をいうと解され，候補者等がこの注意義務を怠らなかったと評価されるために必要な措置の内容は，具体的事情の下での結果発生の予見可能性及び結果回避の可能性の程度によって決せられることになる。」

と解している（高松高判平成9年8月26日（裁判例13-1☞179頁），同旨福岡高判平成9年8月7日（裁判例12☞177頁），高松高判平成8年5月31日（裁判例8-1☞173頁））。最高裁判所は，「相当の注意」の内容について一般的な基準を明言してはいないが，上記の一般論に基づいて「相当の注意」を怠らなかったとは言えないとした第一審の判断を是認している（最判平成8年11月26日（裁判例8-2☞173頁））。

また，「相当の注意」の具体的内容についての考え方を示した裁判例もある。福岡

高判平成9年8月7日（裁判例12☞177頁）は，
　「まずもって買収等の選挙犯罪を犯す可能性のある人物が組織的選挙運動管理者等の地位にあるか否かに注意を払い，このような人物を組織的選挙運動管理者等から排除することに向けられるべきであるといわなければならない。また，買収等の選挙犯罪には，多額の資金を要することから，選挙運動の資金を交付するに当たっては，その資金の使途にも注意を払い，これが買収等の選挙犯罪のために用いられないよう監督することも必要とされるというべきである。」
とし，また，仙台高判平成7年10月9日（裁判例2☞171頁）は，
　「如何に努力しても結果的に管理者による選挙犯罪が生ずれば連座制の適用を受けるのを免れることができないというのではない代わりに，通り一遍の注意や努力をすれば連座制の適用除外となるというのでもなく，そのためには，管理者が買収等をしようとしても容易にこれをなすことができないだけの選挙組織上の仕組を作り，維持することがその内容になるものと考える。すなわち，右目的の達成をも念頭においた組織内の人的配置をして，管理者に役割・権限が過度に集中しないように留意し，選挙資金の管理・出納が適正明確に行われるよう十分に心掛け，その上で，対象罰則違反の芽となるような事項についても，この防止を計るために候補者等を中心として常時相互に報告・連絡・相談しあえるだけの態勢にしていたと認められることなどがこれに該当しよう。それでもなお管理者において買収等の選挙犯罪をしたとすれば，それはその者限りの責任であるとして，このような場合には連座制の適用が免除されうると解するのが相当である。」
としている。これらの判示からすると，「相当の注意」を払ったか否かを判断するに当たっては，少なくとも①組織的選挙運動管理者等の人選，役割・権限集中の排

除，②資金管理，③違反防止のための報告・連絡・相談体制等が考慮されるものと思われる。もっとも，これらの裁判例における判断基準は，あくまで当該事案における「相当の注意」の有無を判断する上で必要な要素に言及したに過ぎないと考えられ，これら以外の事情に基づき「相当の注意」が否定され，あるいは肯定されることは十分にあり得るところである。一方，上記各裁判例を概観すると，選挙違反ないし買収をしないよう記載した文書を配布した，選挙違反ないし買収をしないよう演説や訓示の際に注意喚起した，あるいは組織的選挙運動管理者等は候補者にとって信頼の置ける者であったという程度の事情だけでは，「相当の注意」を怠らなかったとは判断されない。

　公職の候補者等が「相当の注意」を怠らなかったとの主張は，多くの裁判例においてなされているが，これが認められた例はなく，各裁判例は，「相当の注意」の判断に厳格な態度をとっているものと見受けられる。個別の主張及び判断の詳細は，後記の各裁判例を参照されたいが，これらの裁判例の態度は，組織的選挙運動管理者等に係る連座制を導入する公職選挙法改正に当たって，法案提出者が

　　　「選挙運動で支持をお願いする熱意と努力と同じくらいの浄化の努力が求められている。……通常一般の注意能力を前提としますけれども，候補者が可能な限りの措置を講じていたにもかかわらず，それでもやむを得ず偶発的に犯罪が発生してしまった場合のように，社会通念上，通常こういう努力を払えば違反は発生することはないであろうという，そういう程度の措置は講じていることが求められている」（保岡興治衆議院議員の答弁・参議院政治改革特別委員会会議録第3号（平成6年11月14日）26頁）

と答弁していること，あるいは立案作業参画者が

　　　「この注意義務は，新連座制の趣旨に照らし，重く，かつ，厳しいものであり，したがって，仮に連座裁判が行われることとなったときに『相当の注

意』を怠っていなかったとして免責されるためには，候補者等は，その陣営で選挙運動を行う各種組織について，周到な腐敗防止措置（偶発的で，通常は予期できない，異常な事情によるもの以外は防止できると思われる程度の措置）を講じておく必要があることとなる。」（前掲選挙腐敗防止法の解説99頁）

との見解を示していることと軌を一にするものであると思われる。

〈裁　　判　　例〉

裁判例2　☞227頁参照

【候補者等の主張の要旨】

　　被告は，選挙浄化の責任を果たすため，選挙対策本部事務所内，連絡所の各事務所内に，買収，供応行為等を禁ずる旨のポスターを貼付したほか，選挙対策本部役員，運動員及び各連絡所内の責任者，運動員等に対し，法に反することがあると，折角当選してもこれが無効になったり，5年間の立候補制限を受けることがあるので，絶対に選挙違反を起こさないよう訓示していた。また，事務所開きの際，参集した有権者に対し演説した場合も，同様に連座制の趣旨を説明して選挙浄化を訴えていた。

【裁判所の判断の要旨】

　　候補者等が選挙浄化のための努力を尽くし，その責任を果たしたといいうる場合には，法251条の3第2項3号の「（買収等の選挙犯罪を）行うことを防止するため相当の注意を怠らなかったとき」に該当するものとして，連座制の適用を免れることになるが，その解釈としては，如何に努力しても結果的に管理者による選挙犯罪が生ずれば連座制の適用を受けるのを免れることができないというのではない代わりに，通り一遍の注意や努力をすれば連

座制の適用除外となるというのでもなく，そのためには，管理者が買収等をしようとしても容易にこれをなすことができないだけの選挙組織上の仕組を作り，維持することがその内容になるものと考える。すなわち，右目的の達成をも念頭においた組織内の人的配置をして，管理者に役割・権限が過度に集中しないように留意し，選挙資金の管理・出納が適正明確に行われるよう十分に心掛け，その上で，対象罰則違反の芽となるような事項についても，この防止を計るために候補者等を中心として常時相互に報告・連絡・相談しあえるだけの態勢にしていたと認められることなどがこれに該当しよう。それでもなお管理者において買収等の選挙犯罪をしたとすれば，それはその者限りの責任であるとして，このような場合には連座制の適用が免除されうると解するのが相当である。

　これを本件についてみるに，前記の被告主張どおりの事実があったとしても，それだけでは選挙違反を防止するための措置としては一般的，抽象的にすぎ，実効性に乏しいものというほかなく，そのような努力をしただけで，法251条の3第2項第3号にいう「相当の注意を怠らなかった」といいうるものではない。本件選挙違反事件は，被告の選挙運動を取り仕切っていた甲が，選挙資金の管理を委ねられていた被告の妻乙と共謀の上，本件選挙区の選挙人で，かつ，被告の選挙運動者であるCらに，現金20万円を渡したほか，乙及びCと共謀の上，同様の立場にあるEに7万円を渡したというものであるところ，前記認定事実によれば，甲が右のような違反をするに至ったのは，被告が選挙運動の計画の立案から運動員の指揮監督に至るまでの選挙運動の中心的役割をほとんど甲一人に任せ切りにし，その行動を適切に管理監督する態勢がとられていなかったことに加え，選挙資金についても，法の規定する出納責任者は名目上の存在にすぎず，被告の妻である乙に事実上資

金の管理が委ねられていたため，甲と乙の意思連絡のみで，容易に本件のような違法な資金の供与をなしえたということが大きな要因となっているのであって，これらの事実に照らせば，組織的選挙運動管理者たる甲が本件の如き選挙違反を行わないように，これを防止するための相当の注意を被告が怠らなかったとは到底いえないから，無過失免責の主張は理由がない。

裁判例8-1，8-2 ☞247頁参照

【候補者等の主張の要旨】

「相当の注意」の意味内容は，選挙運動者が選挙権を有する社会人であり，選挙違反がどういうものであるか，今更説明する必要のない人達に対する注意である以上，右の注意はきれいな選挙（選挙違反のない選挙，誹謗中傷のない選挙）を訴えるだけで必要にして十分である。

① 被告は，後援会の組織作りに着手した際，その幹部に対し，「きれいな選挙」の理念を繰り返し厳しく注意し，また，立候補決意表明の会合や選挙事務所開きなどの際にも同様の訴えをした。

② 人格者で通っているＡを被告後援会の会長に依頼し，同人に対し，「清潔な人」を基準として副会長以下の役員の選任を依頼した。

③ 「きれいな選挙」を実現するため，自己に代わって選挙運動員を指導する最高顧問を設置し，同顧問に高校時代の恩師であるＤを選任した。Ｄは，事務所に顔を出して会う人毎に「きれいな選挙」を説いた。

④ 本件選挙の会計責任者に義兄のＥを置くとともに，被告後援会の経理を従兄のＦに託し，その経理につき何の問題も生じていない。

しかるに，被告が知らないところで，本件違反者らが「自腹を切って」「支持者同志で」金をやり取りしているとは知るよしもなかった。

【裁判所の判断の要旨】

　候補者等に課せられる注意義務は，社会通念上それだけの注意があれば，組織的選挙運動管理者等が，買収行為等の悪質な選挙犯罪を犯すことはないだろうと期待しうる程度のものをいうと解され，候補者等がこの注意義務を怠らなかったと評価されるために必要な措置の内容は，具体的事情の下での結果発生の予見可能性及び結果回避の可能性の程度によって決せられることとなる。

　本件選挙は，現職2名が一つの議席を争い，かつ，その直前に行われた県知事選挙で被告が支援する候補が大敗したことなど被告にとって極めて厳しい選挙であったから，被告は，組織的選挙運動管理者等が被告の当選を得る目的で，投票獲得に直接かつ有効な手段である買収行為を行うことを予見することが可能であったと解される。

　これに対し，被告は，本件違反者らに対し，自ら直接あるいは恩師のDを通じて「きれいな選挙」で戦うことを訴え，対立候補を誹謗中傷しない限度でその趣旨を徹底させた，また，本件後援会の会計責任者に身内の者を選任して被告後援会の金銭管理に遺憾なきを期していたものの，それ以上に被告自ら，あるいはA会長ら後援会幹部あるいは事務局員を通じて，買収行為を防止するために具体的措置を取っているわけでもない。また，被告から本件後援会活動を任されていたA会長ら幹部あるいは事務局員は，その役員会等で買収行為の防止のため具体的な実施状況を確認することもしていない。

　本件違反者である甲，乙及び丙の地位並びに同人らが被告後援会組織内で果たした重要な役割に照らすと，被告は，買収行為の防止のための相当に厳重な，かつ，具体的な措置を講ずることが必要であって，被告の「きれいな選挙」の要請及びその要請に従った被告後援会役員の人選などの右認定事実

だけでは，被告が本件違反者らの買収行為を防止するために「相当の注意を怠らなかった」と解することは到底できない。

【上告審の判断の要旨】

　　原審の適法に確定した事実関係の下においては，上告人（被告）が，後援会の幹事長代行である甲，後援会青年部部長乙及び同副部長丙が法221条に規定する罪に該当する行為を行うことを防止するための相当の注意を怠らなかったとはいえないとした原審の判断は，正当として是認することができ，原判決に所論の違法はない。論旨は，独自の見解に立って原判決を論難するものにすぎず，採用することができない。

裁判例11-1　☞264頁参照

【候補者等の主張の要旨】

　　被告は，これまでの選挙において，平素から，支持者や選挙民に接する都度，公正な選挙の実現を強調し，くれぐれも選挙違反をしないよう注意してきた。本件選挙に関しても，被告は，具体的な内容の詳細までは知らなかったものの，連座制が強化されたことを知っていたので，支援者にその旨を話して選挙違反をすることのないようくれぐれも注意し，また，本部事務所での選挙運動に関するミーティングでも，被告あるいは事務長が選挙違反をしないように注意したほか，連座制の強化を意識して，出納責任者及び事務長の名称で選挙活動の責任ある立場に就く者には，誠実な人物を選任したばかりでなく，税理士の資格を有し，金銭の収支に厳格な長女を出納責任者の補佐につけて，出納事務の一層の適正を期するよう努め，さらに，各地区の励ます会や決起集会等において，酒食の提供を一切禁止し，その場所の選定にも意を用いるなど，誤解を招くことのないよう細心の注意を払っていたこと

はもとより，本件違反者である甲ら3名に対しても，本部事務所の事務所開きの際やR地区及びS地区の励ます会などで，法律が改正されて連座制が厳しくなったのでくれぐれも選挙違反をしないよう注意していた。他方，O島で被告を支援してくれた人々は，事実上被告の監督下にはなく，独自の判断で活動しているため，被告としても，どの動向を把握できる立場にはなかったから，今回の買収事犯も察知できなかった。加えて新連座制の周知徹底が不十分であったことも併せ考慮されるべきである。

　以上の事実を総合すると，被告は，悪質な選挙犯罪を防止するため，「相当の注意」を果たしたと判断されるべきである。

【裁判所の判断の要旨】
　　候補者等に課せられる「相当な注意」は，社会通念上それだけの注意があれば，組織的選挙運動管理者等が，買収罪等の悪質な選挙犯罪を犯すことはないであろうと期待し得るものをいうと解される。
　　これを本件についてみると，被告は具体的な金額は別として，島事務所に多額の陣中見舞金が届けられていることを知りながら，その時期，金額，使途，管理方法などについて特段の関心を払わず，その収支報告を求めたり，調査させるなどしたことはない。このように，被告が，O島での選挙運動を甲ら3名ほかの被告の熱心な支援者に任せきりにして，その行動を適切に指導，監督する態勢をとっていなかったところから，陣中見舞金を管理していた乙において，後日陣中見舞金等から補填を受けられるとの見通しの下に，2度にわたって合計180万円もの金員を手元の金から一時立て替えてまで買収資金として用意し，本件刑事裁判における甲ら3名の本件選挙違反事件に用いることが可能になったものといえる。仮に被告主張のとおりの注意を尽くしたとしても，O島での選挙運動を地元の支援者に任せきりにして，適切

な指導，監督をせず，島事務所に届けられる金銭（陣中見舞金）の管理を怠っていた（被告自身，法廷及び陳述書において，陣中見舞や当選祝いの現金がいくら集まったかやその管理の点はそれほど気にしていなかったことを自認している。）ことに照らすと，被告が相当の注意を払っていたとは到底認めることはできない。

なお，新連座制の周知が不十分であったことを認めるに足りない。

[裁判例12] ☞276頁参照
【候補者等の主張の要旨】

①旧ｍ区内における被告の選挙運動は，県連が責任をもって行い，被告はこれに干渉できないことになっていたもので，法251条の2第5項が比例代表選出議員について連座制の適用を排除しているのと同様の党営選挙が行われていたこと，②被告は「公明正大」をスローガンとして，従前他人の選挙運動にかかわった経歴から，どのような場合に選挙違反になるかを熟知し，自らも選挙違反を生じさせないように努めてきたこと，③被告は，旧ｍ区内での選挙運動の内容を把握できなかったが，クリーン選挙を徹底するために，自らの選挙事務所の中に県連の事務所を置き，選挙運動の内容についての合意も交わしていたこと，④被告は，旧ｎ区内においては，自らの選挙運動に対する信念を徹底させた「Ｍ会」という組織を結成して，これを母体に選挙運動を展開するとともに，Ｃら選挙運動を取り仕切る者に対して選挙違反を防止することを指示し，選挙事務所ごとに，そのためのポスターを貼るなどし，その指示を徹底したこと，⑤被告の命を受けたＣらの担当者の防止措置も徹底していたことなど，具体的に選挙違反を防止するための可能な限りの注意義務を果たしていたものである（編注：本件選挙区（Ｘ県Ｎ区）

は，中選挙区時代に旧m区に属した地域と旧n区に属した地域から構成されている。）。

【裁判所の判断の要旨】

　公職の候補者等自身に対して課せられている選挙浄化のための注意義務とは，社会常識上，それだけの注意があれば組織的選挙運動管理者等が買収等の選挙違反を犯すことがないだろうと期待し得る程度の注意義務をいうものと解され，具体的に相当の注意を怠らなかったか否かの判断は，結果発生の予見可能性あるいは回避可能性の程度によって決せられるものということができる。

　このことに，本条による連座制の強化の契機となったものが，総括責任者の選挙犯罪についてのみ連座制を適用するだけでは，選挙犯罪の発生を抑制できなかったという我が国における選挙の実情にあることを合わせ考えれば，候補者等が連座制の適用を免れるために尽くすべき注意義務は，まずもって買収等の選挙犯罪を犯す可能性のある人物が組織的選挙運動管理者等の地位にあるか否かに注意を払い，このような人物を組織的選挙運動管理者等から排除することに向けられるべきであるといわなければならない。また，買収等の選挙犯罪には，多額の資金を要することから，選挙運動の資金を交付するに当たっては，その資金の使途にも注意を払い，これが買収等の選挙犯罪のために用いられないよう監督することも必要とされるというべきである。

　以上の観点に立って，事実関係をみるに，本件違反者ら4名が本件選挙違反事件を犯すに至った要因は，①被告はP町を含むQ市以外の地域における選挙運動を県連に委ねたため，そこにおける組織的選挙運動管理者等に，いかなる人物が就任するかを把握できない状態にあったものであり，Q市以外

の地域における被告の選挙運動を担当したCにおいても，本件違反者甲ら4名が選挙運動をするに当たって買収を行うことを許容しているかどうかを審査することなく，P町における選挙運動を同人らに委ねていたこと，②F及びCは，甲ら4名に対して，選挙資金として多額の金銭を提供しながら，その使途について，何らかの監督をしていたとは認められないこと，③クリーンな選挙を展開しようとの被告の選挙運動の方針や，被告の選挙違反防止のための指示，あるいは被告に直属の選挙運動の担当者の指示や注意は，全く甲ら4名に届いていなかったといわなければならず，右の指示や注意は，結果的には全く表面的なものにすぎなかったといわざるを得ないことにあったというべきである。これらの諸点からすれば，被告においても，Cにおいても，甲ら4名が選挙犯罪を犯すことについての予見可能性があり，かつ，右のような事柄についての管理，監督の方法を講じることにより，その回避可能性もあったと認めることができ，その方法を講じていない以上，その注意義務を尽くしていたと認めることはできない。

裁判例13-1　☞282頁参照

【候補者等の主張の要旨】

　　被告は，Q事務所の事務局長Eに指示して，地区後援会責任者らが集まった際，選挙違反をしないよう記載した文書を配布させ，同人も選挙違反をしないよう注意を喚起し，運動員にこれを徹底するよう指示していた。

【裁判所の判断の要旨】

　　被告は，R地区（編注：R地区は，P村，Q市など8市町村から成る。）後援会各後援会会長に対する説明会において配布した被告作成の書面には「後援会の皆様に，絶対に選挙違反の無いように活動されますようご伝達願

います。また，選挙違反と取られるような後援会活動には十分注意して下さい。」と記載されていること，Q事務所事務局長Eは，その書面を配布した際，同時に配布した同事務所作成の書面には「公職選挙法が変わり連座制が厳しくなっておりますので違反行為のないようお願い致します。」と記載されていること，Eは，その際，口頭で同趣旨の注意をしたが，特に買収をしないようにとの注意はしなかったこと，被告も後援会幹部の会合に出席したときには，しばしば被告作成書面と同趣旨の発言をしたが，これ以上の選挙違反防止策を採らなかったことが認められる。

　候補者等に課せられる注意義務は，社会通念上それだけの注意があれば，組織的選挙運動管理者等が，買収行為等の選挙犯罪を犯すことはないだろうと期待しうる程度のものをいうと解され，候補者等がこの注意義務を怠らなかったと評価されるために必要な措置の内容は，具体的事情の下での結果発生の予見可能性及び結果回避の可能性の程度によって決せられることになる。

　本件についてみるに，本件違反者らは，上記各書面を見せられたことはなく，誰からも買収をしてはいけないと言われたことはないこと，平成8年3月中旬ころ，被告側が劣勢となり，同年9月ころには対立候補の方が強いなどの情報が流れたことから，形勢を挽回する目的で本件違反者らは本件選挙違反を行ったことなどが認められる。

　そうすると，被告において買収行為を行うことを予見することは十分可能であったと認められるが，抽象的文言を記載した書面を作成して配布するなどしただけであり，作成書面や発言の趣旨が各後援会の組織的選挙運動管理者等に十分伝わっているか否かについての確認すらもしていない。

　したがって，被告が本件選挙違反を防止するために，法251条の3第2項3号にいう「相当の注意を怠らなかった」ということはできない。

裁判例14　☞286頁参照

【候補者等の主張の要旨】

　　被告と甲とは40年来の親友であり、その間同人は宗教人あるいは社会教育者として活動してきたものであり、社会的にも信頼されていた者であり、その選任について注意義務に欠けるところはなく、最適の人物として選任したものであり、また、被告は、甲の妻の発病後は選挙運動すらしないよう指導監督していたものであり、かかる事情のもとに甲が本件選挙違反事件を犯したとしても、被告において相当の注意をしていたものであり、その選任監督に落ち度があったとはいえない。

【裁判所の判断の要旨】

　　被告の主張内容は、結局、被告が単に甲の経歴や人格を信じてその活動を放任していたというものであって、具体的になんらかの積極的行動を取ったというものではないうえ、たとえ被告が違法な金銭の支出を嫌悪していたとしても、平成8年9月14日の被告後援会事務所における会合の際、被告は、金がないので2人でやってくれと甲とRに任せたのであって、それ以上に選挙犯罪の発生を阻止するに足る制度等を組織したり、選挙犯罪阻止のために日々これを点検するなどの措置を採ったものではないから、本件において被告が法251条の3第2項3号にいう「相当の注意を怠らなかった」とは到底認められない。

裁判例18-1　☞303頁参照

【候補者等の主張の要旨】

　　被告のための本件選挙運動は、Y市議会L会が中心となって選対事務所を設置し、選対本部長となったA市議の指示指導のもとに行われたところ、同

市議は，選挙運動の折々に触れ，公明正大な選挙の必要性を説き，選挙違反があってはならないと訴えていた。被告も同様の考えであり，同市議のもとで公明正大な選挙が行われるであろうことを信じて疑わなかった。右L会が中心になって行われた本件選挙において，本件違反者甲が買収行為を伴う選挙運動を行うなどということは，被告にとっては全く予想もつかないことであった。このような事実経過において，被告に重過失がないことはもちろん過失もないことが明らかである。

【裁判所の判断の要旨】

　本件選挙運動における甲の立場からすると，被告において「甲が本件選挙違反の犯罪行為を行うことを防止するため，相当の注意を怠らなかった」というためには甲が買収行為等に及ばないよう同人に対する直接的で不断かつ周到な注意が求められていたというべきであるところ，被告自身が「私は選挙運動員を信頼しており，今回の選挙に関して甲に対し選挙違反をしないようにという注意はしておりません。」と供述しているものであり，その他本件全証拠によるも，被告自らあるいは選対本部長のＡ市議が被告の指示を受けて甲に対して右のような注意を行っていたことを認めることができず，被告の主張は理由がない（被告主張のような選対本部長の抽象的な注意だけでは，「相当な注意を怠らなかった」ことにならないことは明らかである）。

(裁判例20-1) ☞ 314頁参照

【候補者等の主張の要旨】

　被告は甲による選挙違反を防止するために必要な相当の注意義務を果たしていた。右注意義務は，社会通念に照らし選挙違反の発生を防止しうる程度の予防措置を講ずることであると解される。これを金銭供与の罪についてみ

れば，候補者において，組織的選挙運動管理者等に対して，買収をしないよう注意し，かつ仮に組織的選挙運動管理者等が買収等をしようとしても容易にこれをすることができないだけの選挙組織上の仕組みを作り維持することである。換言すれば，選挙資金の管理が適正明確に行われるよう十分に心掛け，買収の防止を計るために候補者等を中心として常時相互に報告・連絡・相談し合えるだけの体勢を整えておけばよいと考える。

　本件選挙運動について，被告は，一般的にそのような体勢作りを行ってきたことは勿論，甲の本件各買収行為との関係でもこれを防止するための十分な予防措置を講じてきたものであることは次のとおりである。
(1)　被告及び後援会は，本件選挙においてクリーンな選挙活動を行うことを第一とし，その組織作りや運営に関しては，被告自ら何度もY市やX県の各選挙管理委員会に電話で問い合わせたり，直接訪問して指導助言を受け，後援会活動を進めてきた。
(2)　後援会の役員として，会長，会計等を置き，被告と役員らとで決められた後援会・選挙活動の方針，買収等選挙違反を防止するための指示・指導などについて，各運動員らに周知徹底させる体制を整え，右方針を後援会の役員はもとより，末端の運動員にも徹底させるべく指示してきた。
(3)　後援会・選挙活動に関する資金の出納については，被告の妻が記録し，会計責任者Hに閲覧させ，同人がその内容をチエックするシステムをとり，不当な献金や使途不明金がないよう注意を払い，買収資金が生じないように万全の対策を採っていた。
(4)　甲の本件プレハブにおける活動は，月1，2回，数名の者を集めて会合を開くのみであり，右会合も約10分程度，世間話を交えて選挙情勢等を話し合う程度のものであったが，その席上，被告やFは，選挙違反をしな

いようにと再三注意し，かつ，甲自らもそのような発言を繰り返していた。本件買収行為は，このような時期，状況下で行われたものである。

たしかに，被告は，本件プレハブで行われる活動について会計責任者を派遣したり，また収支報告を求めたりしていないが，それは，前述のような当時の本件プレハブにおける活動が特に収支を生じるようなものではなく，したがって，買収等の防止のために，その収支の報告を求めたり，会計担当者を派遣したりする必要性がなかったからにほかならない。

(5) 仮に，右のような会計担当者の派遣や収支報告の徴求を行っていたとしても，本件各買収行為を防止することは不可能であった。

すなわち，甲の買収行為において供与された金銭は，甲がポケットマネーから支出しているが，このような私的な財布ともいうべき運動員の自己資金の収支まで管理して買収を防止することは実際上不可能である。法は，候補者に運動員の財布の金の出入りについてまで逐一記録に留め管理しろなどという非現実的な要求をするものではない。

(6) 買収行為は，一般に投票日が近づき，最終的な票読みができた段階で反対票を買うためになされるものであり，それ故に効果的実効的なものとなる。したがって，投票日が近づくにしたがって候補者としては運動員が買収行為に走らないよう指導を強くし，その活動に十分注意を払うべきといえる。ところが甲は，投票日よりも半年も前の平成10年11月上旬に，既にIに金銭を交付しており，本件訴訟で買収行為と主張されているU及びVに対する金銭交付はいずれも同年12月上旬であり，投票日の4ケ月も前である。Tに対する金銭交付ですら平成11年2月上旬であり，投票日の2ケ月以上も前である。

これらの金銭交付行為は，票買いとしては全く実効性あるものとは考

えられず，買収というには大いに疑問が残るところである。むしろ甲が，自ら経営するＫ工業の業務をスムーズに運ぶことなど票買い以外の目的でなされたと考える方が自然である。

(7) 以上より，被告は組織的選挙運動管理者等による買収行為を防止するために必要十分な組識作りをし，維持運営していたこと，また甲に対しても，被告及び後援会関係者が買収等選挙違反はしないようにと申し伝え，甲自身もＢやＴらに対してそのような方針を明言していたことなどからして，本件選挙において被告が選挙違反を防止するために必要な相当の注意義務を果たしていたことは明らかである。

【裁判所の判断の要旨】

　　法251条の3は，公職の候補者等に対し，選挙浄化に関する厳しい責任を負わせ，公職の候補者等自らの手で徹底的な選挙浄化を行わせることにより，腐敗選挙の一掃を図ろうとするものであり，選挙運動の実態に着目し，連座制の対象者を公職の候補者等と意思を通じた選挙運動組織における，組織の上層部から末端の選挙運動責任者までの広範囲の者を含む「組織的選挙運動管理者等」にまで拡大し，公職の候補者等に，これらの者が選挙腐敗行為を行わないよう，当該組織の隅々まで目を光らせ，万全の防止措置を講ずる義務，すなわち，徹底した選挙浄化のための努力を払う義務を課すこととしたものである。

　　このような趣旨にかんがみると，同条第2項3号の「相当の注意」とは，単に口頭の注意や注意文書を事務所内に貼布することで足りるというものではなく，管理者等が買収等をしようとしても容易にこれをなすことができないだけの選挙組織上の仕組みを作り，維持することが「相当の注意」の内容となると解すべきであり，具体的には，管理者等に役割・権限が過度に集中

しないように留意し，選挙資金の管理・出納が適正明確に行われるように十分に心掛け，その上で，対象罰則違反の芽となるような事項についても，この防止を計るために候補者等を中心として常時相互に報告，連絡，相談し合えるだけの体制をとっていたような場合を指すものと解するのが相当である。

これを本件についてみるに，本件全証拠によるも，被告ないしその関係者が甲に対して，同人の活動を資金の流れから管理監督したことを認めるに足りず，かえって，前示認定事実及び証拠によれば，P3事務所における後援会活動・選挙運動に関しては，資金の出納も含めて甲の専権に属し，いわば野放しの状態であったことが認められるのであって，P3事務所で行われた活動について会計責任者を派遣したり収支報告を求めたことがないことは被告も自認するとおりである。

このような事情を考慮すれば，被告及びその関係者が選挙犯罪の発生を阻止するに足る制度等を組織したり，選挙犯罪阻止のために日々これを点検する等の措置をとったものとは到底認めることはできないから，被告の主張は，その余を判断するまでもなく理由がないというべきである。

なお，被告は，本件の実態は，被告及びその関係者の信頼を得られずに無視されたと受け取った甲が，被告を陥れるべく，当選を無効にすることを意図して画策したものである旨主張するが，その主張は具体性を欠くばかりでなく，本件全証拠を総合してもそのような事実を窺うことができない（編注：この点は，「おとり」「寝返り」についての主張としては取り上げられていない。）。

裁判例22-1 ☞329頁参照
【候補者等の主張の要旨】

被告は，本件選挙ではボランティア活動を原則として，クリーンな選挙運動を実施することを明言し，口頭で選挙違反防止を呼びかけ，ビラ（連座制について厳重注意を呼びかけたもの）を選挙事務所に貼付し，Ｙ選挙区内のＰ町等からの支援者も集まる本部会議や，各町において支援者らが集まる場で挨拶する際にも金のかからないクリーンな選挙運動を実施することを要請した。また，Ｐ町後援会の会長であるＢも，被告の要請を受けてＰ町の支援者らの集まりにおいて絶対に違反を出さないクリーンな選挙をすることを宣言しているから，被告としては選挙違反行為が起きないように最善の努力をしていたものであり，甲による本件買収行為を予見し，回避することは不可能というほかなく，免責事由が存するというべきである。

【裁判所の判断の要旨】

「相当の注意」とは，単に口頭の注意や注意文書を事務所内に貼付することで足りるというものではなく，管理者等が買収等をしようとしても容易にこれをなすことができないだけの選挙組織上の仕組みを作り，維持することが「相当の注意」の内容となると解すべきであり，具体的には，管理者等に役割・権限が過度に集中しないように留意し，選挙資金の管理・出納が適正明確に行われるように十分に心掛け，その上で，対象罰則違反の芽となるような事項についても，この防止を計るために候補者等を中心として常時相互に報告，連絡，相談し合えるだけの体制をとっていたような場合を指すものと解するのが相当であるところ，甲に対して，同人の活動を資金の流れから管理監督したことを認めるに足りず，かえって，実質上本件選挙における被告の選挙運動を統括すべき立場にあつたＧは，Ｑ町後援会の運動資金の管理について知らなかったことを自認する上，Ｐ町後援会の会計についても十分把握しておらず，また，被告及びＧは出席したＰ町後援会役員選出の際の会

合に酒食が提供されていることに何の疑問も抱いていない上，会費は500円であるにもかかわらず，1人あたり1000円を超える飲食物が提供されていたのに，会費が幾らであって，飲食物代金額と相応しているかについて注意をした形跡すら窺われず，注意義務を果たしていないことは明らかというべきであり，被告がクリーンな選挙を呼びかけ，新連座制による罰則の強化につき注意を呼びかけ，書面を後援会事務所に掲示したことも認められるが，この程度では注意義務を尽くしたとは到底言えない。

(裁判例25-1) ☞345頁参照
【候補者等の主張の要旨】

被告は，①本部の選挙運動者に対しては地方選挙の手引書を引用して勉強させる等の啓蒙に努め，確認団体に対しては法に基づいて選挙運動をするよう勉強会，研修会を常時開催して選挙浄化に努め，支援団体等に対しては選挙違反をしないよう依頼し，平成12年10月開催の顧問会議においては，対立候補者が買収をしているので被告の運動員にも実費支給はできないかとの意見が出たのに対し，絶対に法に触れる買収等はしないよう指示し，選挙運動そのものについても金のかからないボランティアによる選挙をするよう指導していたこと，②選挙運動組織を編成するに当たり，市選挙管理委員会の事務に携わった経験のある者等，市の元職員らを多数配置していたこと，③後援会本部は，平成12年8月，地区後援会に対し，法に関する研修会を開催し，違反行為をしないよう指示しこと，④同本部は，各地区の寄合場所に，飲食や買収を禁じる旨の貼り紙をしたり，資料を備えつける等して，選挙違反防止のため注意喚起をしていたこと，⑤同本部は，政治資金の規正や選挙運動費用の制限について，市選挙管理委員会の指導により適正に運用してお

り，X地区に対しては，本部からは一切選挙運動資金は支給しておらず，事務所用消耗品等に限定して現物支給していたこと，⑥同本部における選対会議は，平成12年10月3日，10月23日，11月10日に，事務局会議は同年9月から毎週月曜日午前9時から10時の間に開かれていたが，その都度，被告は，選挙違反をしないよう厳重に注意し，繰り返し指導，徹底させていたこと，⑦被告は，内部牽制のため，対立候補者に関するものも含め，選挙違反に関する情報や噂は些細なことでも本部に連絡，報告させ，その都度本部で具体的に指示，指導して選挙違反の防止に努めていたことにより甲が違反行為を行うことを防止するため相当の注意を怠らなかった。

【裁判所の判断の要旨】
(1) 被告が相当の注意を怠らなかったことの具体的事情として主張する事実のうち①ないし⑥を概ね認めることができる。しかし，これらの事実だけでは，甲が選挙違反行為を行うことを防止するため相当の注意を怠らなかったとはいえない。何となれば，これらの行為は，組織による選挙運動，とりわけ政治家の後援会組織による選挙運動に際しては当然に行われるべきもので，この程度の施策をもって「相当の注意」に当たるとは到底解しえないからである。
(2) また，被告が主張する⑦の点，すなわち選挙違反に関する情報を本部に報告させ，その都度本部で具体的に指示，指導して選挙違反の防止に努めていたとの主張は，きわめて抽象的であり，これが以下に説示するような事情を指すものであればこれを認めるに足りる証拠がないというべきであり，さもなければ具体性を欠くがゆえに主張自体失当というべきである。
　すなわち，甲の選挙違反行為は，資金の供与を受けて複数の者を買収したというものであるが，このような行為を防止するため相当の注意を怠ら

なかったというためには,被告ないしその意を受けた本部が恒常的に選挙運動従事者らに聴取調査を行う等して,買収をし,又は買収をしようとしている者がいないかを日々チェックし,買収の事実ないしそのおそれが判明した場合には直ちにこれを中止させる等の具体策を講じる必要があったというべきである。前記のとおり,甲は,平成12年4月ころ,9月ころ及び11月ころの3つの時期において,延べ約40名の者に現金を交付していたものであり,また,金を受け取った者の中にはX地区後援会副会長等の主だった運動員らも含まれていたことが認められるから,上記のようなチェック態勢を整えていれば,甲の選挙違反行為は容易かつ早期に判明し,少なくとも11月ころの買収は未然に防止できた可能性が高いといえるが,被告や本部,X地区後援会において,そのようなチェック態勢を設け,実施していたことをうかがわせる証拠はなく,かえって,本部の役員らは,買収行為に走る運動員が出ることは想定しておらず,平成12年10月ころ,被告は当選しても選挙違反で摘発されるとの噂が流れたことがあったが,本部からは選挙違反をしないよう注意をしたのみで,具体的に買収の存否について調査することはしなかったことが認められる。

(3) また,甲が選挙違反行為を行うことを防止するため被告が「相当の注意」を怠らなかったというためには,X地区後援会の選挙資金の管理・出納が適正明確に行われる態勢をとることも必要であった。

すなわち,甲は,平成12年9月上旬ころ,X地区後援会副会長Kから,ミニ集会で有権者に飲食させた費用をX地区後援会で支払って欲しいと依頼され,X地区後援会は会員から会費を徴収する仕組みになっていなかったので選挙運動資金がなく,したがってFに依頼してその費用を支出させ,また,そのころから同年10月上旬ころにかけて,X地区後援会の

世話人であるC，同Dらに指示して各々の自宅においてミニ集会を開催させ，集った有権者に飲食させた費用（出席者から徴収した会費を超える部分）についてもFに支出させたこと，被告はC，Dで開かれたミニ集会に出席してその活動状況を知っていたが，被告ないしその意を受けた本部はその費用が実際にいくらかかったか，その収支状況を調査しなかったし，また報告もさせず，これを把握していなかったこと，が認められる。

同事実によれば，X地区後援会の選挙運動資金は，その管理・出納が甲に任され，いわば野放しの状態であり，被告ないしその意を受けた本部が資金の流れから甲の選挙運動を管理していたとは認められない。同資金の管理が適正に行われていれば，甲の選挙違反行為を未然に防止できた可能性が高いといえるから，この点からも被告が甲の選挙違反行為の防止のため相当の注意を怠らなかったとはいえない。

[裁判例28] ☞357頁参照
【候補者等の主張の要旨】

被告は，本選挙においてクリーンな選挙を心がけており，運動員にもその旨を徹底させており，機会のあるたびにクリーンな選挙を目指していることを述べているのであって，まさしく選挙違反のないように相当の注意を怠らなかったのである。被告には，買収しようなどという考えは全くなく，甲に支払われた金銭も運動資金であり，それが実際には買収資金に使用されたかどうかということまでチェックするということは不可能であり，またその必要はない。

【裁判所の判断の要旨】

被告及びDは，選挙対策会議などにおいて，違反行為のない，クリーンな

選挙を行おうとの意思を表明していたことが認められるが，他方，証拠によれば，選対本部においても，甲が選対本部長に就任する以前から，甲は選挙に金を使うという評判が知れ渡っていたが，他に適任者がいなかったことから，甲が選対本部長に就任することとなった経緯があること，Gは，Bから現金100万円を甲に渡して欲しいと要請を受けた後，被告に対し，Bが，甲らが動きやすいように自由になる金銭100万円くらいあげたらどうかと言っている旨及びG自身も甲を引き留めて一生懸命働いてもらうためにはその程度のくらいの金銭を出してあげなければいけないかと思っている旨などを述べてその了解を求めたところ，被告は，少し考え込んだ後に，「そうですね，仕方ないですね」と言って，甲に100万円を交付することを了承したことが認められる。

　上記認定によれば，被告は甲に現金100万円を交付することを了承しているうえ，甲が選挙に金を使う人物であるとの認識を持ちながら選対本部長就任を甲に要請したものと推認されるのであって，証拠上，平成15年3月下旬に甲が選挙違反をしそうになり，Dと甲との間に溝ができるようになった後も，甲が選対本部長を解任されるなどの動きがあった形跡も窺われないことからすれば，到底被告が法251条の3第2項3号所定の「相当の注意を怠らなかった」といえるものではない。

[裁判例29] ☞360頁参照

【候補者等の主張の要旨】

　本件買収行為に係る金員は，被告が，甲に対し，後援会活動の実費や後援会事務所の経費に充てる目的で交付した金員であり，被告は，交付の際等において，買収や供応等の選挙違反に用いてはならないと厳命していたから，

本件買収行為に係る犯罪の発生防止について公選法251条の3第2項3号所定の「相当な注意」を尽くした。

なお，公選法251条の3が定める連座制は，自己責任の原則の例外をなす制度であるから，同条の適用要件は厳格に解釈されるべきであり，同条2項3号の免責要件についても，候補者に重大な注意義務違反がなければ，相当な注意を怠らなかったものというべきである。

【裁判所の判断の要旨】

被告は，甲から要請されるままに，後援会の後援会活動名目で行われる県政報告会の開催等の，被告のための選挙運動の費用等に使用されることを承知の上で，交付前において，その使途に関する領収証等の徴収を指示せず，また，交付後も，その使途を具体的に確認することなく，次から次へと金員を甲に交付したのであり，このようにして交付された金員が甲の本件買収行為に係る資金となったものであることは明らかであるから，被告について，甲の本件買収行為を防止するために尽くすべき注意を怠った過失があったことは明らかであり，これに反する被告の主張は，到底採用することができない。

なお，被告は，公選法251条の3の連座制の適用は，公職の候補者等について重大な過失があった場合に限られるべきである旨主張するが，同条は，候補者等に自己のため選挙運動を行ってくれる組織についての高度の選挙浄化努力義務を課するものであるから，その適用が公職の候補者等について重大な注意義務違反があった場合に限定されるべきものではないというべきであり，したがって，被告の上記主張は失当である。

裁判例30　☞371頁参照

【候補者等の主張の要旨】

　次の各事実からすると，被告は，本件選挙における違反防止のために相当な注意を尽くしたものであるから，公選法251条の3第2項3号に基づき，被告につきいわゆる連座制の適用はない。

① 被告には，過去の選挙において違反がない。

　すなわち，被告は，町議を含め過去に10回（町議6回，県議4回）の選挙に立候補したが（うち県議1回は無投票），いまだかつて1回も違反者を出さない，いわゆるクリーンな選挙を行ってきた。その背景には，日常の各種後援会の政治活動があるからである。

　したがって，被告には，選挙を間近にして急遽選挙運動組織を作らなければならない緊要性が全くなく，まして組織作りのために買収等を行う必要もなかった。

② そして，Z町後援会は，あくまでも被告がZ町の代表であることをシンボリックに表現する後援会組織であり，後援会の役職は団体等の役職に応じて自動的に振り分けられるいわば「充て職」であり，告示前の政治活動及び告示後の選挙運動の実務を行うことはない。

　したがって，「充て職」であるZ町後援会副会長の甲が選挙違反を行うことなど到底考えられなかったものである。

③ また，本件選挙の見通しも，従前と比べて特に厳しいという状況ではなく，かえって事務所内の楽勝ムードの雰囲気を引き締めることに躍起だったほどであった。すなわち，本件選挙においては，Kが立候補したことにより，地盤の関係でLとの間で競合関係が生じたが，被告は，これらの候補とは地盤が異なるため，選挙の見通しは厳しい状況にはなかったものである。

したがって，被告は，既存の後援会組織が買収行為を行うことを予想だにできず，本件選挙において選挙違反防止のために特段に取った措置は原則としてない。

④　もっとも，被告は，政治活動費及び選挙費用については，会計を任せていた者2名を通じなければ支出できないようにして，Z町後援会の事務局で自由に使える金銭をなくし，金銭の出納を厳重に管理していたし，また，後援会の行う政治活動がいやしくも事前運動となることがないように，必ず後援会から来たことを告げ，選挙の投票依頼をしないことなどの注意事項をボランティアに伝えるとともに，紙に書いて事務所等の目につく場所に貼るなどし，公選法に従った政治活動及び選挙運動を行うよう努めていた。なお，ローラー作戦自体は，前回の平成11年にも実施しており，後援会活動であることを周知徹底するために，同作戦に従事する者らに対し，メモやマニュアルを作成配布していたのであり，今回のローラー作戦に当たっても同趣旨の書面を作成配布して違法な選挙運動が行われることがないようにしていた。

⑤　また，平成15年3月13日ころ，一部のボランティアがローラー作戦の実施中に警察から注意を受けたことから，被告は，県警OBを呼んで，指導を受けた。その際，被告の後援会関係者らは，同人から，「まだ告示前だから，選挙運動はできないが，後援会活動としての戸別訪問はでき，相手には後援会入会のお願いだけで，選挙の投票依頼等の文言は絶対言ってはいけない。」などの説明を受けた。

　以上の指導を受けた後，後援会事務局は，再度選挙運動とならない諸点をボランティアに徹底注意するとともに，訪問の仕方をメモにして配布し，注意喚起の資料とした。

【裁判所の判断の要旨】

(1) 公選法251条の3の制度趣旨は，公職の候補者等に対し，選挙浄化に関する厳しい責任を負わせ，公職の候補者等に自らの手で徹底的な選挙浄化を行わせることにより，腐敗選挙の一掃を図ろうとするものであり，選挙運動の実体に着目し，連座制の対象者につき，公職の候補者等と意思を通じた選挙運動組織における，組織の上層部から末端の選挙運動責任者までの広範囲の者を含む「組織的選挙運動管理者等」にまで拡大し，公職の候補者等に，これらの者が選挙腐敗行為を行わないよう，当該組織の隅々まで目を光らせ，万全の防止措置を講ずる義務，すなわち，徹底した選挙浄化のための努力を払う義務を課すこととしたものである。

このような制度趣旨にかんがみると，公選法251条の3第2項3号の「相当の注意」とは，単に口頭の注意や注意文書を事務所内に貼付することで足りるというものではなく，組織的選挙運動管理者等が買収等をしようとしても容易にこれをなすことができないだけの選挙組織上の仕組みを作り，維持することがその内容となると解するのが相当である。

(2) このような見地からすると，本件選挙において選挙違反防止のために特段にとった措置は原則としてない旨主張し，本人尋問においても，買収等の防止のために特にとった措置はない旨供述している被告が，相当の注意を尽くしたといえないことは明らかである。このことは，甲が，「被告は，私に対して，具体的にこのようなことをしろという指示や，このようなことをしてはいけないという注意を直接してきたことはない。有権者や選挙運動者に対し，被告への投票や票集めなどの選挙運動をすることのお願いやお礼の意味で金をあげてはいけないなどということを被告から言われたこともないし，他の幹部役員から言われたこともない。」と述べ，A

も，「選挙運動期間中，あるいはそれ以前からも含めて，被告から選挙運動の仕方について指導や注意されたことはないし，他のメンバーが指導，注意されているところも見たことがない。」と述べていることからも十分に裏付けられる。

(3) 被告は，本件選挙の見通しは従前と比べて特に厳しいという状況ではなかったから，甲が本件買収犯罪をすることなどは全く予想できない出来事であると主張し，本人尋問においてもこれに沿う供述をし，被告の陳述書にも同趣旨の記載があるところ，そもそも，本件選挙の見通しが従前と比べて特に厳しいという状況であったかどうかは，被告が上記「相当の注意」をしたかどうかとは直接関係がないというべきであるが，この点をさておくとしても，①Ｘ県議会議員のＹ郡選挙区は，従前から定数が２名であったこと，②平成７年執行のＸ県議会議員選挙においては，本件選挙区では，現職の被告及びＬのみが立候補したため，これら２名が無投票当選したこと，③平成11年執行のＸ県議会議員選挙においては，本件選挙区では，現職の被告及びＬを含めた３名が立候補したが，被告及びＬ以外の候補は本件選挙区に地盤を持たない新人であったため，被告及びＬの当選が危ぶまれるような状況にはなく，被告及びＬはいずれも上記新人候補に約１万2000票の大差をつけて当選したこと，④平成15年に行われた本件選挙の本件選挙区（定数２名）には，被告のほか，Ｌ及びＫが立候補したこと，⑤平成15年１月20日に，Ｏ総代会がＺ₃町内で開催されたが，その際，元Ｘ県庁職員であるＫが立候補するらしいとの噂が流れていたこと，⑥その噂を聞いたＡは，Ｋが被告やＬよりも相当に年齢が若く，若さが大きなアピールポイントになることや，ＫがＺ₃町に在住しているが，出身がＺ₁町であり，Ｚ₁町の票も見込めることから，Ｋが立候補すれ

ば，本件選挙は三つ巴の激戦になると思ったこと，⑦その際，Aは，Kが立候補するとの噂を被告に報告したが，被告は，「知っとる。」と回答したこと，⑧他方，Z町においては，前回の町長選挙で，被告がE町長と対立した候補を推薦したことから，E町長との間で溝が生まれ，そのため，Z町では被告を支援する者と反対派とに二分されているという事情があり，Aらは，油断していると本件選挙は危ないという危機感を持っていたこと，⑨甲も，平成15年3月2日にP3事務所で開かれた臨時区長会において，「K候補という強いライバルが立候補を予定している。このZ町から議員の火を消すな。」などと話した上で，各区長に対して，ローラー作戦やミニ集会に参加するよう指示し，さらに，同年4月8日にP3事務所で開かれた臨時区長会において，「絶対にこの町から他の候補へ票が流れないように，今一度原点に返って見つめ直してほしい。」と各区長に指示したこと，⑩被告自身も，平成15年3月1日の事務所開きの際に，「今回の選挙は，三つ巴戦となり，大変厳しいものとなりました。つきましては，みなさんの力をお借りして，是非とも当選を果たしたいと思います。」と挨拶していること，⑪本件選挙の選挙結果は，投票数順に，Lが1万0749票，被告が1万0209票，Kが9874票であり，投票数は互いに僅かの差であることの各事実が認められる。

以上の各事実によれば，本件選挙の告示日の相当以前の時点から，選挙運動を担当するAや甲らのみならず，被告自身も，本件選挙が従前の選挙にはない厳しい状況になることの認識があったものと認めることができ，被告本人尋問における前記供述は信用できない。

そうすると，上記認定の本件選挙の状況に照し，被告において，本件買収犯罪が行われることにつき予見可能性がなかった旨の被告の主張は到底

採用できない。

(4)　また，被告は，①金銭の出納を厳重に管理していたこと，②後援会の行う政治活動がいやしくも事前運動となることがないように，必ず後援会から来たことを告げ，選挙の投票依頼などしないことなどの注意事項をボランティアに伝えるとともに，紙に書いて事務所等の目につく場所に貼るなどしていたこと，③県警ＯＢを呼んで，指導を受けたこと等は，ごくありきたりの組織管理等にすぎないのであって，これをもって，被告が，公選法251条の3第2項3号の「相当の注意」を尽くしたものということはできない。

第5章　訴訟上・手続上の問題点

第1節　被告の公民権停止効の発生との関係

　公職の候補者等であった者が自ら選挙犯罪を犯して処罰され，公民権が停止された場合，原則として公民権停止期間は，有罪の裁判確定の日から5年間である（252条1項）。しかし，裁判所は一定の場合を除き公民権を停止せず又は停止期間を短縮することができるとされており（同条4項），これらの場合に立候補禁止訴訟の訴えの利益があることはいうまでもない。また，停止期間が短縮されず，又は，5年間の執行猶予に処せられた場合においても，公民権停止は公職の候補者等であった者に対する有罪判決確定の日から発生するのに対し，立候補禁止は連座訴訟について原告勝訴判決確定の日から発生するので，両期間が完全に一致することは通常あり得ないことであり，しかも，連座訴訟提起前及び訴訟係属中の時点では，連座効果の発生する日は不確定というほかないのであるから，訴えの利益は依然として存在していると考えられる。また，公民権停止は，選挙犯罪を犯して刑に処せられた者に

対する制裁であるのに対し，251条の3第1項に係る立候補禁止制度は腐敗選挙の一掃を図るために，公職の候補者等に選挙浄化義務を課し，その義務違反に対する制裁であることから，両制度は趣旨を異にするものであって，両期間が重ならない場合には，公職の候補者等であった者は双方の効果を受けることとなる。これらの点から，公民権停止期間が短縮されず，又は，5年間の執行猶予に処せられた場合であっても，立候補禁止訴訟を提起する訴えの利益は失われないと解するのが相当であり，広島高松江支判平成7年10月27日（裁判例3下記）と福岡高判平成11年10月6日（裁判例19☞203頁）の両判決も同様の判示をしている。

〈裁　判　例〉

裁判例3　☞233頁参照

【候補者等の主張の要旨】

　　被告は公職選挙法違反事件の有罪判決（懲役1年6月執行猶予5年）の確定により，その執行猶予期間は公民権が停止されている。それにもかかわらず，更に原告が本件訴えを提起するのは，法251条の3第1項の立法趣旨に反するうえ，二重処罰を禁止する憲法39条の趣旨にも副わず，被告が既に議員を辞職しているなどの事情もある本件においては，本件請求は立法趣旨を逸脱した濫訴であって，棄却されるべきである。

【裁判所の判断の要旨】

　　公民権停止制度と法251条の3第1項に係る立候補禁止制度とは，前者が選挙犯罪を犯した者に対する刑の確定に付与された法定の効果とされているのに対し，後者は，選挙に関する組織的選挙運動管理者等が選挙犯罪を犯し，同人に対し有罪判決が確定した場合において，その公職の候補者等が当該公職に係る選挙に立候補することを禁止するものであって，両制度は，公

民権停止あるいは立候補禁止という制裁を科する目的及び原因となるべき事実関係を異にする。

そのため，両制度は，要件を異にし，両制度の重複適用が，理論上のみならず，実際上もあり得るのであり，公職選挙法にはこのような場合に両制度の重複適用を禁ずる規定はもとより，そのような事態が生じた場合の両制度による効果の調整に関する規定も置かれていない。

以上のことに，同項に係る立候補禁止制度が設けられた趣旨及び同項に係る法211条1項の文言を勘案すると，公職の候補者等が選挙犯罪を犯して処罰され，公民権が停止されている場合であっても，その後に，その公職の候補者等の組織的選挙運動管理者等が選挙犯罪により処罰されて法251条の3第1項の要件が具備されたときには，その必要と利益のある限りは，検察官には，法211条1項に基づき立候補禁止を請求する職責があるというべきである。

そして，本件訴訟において原告の請求が認容されてその判決が確定した場合には，被告は，同人に対する有罪判決の確定による公民権停止期間の満了した後も，一定期間についてはなおY町議会議員選挙における立候補が禁止されることになるのであるから，本件請求にはその必要及び利益がある。

なお，公民権停止制度と立候補禁止制度は，目的及び原因となる事実関係を異にするのであるから，両制度が重畳的に適用されることになったとしても，憲法39条の二重処罰禁止規定やその精神に抵触するものでない。

また，被告が議員を既に辞職していることも，連座規定が適用された場合の効果の一つが右辞職によって実質的に実現しているというに過ぎないから，本件連座規定のもう一つの効果の実現を図るための本件請求が無用な濫訴であるといえない。

裁判例19　☞309頁参照

【候補者等の主張の要旨】

　　被告は，平成11年7月22日，福岡地方裁判所において，公職選挙法違反の罪（法221条1項1号の罪）により，懲役1年6月・執行猶予5年の判決の言渡しを受けた。被告は右判決の確定により，右執行猶予の期間，公民権が停止され，全ての公職の選挙について選挙権・被選挙権を有しないことになったから，さらに，本訴にいう立候補禁止を求める必要性はなく，本件訴えは利益を欠く。

【裁判所の判断の要旨】

　　法252条に定める公民権停止制度は，同条所定の選挙犯罪がいずれも選挙の公正を害するものであるから，右犯罪により刑罰に処せられた者に対しては，一定期間選挙に関する権利を剥奪して選挙に関与する機会を失わせる制度（選挙犯罪者本人の選挙権・被選挙権を一定期間停止する制度）である。

　　これに対し，法251条の3第1項に基づく当選無効及び立候補禁止の制度は，選挙の腐敗を防止し，選挙を浄化するためには，連座制により公職の候補者又は公職の候補者となろうとする者（以下「公職の候補者等」という。）に対する制裁を強化する必要があるとして，平成6年法律第105号によって新たに設けられたものであって，公職の候補者等のための選挙運動者のうち，同項所定の組織的選挙運動管理者等が選挙犯罪を犯して処罰された場合に，その公職の候補者等の当選を無効とするとともに，当該公職に係る選挙に限って，5年間立候補禁止の制裁を課するものである。したがって，公職の候補者等は，他人である組織的選挙運動管理者等の選挙犯罪を理由として，右期間，当該公職に係る選挙について被選挙権を停止されることとな

るのである。

　このように，公民権停止制度と立候補禁止制度とは，その趣旨，目的が異なり，効果も異にする（公民権停止の期間と立候補禁止期間は必ずしも一致しない。）ので，本件訴えには利益がある。

　したがって，被告の本案前の主張は失当である。

第2節　複数の連座事由や連座対象者が存在する場合の相互の関係について

　裁判例15-1，15-2（☞209頁）は，候補者Ｙの出納責任者かつ実子である甲を，買収罪（法221条3項3号，1項1号）により懲役刑に処する有罪判決が確定したことから，検察官が，平成9年4月11日，法251条の2第1項4号（親族），211条1項により，Ｙを被告として当選無効・立候補禁止を求める連座訴訟（以下「本件連座訴訟」という。）を提起した事案に関するものである。

　この事案において，Ｙは，同月22日，法254条の2第1項による通知を受け，法210条1項に基づき，連座の効果がないことの確認を求めて訴訟を提起した（以下「別件連座訴訟」という。）。

　東京高裁は，平成9年10月7日，別件連座訴訟についてＹの請求を棄却し（裁判例15-3☞292頁），他方，本件連座訴訟については，後記のように，「法210条に規定する場合には，法211条による訴えを提起することはできない」と判断して，検察官の請求を不適法な訴えとして却下した（裁判例15-1）。

　別件連座訴訟についてはＹが，本件連座訴訟については検察官が上告したところ，最高裁は，平成10年7月3日，別件連座訴訟についてＹの上告を棄却し（裁判例15-4☞293頁），同年8月31日（別件連座訴訟の判決確定後），本件連座訴訟について，後記のように，別件連座訴訟の確定により連座の効果が発生しており，本件訴訟の訴えの利益は消滅しているから，本件の訴えを不適法とした高裁判決は結論において正当であると判断して，検察官の上告を棄却した（裁判例15-2）。

　本件連座訴訟の判決について，裁判例15-1と裁判例15-2を比較すると，両判決とも，検察官の訴えを不適法としている点では共通であるが，裁判例15-1は，法

210条に掲げる場合，すなわち総括主宰者等が加重買収罪等の規定で処罰された場合は，法211条の規定の適用は一律に排除され，いかなる事由に基づくにせよ検察官は法211条の規定による訴えを提起することが一切できなくなり，法210条による連座効のみが問題となると解するものであり，他方，裁判例15-2は，理論構成は明確ではないものの，別件連座訴訟の確定により既に連座の効果が発生していることに着目して，訴えの利益が消滅したと解している。

両判決の理由付けについて分析するため，まず，法210条，211条の沿革を見ると，昭和37年法律第112号による改正により，従来の選挙人等による出訴制度が廃止され，連座訴訟の規定を法211条に一本化して検察官のみが連座訴訟を提起するものとされるなどの改正が行われたが，訴訟審理に相当期間を要することから連座制の実効性が十分に上がっていなかったため，連座制の強化を図る趣旨で昭和50年法律第63号による改正により，総括主宰者等がその身分を加重事由とする選挙違反等により刑に処せられた場合には，候補者等の側から訴訟を提起しない限り当選無効とするものとし，これを法210条として規定し，それ以外のものを，従来どおり検察官が連座訴訟を提起するものとして法211条を残したものである（その後，昭和56年法律第20号，平成6年法律第2号，同第105号の各改正により，連座対象者を拡大するなどの改正が行われている。）。このような経過からすると，昭和50年改正前において，連座対象者としての身分を有する者が複数いた場合に，そのうちいずれか1名が刑に処せられたとしても，それをもって連座訴訟の提起事由がこれに限定されるものではないことはその規定内容自体からも明らかであり，同一人が連座対象者としての複数の身分を有する場合も理論的には同様である。そして，昭和50年の改正は，連座制の実効性の強化を図ろうとしたものであり，連座制の適用場面を限定する趣旨ではなかったことは明らかである。

また，法211条1項の「前条に規定する場合を除くほか」との文言の意味につい

て検討するに、同条項は、秘書・親族のみならず総括主宰者等をも連座対象者に含めているが、買収罪等を犯した犯人が総括主宰者等であることが刑事裁判で確定された（すなわち犯人が221条3項の身分に基づく加重買収罪等で処罰された）場合には、法210条1項により候補者側から連座訴訟の提起があった場合にこれに対応すれば足りるのであるから、法211条1項が総括主宰者等をも連座対象者に含めている趣旨は、刑事裁判でその身分が確定されなかったが、その後総括主宰者等であることが判明した場合に、検察官が法211条1項による連座訴訟を提起できることとする点にあるものと考えられる。しかしながら、この両者の関係について特段の規定がなければ、総括主宰者等の身分が刑事裁判で確定された場合も、検察官に法211条1項の連座訴訟の提起義務が課せられているかのように解されかねないため、同項に「前条に規定する場合を除くほか」との文言が加えられたものと考えられる。そうすると、候補者が法210条1項に基づく連座訴訟を提起する場面において、それとは別の連座対象者・連座事由にもとづいて、検察官が法211条1項による連座訴訟を提起することが排除されるとは到底考えられない。

　また、法210条1項の連座訴訟と法211条1項の連座訴訟の併存を認めることは、決して無駄ではなく、むしろ、いずれかの連座訴訟をより早く終結させることにより、早期に連座の効果を発生させ、迅速な判断の確定という公職選挙法の要請に資することとなる。

　このような検討に照らすと、裁判例15-1の判断が誤っていることは明らかであり、法210条1項に基づく訴訟と法211条1項に基づく訴訟は競合し得るものと解すべきである。

　他方、裁判例15-2の考え方について検討するに、ある連座対象者・連座事由により連座の効果が発生した後に、新たに別の連座対象者・連座事由に基づく連座の効果が発生することとする場合には、連座の効果が生じた時期のずれという、候補者

側の責めに帰されない事由によって、結果的に、5年間以上の期間にわたって連座（立候補制限）の効果が生じることとなり、公平に反するといわざるを得ない。その意味で、裁判例15-2の最高裁判例が、別の事由で連座の効果が発生したことによって訴えの利益が失われると判断していることは、正当と評価できよう。

　以上の考え方は、法211条の連座訴訟相互にも当てはまるところであり、検察官は、複数の連座対象者・連座事由に基づいて連座訴訟を提起できるし、また、ある連座対象者・連座事由に基づいて連座訴訟を提起した場合も、それが確定するまでは、別の連座対象者・連座事由に基づく連座訴訟を提起できる。もっとも、上記のとおり、ある連座対象者・連座事由により連座の効果が発生した場合には、訴えの利益が消滅することになる（このような場合、検察官においては、係属中の連座訴訟を取り下げることとなろう。）。

　なお、広島高裁松江支部平成15年11月14日判決は、争点に対する判断を明確に示した事例とは言い難いため、本書の裁判例としては収録していないが、検察官が、違反者甲について親族としての連座事由があり、違反者乙についても組織的選挙運動管理者等としての連座事由があるとして、同一の訴訟において両方の連座事由を主張し、候補者側において、裁判所はいずれかを択一的に認定すべきであると主張したが、裁判所は、

　　「……（両連座事由）の要件は異なっており、出訴期間も定められているのであるから、原告がその両者を主張する必要がないとはいえず、また、各場合についての裁判が別々になされ、一方について……立候補制限の効果が発生している場合には、他方の……訴えの利益が消滅する……が、本件のように各請求が併合審理され、同時に判決をする場合においては、各請求は適法であって択一的に訴えの利益が消滅したものとすることはできないし、原告は本件において各請求を選択的に申し立てているものでもない

から，被告の前記主張は採用できない。」
と，上記裁判例15-2に沿った判断をしている。

なお，この論点については，裁判例15-2についての評釈である，小倉哲浩・法律のひろば52巻8号44頁においても詳細な解説が加えられている。

〈裁　判　例〉

裁判例15-1，15-2 ☞292頁参照

【裁判所の判断の要旨】

　　　　法211条1項の規定は，法251条の2第1項各号に掲げる者が法221条の罪を犯し刑に処せられたため，法251条の2第1項の規定により当該当選人の当選が無効となると認めた場合に，法210条に規定する場合を除くほか，当選無効及び立候補禁止の訴えを提起すべきことを定めたものであって，法210条に規定する場合には，法211条の規定による訴えを提起することができないところ，本件記録によれば，被告の長男は被告の出納責任者として，法221条1項1号の罪を犯したとして，同条3項3号の規定により右刑に処せられたと認められるから，本件は，法210条の規定が適用され，法211条1項の規定の適用が排除される場合に当たるというべきである。

【上告審の判断の要旨】

　　　　被上告人（被告）は，法251条の2第1項2号に掲げる連座対象者である出納責任者に該当する被告の長男が法221条3項により刑に処せられた旨の法254条の2第1項に基づく通知を受けたため，当選が無効とならないこと及び立候補が禁止されないことの確認を求めて法210条1項に基づく訴訟を提起したところ，右訴訟において被上告人敗訴の判決が確定したことにより，既に法251条の5に基づき法251条の2による被上告人の当選無効及び

立候補の禁止の効果が発生しているので，本件訴訟における訴えの利益が消滅しており，本件訴えを不適法とした原審の判断は結論において正当である。

第5章 訴訟上・手続上の問題点　211

第3節　その他の論点

1　訴権の濫用の成否

　裁判例9-1（☞214頁），裁判例13-1（☞213頁），裁判例29（☞215頁）は，いわゆる訴権の濫用の主張がなされた事例である。

　行政訴訟（民事訴訟）においても，訴権の濫用の主張は可能であると考えられるが（有斐閣大学双書・新民事訴訟法講義26頁，64頁参照），211条1項による連座訴訟の提訴については，条文上明らかなように，251条の2第1項又は251条の3第1項の規定により公職の候補者等であった者の当選が無効であり，立候補が禁止され，又は，重複立候補者の当選が無効であると認める検察官は，連座訴訟の提起が義務づけられ，提起するか否かの裁量は認められていないことから，基本的に検察官の訴えが訴権の濫用として不適法なものということは通常あり得ないと考えられる。

2　証拠排除の成否

　次に連座訴訟において検察官が提出した証拠に対し，証拠排除の主張がなされた事例について検討する。

　連座訴訟提起の判断の材料となる資料や連座訴訟において利用できる証拠に関して特段法令上の制限はないが，実際は，刑事事件の捜査及び公判段階において収集された証拠が利用される場合がほとんどであろう。

　後記の3つの事案（東京高判平成9年9月24日（裁判例14☞216頁），大阪高判平成10年5月25日（裁判例16-1☞217頁），福岡高判平成13年2月15日（裁判例24☞219頁））においては，提出証拠が，刑事事件の捜査においては収集の必要がなく，専ら連座訴訟のために収集されたものである，あるいは，任意性，

信用性を欠くものであるなどして，違法収集証拠であるとの主張がなされた。この点，民事訴訟において違法に収集された証拠が証拠能力を有するかについては，学説上争いがあるところ，裁判例としては，反社会的な方法により収集された場合等，一定の場合には証拠能力が否定されるとする見解が一般的である。これら3つの裁判例はともに，従来の裁判例の傾向と同様に，重大な違法行為や著しく反社会的な手段によって取得された証拠を提出・採用することは許されないことを前提に，供述調書の収集に違法性があったか否かを検討した上で被告側の主張を排斥している。犯罪捜査の目的は，犯罪事実の存否のみならず，訴追の要否を決し，起訴事案については適正な科刑を得るための犯情を明らかにすることでもある。そのため，買収等の選挙事犯の捜査においては，被疑者が所属する選挙運動組織の実態，組織の中での被疑者の役割等各種事実を解明することが捜査の目的となるものであるから，そのような事実の中には，通常，法251条の2第1項や251条の3第1項を根拠づける事実も含まれうるところであり，それぞれの判決の判断は妥当なものであるといえる。

　また，福岡高判平成14年4月26日（裁判例26-1（☞220頁））では，候補者側が，捜査段階の供述調書が被告による反対尋問を経ておらず証拠価値が低いとの主張をしたが，判決は，捜査段階における供述調書が選挙関係行政訴訟において一般に事実認定に供することができないとまで証拠価値が低いというべき証拠は全くなく，本件の具体的事情に即してもこれらの信用性が低いと評価すべき特段の事情はないとしている。

③　請求認諾の可否

　連座訴訟において，被告側が争わず，「請求を認容する」旨の答弁をする場合があり，裁判例1（☞222頁）においてもそのような答弁がなされた。

　連座訴訟に関し，公職選挙法及び行政事件訴訟法の規定によるほか，同法に定

めのない事項については，民事訴訟の例によることとされている（行政事件訴訟法7条）。

　請求の認諾は，当事者の意思による自主的な紛争の解決を認めるものであり，係争利益をその意思で処分することを意味するから，これが認められる前提としては，当事者間でその係争利益を事由に処分できることが必要であるところ，連座訴訟の訴訟物は，被告の被選挙権という公法上の権利の制限にかかるものであり，被告の私法上の処分権限の及ぶ範囲を超えるものであるから，請求認諾の対象にはならないものと解した判決（仙台高判平成7年8月29日裁判例1）は妥当である。広島高裁平成15年11月18日判決（特に争点がなかったため本書の裁判例としては収録していない。）でも同旨の判断がされている。

　このような答弁がなされた場合，その趣旨は，被告が原告の主張する事実を認めるという趣旨とみることが適切である場合が多いことから，裁判所において適切な釈明がなされることが望ましい。

〈裁　判　例〉

① 訴権の濫用の成否

裁判例13-1　☞282頁参照
【候補者等の主張の要旨】
　　　本件訴えは，連座訴訟が提起されなかった今回の衆議院議員総選挙の他県の選挙区における選挙違反と比べて，選挙違反の違反者の社会的地位・社会的影響力・集票能力が格段に低いにもかかわらず提起されたものであり，著しく公平を欠き，正義に反するもので，権利の濫用に当たるから却下されるべきである。

【裁判所の判断の要旨】

　　被告主張程度の事由が存しても，本件が訴権の濫用に当たるとはいえない。

　　付言するに，法251条の3の連座制の導入は，腐敗選挙を候補者等自らの手で一掃させようとするものであるから，仮に他の事案においてその候補者への連座制の不適用が不当である場合があっても，検察官の措置の当否の問題が生じ得ることは格別，それだけでは被告の連座制の適用を免れる理由とはならない。

(裁判例9-1) ☞252頁参照

【候補者等の主張の要旨】

　　選挙犯罪の捜査が公職の候補者等の追い落としのみを目的として恣意的に行われた場合は，当選無効等を求める訴えは法が予定し又は法が内在する制約により許容されないものである。そして，甲らの本件選挙違反事件に対する一連の捜査は同事件を未然に防止することが容易にできたにもかかわらず，これをせず，被告の追い落としだけを目的として，警察の責務を放棄して違法に行われたものであるから，本件訴えは不適法として却下されるべきである。

【裁判所の判断の要旨】

　　検察官は，法221条等の罪を犯し禁錮以上の刑に処せられた者がある場合において，その者が法251条の3第1項に規定する組織的選挙運動管理者等と認定されるときは，当該公職の候補者等であった者の当選が無効となるのであるから，当選無効等の訴訟を提起しなければならない（法211条1項）のであり，したがって，検察官が法221条等の罪を犯し禁錮以上の刑に処せ

られた者が組織的選挙運動管理者等であると判断したうえで法211条1項に基づく訴えを提起している以上，この訴えが不適法なものということは通常あり得ない。もっとも，同項に基づく訴えの提起自体が著しく不公正で，反公益性ないしは極めて強い反規範性を帯び，あるいは検察官の職務犯罪を構成するような極限的な場合を想定すれば，検察官の訴えが訴権の濫用として不適法となる場合があり得ることは考えられないではない。

　証拠によると，司法警察員は，被告への投票を依頼しての供応行為が行われるとの情報を入手し，会合の状況を視察していることが認められるが，このことから直ちに同警察官が供応行為に対して警告を発しなければならないとまではいえないし，被告本人尋問の結果によっても，一連の捜査が被告の追い落としだけを目的として警察の責務を放棄して違法に行われたものであることを認めることはできない。しかも，甲らは，法221条の罪を犯したとして懲役刑に処せられているのであって，本件訴えが訴権を濫用した違法なものと認めるべき証拠は全く存しない。

[裁判例29] ☞360頁参照

【候補者等の主張の要旨】

　被告は，現在80歳であり，次の県議選が執行される平成19年4月には84歳となる。なお，平成19年4月までにY市選挙区について県議会議員の補欠選挙が行われる可能性はない。そのため，被告には，平成19年4月の上記選挙に立候補する意思はなく，また，その可能性もない。そして，公選法251条の3第1項は，その文言からして，当選者の政治からの排除を主眼としているところ，被告は，本件選挙において落選したため，既に政治から排除されている。

そうすると, 被告について, その立候補禁止を求める利益も必要性もないのであり, それにもかかわらず提起された本件訴えは, 訴権を濫用するものであるから, 不適法として却下されるべきである。

【裁判所の判断の要旨】
　　公選法211条1項は, 公職の候補者等の次回選挙への立候補の意思やその可能性などの, その者の個別的具体的な要因を問うことなく, 検察官が同項に定める要件があると認めるときには当該公職の候補者等について同項所定の訴えを提起することを検察官に義務付けているのであるから, 検察官が同項に定める要件があると認めて当該公職の候補者等について提起した同項所定の訴えについては, 当然に訴えの利益が認められ, 適法なものとなるのであり, 被告とされた当該公職の候補者等の次回選挙における立候補の意思や可能性の有無等により, 同利益や必要性の有無が左右されるものではない。したがって, 被告の主張は, その主張自体において失当であって, 到底採用することができない。

② 証拠排除の成否

(裁判例14) ☞ 286頁参照

【候補者等の主張の要旨】
　　甲6号証ないし27号証（甲の供述調書）は, いずれも本件選挙違反事件について作成されたものであり, 当時, 甲は, 同事件で勾留されて取り調べを受けていたが, その内容は, 本件選挙違反事件については単に背景事実に過ぎず, 特に, 取調べの必要はなかったのであり, もっぱら本件行政訴訟を目的とし, その証拠資料収集のために作成されたものであって, その取得過

程において重大な違法があり，証拠として使用することは許されない。また，甲33号証ないし38号証，40号証ないし45号証もＡらの供述調書であり，同様に証拠として使用することは許されない。

【裁判所の判断の要旨】

　　各証拠の内容は，いずれも，買収事件における供与及び受供与の具体的状況のほか，買収に至る経緯，被告の選挙運動組織の実態，選挙運動の実態，買収資金の出所等に関するものであり，犯罪捜査の目的が，犯罪事実の存否だけではなく，訴追の要否を決し，起訴すべき事案については適正な科刑を得るための犯情をも明らかにすることにもあるのであるから，買収等の捜査においては，甲が所属する選挙運動組織の実態，組織の中での甲の役割，組織と候補者との関係，甲と候補者との関係等の犯情に係わる背景事情を捜査により解明すべきことは当然であり，右各証拠内容が買収事犯とは全く無関係の背景事情に過ぎないとは到底認められず，被告の主張はその前提を欠く。

裁判例16-1　☞295頁参照

【候補者等の主張の要旨】

　　検察官は，当初の甲の起訴に際してその職業を秘書ではなく，単に「事務所職員」としていたところ，検察庁上層部から連座制を適用すべしとの指示を受けたため，公訴提起後に同人を初め被告の後援会関係者を取り調べ，供述調書を作成したのであるが，これらは検察官の捜査権限は犯罪捜査のみに使用できるとする検察庁法6条，刑訴法189条，191条，223条に違反し，専ら本件行政訴訟のために捜査権限を濫用して作成されたものであって，極めて違法な行為によって得られた果実といわざるを得ない。民事訴訟におい

ても違法収集証拠は証拠としての適格性を否定すべきであり，このように考えるのが近時の通説である。

　また，甲の警察官調書及び検察官調書は，同人及び同人の弁護人であるJ弁護士と捜査を担当したY警察署のK警部との間に成立した違法な密約に基づいて作成されたもので，書証としての適格性を欠くばかりか，信用性も全くないものである。右密約というのは，被告の本件選挙に関しては，甲以外の選挙違反行為も捜査しているが，同人が逮捕容疑について被疑事実を認めれば，他の選挙違反については捜査はせず，同人の件についても，同人が秘書であるかどうかの詰めの捜査は行わず，連座制の適用はしないというものであるが，このような利益誘導によって作成された供述調書は民事訴訟においても証拠能力を否定すべきである。

【裁判所の判断の要旨】

　① 国権の行使としてなされる裁判所の判断においても，あるいは信義に従い誠実に遂行されるべき当事者の訴訟行為においても，少なくとも重大な違法行為とか著しく反社会的な手段によって取得された証拠を提出し，採用することは，その根拠を信義則に求めるにせよ，法秩序の統一性に求めるにせよ，あるいは違法な証拠収集行為の抑止に求めるにせよ，許されないものというべきである。その意味で，民事訴訟法においても違法収集証拠の証拠能力の否定はあり得るということができる。

　② 本件刑事事件の公訴事実は，被告に使用されてY事務所で勤務していた甲が事前買収を行ったとされるものであるから，同人がどのような立場で被告に使用されていたか等の捜査をすることは，本件刑事事件の背景事情として，事件の全容解明のためには不要なものとは到底いえず，右刑事裁判において証拠として提出されなかつたとしても，そのことから直ちに

当初から本件刑事事件とは無関係に本件の選挙訴訟のためだけに作成されたとまでは認めることはできず、他にこれを認めるに足りる証拠もない。
③　捜査官との密約に関する被告の主張に沿う趣旨の各証拠は、いずれも甲及び被告本人又はこれらに近い関係者により、本訴又は本件刑事事件起訴後にこれらの裁判のために作成、供述されたものであるばかりでなく、証拠によれば、本件刑事事件においても、被告人側から同じ主張がなされたが、結局、右主張は排斥されていることが認められるのであり、右刑事事件や本訴において被告が置かれている状況・立場等をも考え併せると、右各証拠はいずれも信用するに価せず、被告の主張は認めることができない。

裁判例24　☞341頁参照
【候補者等の主張の要旨】
　　原告提出の各供述調書は、取調官の各供述者に対する弁解無視、威迫、寛刑や早期釈放を示唆した利益誘導、健康状態無視、正座などの姿勢の強要、連日の長時間取調べといつた任意性を疑わせる取調べの下で作成されたものであるから、いずれも違法収集証拠であり、証拠能力も信用性もない。
【裁判所の判断の要旨】
　　行政事件訴訟手続においても、証拠調べは民事訴訟の例によるとされていること（行政事件訴訟法7条）からすると、原則として、当事者が提出する証拠には証拠能力の制限はなく、単に証拠の証明力（信用性）が問題となるにすぎないが、ある証拠が著しく反社会的な手段を用いて採取されたものであるとの特段の事情がある場合には、例外的にその証拠は民事訴訟においても違法収集証拠として証拠能力が否定され、当該事件の心証形成の資料とし

て用いることが許されないと解すべきところ、被告が書証として提出した別件刑事事件における甲の証人尋問調書、被告の被告人供述調書、Ａ、Ｂの各証人尋問調書中には、被告の主張に符合する供述部分があり、証人甲もこれに沿う証言をしているが、甲が被告人として起訴された事件において検察官から提出された甲の検面調書や員面調書、及び被告、Ａ、Ｂらの各検面調書は任意性や信用性が争われたにも拘わらず同事件の判決においていずれも違法収集証拠として証拠排除されていないこと、そしてその判断は控訴審や上告審でも維持されていること、右判決書の証拠の標目欄摘示の甲らの各供述調書の内容はその判断内容に照らすと本件で原告が提出した各供述調書の内容と概ね符合するものであることが推認されることなどを総合すると、被告提出の証拠の中の前記供述部分や証人甲の前記証言部分をそのとおりに信用することはできず、他に右特段の事情を認めるに足りる証拠もないので、証拠能力を制限すべきであるとの被告の主張は採用できない。

　被告は、更に、原告提出の各供述調書は証拠能力があるとしても、被告の主張に符合する被告提出証拠と比べると、信用できない旨主張していると解されるが、確かに甲は逮捕された当時体調を崩していたことが窺えるが、甲は、供述調書には言っていないことは書かれていないとか、考え方の違いはあるが納得していましたとも述べており、その供述は全体として曖昧であって、当審での証言を併せ考慮したとしても、同供述より捜査段階での各供述調書の供述の方が信用できるというべきであり、被告やＡ、Ｂの各供述にしても、公判廷の供述と捜査段階での供述調書の各供述内容と比べると、後者の方が信用性が高いといわざるを得ない。

裁判例26-1　☞349頁参照

【候補者等の主張の要旨】

　原告の提出する本件各証拠は，そのほとんどが本件選挙犯罪における捜査段階での供述調書であり，被告の反対尋問を経ていないものであって，その点において証拠価値の低いものであり，そのような書証を証拠として本件訴訟の事実認定に供するのは不当である。

【裁判所の判断の要旨】

　捜査段階における供述調書が，選挙関係行政訴訟において，一般に事実認定に供することができないほど証拠価値が低い証拠であるというべき根拠は全くなく，かえって，本件において提出されている供述証拠のほとんどが刑事裁判の証拠として提出され，刑事訴訟の厳格な手続きのもとでその任意性・信用性が吟味され肯定された書証であると認められるから，格別の事情がない限り，本件において原告側証拠として提出されている本件刑事事件の供述調書の信用性が低いと評価することはできないと解すべきところ，被告提出の証拠や甲及び被告の当審法廷供述によっても，本件刑事事件の供述調書の信用性に疑義を差し挟むべき特段の事情は窺えない。甲及び被告は，当審法廷供述において捜査機関による取調の過酷さを供述しているが，本件に提出された甲の本件刑事事件における供述調書は，本件選挙運動の具体的な進行状況，後援会及び本部事務局の役員らの動向並びに事務局内部の状況等極めて具体的かつ詳細なものであって，その記載内容等に照らしてそれらが捜査官の不当な誘導や押しつけによって作成された虚偽の内容のものであると解することはできない。

③ 請求認諾の可否

裁判例1 ☞225頁参照

【裁判所の判断の要旨】

　　　被告提出の答弁書には，請求を認諾する旨の記載があるが，本件訴訟物は，被告の被選挙権という公法上の権利の制限にかかるものであり，被告の私法上の処分権限の及ぶ範囲を超えるものであるから，請求認諾の対象にはならないものと解するのが相当である。

収録裁判例の事案の概要

事案 No.1

裁判例No.1

仙台高等裁判所民事第1部平成7年8月29日判決（請求認容）

行政事件裁判例集46巻8・9759頁
判例時報1549号3頁
判例評論449号174頁

判決主文

被告は，本判決が確定した日から5年間，Y選挙区において行われるX県議会議員選挙において，その候補者となり，又は候補者であることができない。

訴訟費用は被告の負担とする。

事案の概要

被告は，平成7年4月9日施行のX県議会議員一般選挙（以下「本件選挙」という。）にY選挙区から立候補したが，落選した。被告は，平成6年9月上旬ころ，妻である甲に対し，本件選挙に立候補したいとの意向を打ち明け，その了承

と協力を頼んだところ、甲から選挙資金として1,000万円を準備するとともに、被告を本件選挙に当選させるため、できる限りの選挙運動をすることの内諾を得たことから、これに立候補する決意を固め、ここに甲は、被告のため選挙運動をすることにつき被告と意思を通じた。甲は、そのころ、被告とともに、乙方に対し、右選挙運動の母体となるべき後援会の組織作りとその事務局長への就任を依頼し、さらに、同月下旬ころ、被告を伴い、A方に対し、被告のためS地区の票固めを依頼した。Aは、これに応じ、2回にわたり、それぞれ十数名の選挙人を集めて宴席を設け、甲は、その場で選挙人に選挙運動を依頼した。甲は、このほか、被告を支持する婦人ら数十名の選挙人が集まった集会に被告を伴って出席し、参加者らに対し、被告ともども選挙運動を依頼した。

　甲は、本件選挙に際し、Y選挙区において被告に当選を得させる目的で、乙と共謀の上、立候補届出前の平成7年3月、同選挙区の選挙人で、かつ、被告の選挙運動者3名に対し、いずれも選挙運動をすることの報酬等として、それぞれ現金30万円を供与したとの法221条1項1号等に違反する罪により、同年6月14日、懲役1年6月（5年間執行猶予）に処する旨の判決を受け、この裁判は、同日確定した。

事案 No.2

裁判例No.2
仙台高等裁判所第2民事部平成7年10月9日判決（請求認容）

高等裁判所民事判例集48巻3号231頁

行政事件裁判例集46巻10・11号873頁

判例時報1549号5頁

判例タイムズ897号85頁

判例地方自治145号26頁

法律のひろば49巻3号50頁

判決主文

平成7年4月9日施行のX県議会議員一般選挙における被告の当選は，これを無効とする。

被告は，本判決が確定した日から5年間，Y選挙区において行われるX県議会議員選挙において，候補者となり，又は候補者であることができない。

訴訟費用は，被告の負担とする。

事案の概要

1 被告は，平成7年4月9日施行されたＸ県議会議員一般選挙（以下「本件選挙」という）において，Ｙ選挙区（以下「本件選挙区」という）から立候補して当選し，同県議会議員として在職している。

2 被告は，昭和58年にＸ県議会議員の選挙で初当選し，以後，昭和62年と平成3年の選挙で再選された。本件選挙には，有力な新人の立候補が予想されたため，被告は，一時は立候補を断念しかけたが，結局，立候補することを決意し，平成6年秋ころ，その旨を甲に伝えた。

3 甲は，昭和58年ころ作られた被告の後援会「Ｋ会」の常勤職員であり，乙は，被告の配偶者である。Ｋ会は，選挙がない時には，親睦行事を行ったり，会報を作る程度しか活動しないが，選挙が近づくとその組織を利用した選挙対策組織を作り，被告を当選させるための運動を展開していた。Ｋ会の本部事務所は，被告の自宅と棟続きの「Ｋ会館」に置かれ，Ｋ会には，本部のほか，各町村単位に総括支部，その下に地区支部，さらにその下に部落支部が置かれ，それぞれ総括支部長や，支部長が置かれていたが，総括支部は選挙の際，選挙運動の拠点となる選挙対策連絡所の責任者（総括支部長）を決めるだけの存在にすぎず，部落支部も普段は実体のない存在であった。

平成7年当時Ｋ会の常勤職員は甲だけであり，甲は，昭和55年に被告の経営する株式会社Ｋ砂利の事務員となり，昭和60年3月に同会社を退職後，Ｋ会の職員となったが，選挙がないときは，株式会社Ｋ砂利の電話番のようなことをしていた。

4 昭和58年と昭和62年の選挙では，Ａがいわゆる選挙参謀となっていたが，平成3年の選挙の際に，Ａが高齢を理由に，参謀役を引退し，甲が選挙参謀役を

務めることになった。同選挙に際し、甲は、自ら選挙対策組織作りをしたり、票読みやそれに基づく選挙運動の計画を立て、運動員を指揮する立場になったが、独断専行と見られるのを避けるため、Ｋ会の役員会に意見を提案し、その承諾を得てから事を進める形をとっていた。しかし、Ａの引退後は、Ｋ会には、選挙運動に精通している者が甲しかいない状態になったため、甲が役員会に提案したことはそのまま承認されるのが実情であり、甲は、その承認を受けたことを、直接あるいは乙を介して被告に報告しながら選挙運動を進め、被告は、このようにして決められた選挙運動の方針に従って行動していた。これら選挙運動の資金の管理は被告の妻である乙が行っており、甲は全く関与していなかった。

5　甲は、本件選挙に際して、年が明けてから選挙対策組織作りをしようと考え、平成６年12月ころ、その方針をＫ会の役員に伝え、平成７年１月中旬、甲は、Ｋ会の役員会招集に先立ち、Ａに選挙運動の大まかなスケジュールを作ってもらい、同月19日、本件選挙に向けてのＫ会の第１回役員会が開かれ、選挙活動が開始されたが、同日の役員会では、選挙の総括責任者を前回と同じくＢに頼むことが決まっただけで、各人の具体的な役割分担を決めるのは甲に一任された。

その後、甲は、前回の選挙の際の組織等を参考にして、総務、庶務、街宣、ポスター等の８つの役割分担とその担当責任者を決めた「選挙対策組織図」を作り、同年２月上旬の２回目の役員会でそのまま承認された。右組織図に出てくる者で、役員会に出席していなかった者については、甲が個別に協力を要請し、選挙対策本部長兼総括責任者となる予定のＢについては、被告自身が就任を要請し、その了解を取り付けた。また、Ｋ会の支部単位の組織については、甲が人選し、同年１月下旬から２月上旬にかけて個別にその了解を得た。連絡所

は実質は被告の選挙対策事務所である。連絡所は，原則として各町村に1ヶ所ずつ，Z町だけは2ヶ所に置かれており，今回はそれに加えてS地区にも連絡所が設けられることになり，S地区の連絡所の設置については，費用もかかることから，甲は事前に乙の了解を得ていた。また，甲は，本件選挙の選挙運動について，個人演説会を中止し，その分，街宣活動に力を集中するという方針を打ち出し，第2回役員会でその運動方針について了承を得た。これら選挙対策本部の役割分担と担当責任者の決定，K会の総括支部長兼連絡所の責任者の人選，選挙運動方針の決定等についても，甲から直接あるいは乙を介して被告に報告されていた。

6　本件選挙においても，資金面の管理は乙が担当することになり，乙は，平成7年2月下旬以降，被告が所属政党からの公認料や支援者からの陣中見舞として受領した現金をその都度被告から預かり，これを必要の都度支出していた。甲は，各連絡所で必要とする事務所の経費については，原則として後払いとし，各連絡所の責任者に立替払いをしてもらった場合も含めて，投票日のあとに請求書や領収証を添えて請求するように依頼し，その旨を各責任者らに指示していたが，投票日前に請求され，その請求を乙に取り次いで金を預かり，それをこれらの責任者等に支払う場合もあった。なお，出納責任者は，選挙管理委員会に報告する収支報告などの書類の作成に署名押印するだけの存在であり，実際の資金の収支管理は乙が行っていた。

7　各連絡所の事務所開き等の日程も，甲が決めて各連絡所の責任者に指示し，甲は，各事務所開きに際し，K会の各役員らに出席を依頼して，挨拶と被告への投票呼掛けをしてもらったほか，被告にも事務所開きの際の挨拶を要請した。被告本人の都合がつかなかったときは，乙に挨拶に出掛けてもらうことにし，乙は，当初渋っていたが，結局，甲に説得されて集まった支援者の前で挨拶を

した後，数軒の有権者の自宅を訪問し，被告への投票を依頼した。

　甲は，同年2月下旬から3月上旬ころにかけ，被告の支持者から，他の陣営では，候補者本人が有権者の家を回って支持を集めているので，せめて被告の妻に有権者の家を回るようにしてほしいとの要請を受け，乙は最初は尻込みしていたが，再三の要請があったことや，被告に相談したところ，被告からもそれ位はするようにと言われたため，これに応じることとし，同月上旬，有権者50ないし60軒位を回り，被告への投票を依頼した。また，乙は，やはり甲の要請で，同年3月27日，Z町の2ヶ所の公民館で，被告への投票を呼び掛けたほか，同月31日の告示日に神社で被告が選挙運動の第一声をあげた際，被告の隣に付き添い，集まった聴衆に頭を下げ，被告への投票を依頼した。

8　同年3月14日か15日ころ，Z町のT連絡所の責任者であったCから甲に，連絡所を設置すると何かと金がかかるので，本部の方で面倒をみてほしいとの電話があり，甲は，Cが要求している金は，連絡所に集まる人に飲み食いさせる費用や，各地区の有権者に働き掛けてもらうことについての謝礼であろうと思ったものの，連絡所に地域の有権者を集めて被告への投票を依頼する際には，酒食のもてなしは欠かせないとの認識や，厳しい選挙戦となることが予想される状況下でこの要求を断れば得票にも響きかねないとの判断から，要求を呑むほかないと考え，Cからの電話を乙に伝えるとともに，どうすべきかと相談する乙に，要求どおりに金を出さざるをえないのではないかと話した。そこで，乙も，甲の考えに同調し，同月16日，自宅において，甲が案内してきたCとT連絡所の責任者のDの2人に，被告への投票及び投票取りまとめ等の選挙運動をすることの報酬としてそれぞれ現金10万円を供与するとともに，Cを通じ，同月17日，U地区の連絡所の責任者であったEに，同様の趣旨で現金7万円を供与した。

9　甲及び乙は，前記8のCおよびDに対する各10万円，Eに対する7万円の現金供与について，法221条1項1号等の罪を犯したとして起訴され，同年6月6日，右の罪により，いずれも懲役1年2月（執行猶予付）に処せられ，それらの刑は同月21日確定した。

事案 No.3

裁判例No.3
広島高等裁判所松江支部平成7年10月27日判決（請求認容）

判決主文
　被告は，この判決が確定した時から5年間，X県Y町議会議員選挙において，候補者となり，又は候補者であることができない。
　訴訟費用は被告の負担とする。

事案の概要
1　被告は，平成7年4月23日施行のX県Y町議会議員選挙（以下「本件選挙」という。）に立候補して当選し，同町議会議員の地位にあったが，同年6月22日辞職した。
2　甲，乙及び丙は，本件選挙に当たり，同年3月初旬頃，本件選挙に立候補する決意を有していた被告を当選させるために，Y町S地区住民で構成する組織により選挙運動を行うことについて，被告と意思を通じて，同月上旬頃から右組

織により選挙運動を行った。
3　甲は，右組織による選挙運動において，当該選挙運動の計画の立案，選挙運動に従事する者の指揮監督等を行った者で，法251条の3第1項にいう「組織的選挙運動管理者等」に該当する者であった（編注：本件ではこれらの点については争われなかった。）。
4　甲は，本件選挙に際し，①同年3月上旬ころ及び同年4月上旬ころの2度にわたり，被告から，被告への投票並びに投票取りまとめ等の選挙運動をすることの報酬等として供与されるものであることを知りながら，各現金30万円（合計60万円）の供与を受け，②乙及び丙と共謀の上，被告に当選を得させる目的をもって，立候補届出前の同年3月23日から4月22日にかけて，4度にわたり，同選挙の選挙人のべ77名に対し，被告への投票並びに投票取りまとめ等の選挙運動を依頼してその報酬等として，1人当たり1,123円ないし2,030円相当の酒食の供応接待をしたなどとの，法221条1項1号，4号の罪を含む罪を犯し，平成7年7月14日，右罪により，懲役1年6月（執行猶予5年）に処せられ，この判決（以下「本件有罪判決」という。）は同月29日確定した。
5　被告は，平成7年7月14日，法221条1項1号の罪を含む罪，すなわち，「被告は，本件選挙に立候補する決意を有していた者であるが，自己の当選を得る目的をもって，立候補の届出前において，同年3月上旬ころ及び同年4月上旬ころ，本件選挙の選挙人で，かつ，被告の選挙運動者である同人に対し，被告への投票並びに投票取りまとめ等の選挙運動を依頼し，その報酬等として現金各30万円（合計60万円）を供与し，一面において立候補届出前の選挙運動をした。」との罪により懲役1年6月（執行猶予5年）に処せられ（なお，被告が選挙権及び被選挙権を有しない期間を短縮する旨の宣告はなかった。），この判決（以下「被告有罪判決」という。）は同月29日確定した。

6　被告有罪判決確定の結果，被告は，法252条2項により，確定後刑の執行を受けることがなくなるまでの間，法に規定する選挙権及び被選挙権を有しないこととなった。

事案 No. 4

裁判例No. 4
大阪高等裁判所第2民事部平成7年11月7日判決（請求認容）

判決主文

　被告は，本判決確定のときから5年間，Y選挙区において行われるX県議会議員選挙において，候補者となり，又は候補者であることができない。

　訴訟費用は被告の負担とする。

事案の概要

1　被告は，平成7年4月9日施行のX県議会議員選挙にY選挙区から立候補し落選したものである。

2　被告は，平成6年10月2日ころ，妻である甲に対し，本件選挙への立候補の意思を打ち明けて協力方を依頼したところ，甲においてこれを了承した上，被告を当選させるため選挙運動に従事することを決意し，ここに甲は，被告のために選挙運動をすることにつき，被告と意思を通じた。

　被告は，同月末ころ，甲と相談した結果，選挙資金として被告の退職金995

万円を充てること，及び甲が選挙関係の実質上の会計責任者として会計事務に携わることを決定し，以後甲において，被告から現金を預かり保管して，選挙運動の支出に充てるとともに，被告の指示に基づき，同年12月中旬ころから同7年4月上旬ころにかけて，被告の選挙事務所開き及び被告の開催する集会等の会合に出席し，あるいはY選挙区の選挙人方を戸別訪問した上，被告への投票方を依頼するなどして，選挙運動に従事した。

3 甲は，本件選挙に際し，被告に当選を得させる目的で，立候補の届出前の平成7年3月上旬ころから同月13日ころの間，2度にわたり，同選挙区の選挙人であるA及びBに対し，被告のために投票及び投票のとりまとめ等の選挙運動をすることの報酬として現金合計25万円を供与した。

また，甲は，丙が被告のために投票及び投票のとりまとめ等の選挙運動をしたことの報酬とする目的で，本件選挙後の同年4月10日，右駐車場において，Bに対し，現金10万円を供与した。

4 甲は，平成7年7月19日，前記3の各事実が法221条1項1号等の罪に当たるとして，懲役1年（執行猶予3年）に処せられ，その刑は同年8月3日に確定した。

事案 No.5

裁判例No.5

東京高等裁判所第7民事部平成8年1月16日判決（請求認容）

判例時報1563号76頁

判決主文

　被告は，本判決が確定した時から5年間，Y市において行われるY市議会議員選挙において，候補者となり，又は候補者であることができない。

　訴訟費用は被告の負担とする。

事案の概要

1　被告は，昭和60年からY市役所に事務職員として勤務していたが，平成7年2月中旬ころ，Y市の助役や知り合いの市議会議員から，被告の妻である甲の実家のある同市S地区を地盤として本件選挙に立候補することを勧められて，その意思を固め，これを甲や同人の父A，被告の父Bに打ち明けたところ，同月末ころまでの間にその協力が得られることになり，さらに，同年3月5日，S地区の推

薦候補者を選考していたK党S支部，L協会S支部等10団体の連絡会であるS地区懇談会から推薦を受けることができ，支援を得られることになったことなどから，同月7日，Y市役所を退職して本格的に選挙運動の準備活動に入った。そして，本件選挙に立候補して当選したが，後記の選挙犯罪により甲らが逮捕されたことから，同年5月23日，Y市議会議員を辞職した。

2 甲は，前記のとおり，被告から本件選挙に立候補したいと打ち明けられて，当初は反対したが，間もなく被告の当選に向けて協力することを了承し，そのころ，被告から任されて選挙資金の管理を始めたほか，被告と相談したうえ，多数の選挙人に向けて被告の顔写真，政策等を登載したリーフレット，後援会入会申込書等を郵送することを計画し，同年3月1日には，印刷業者に右リーフレットの印刷を注文し，同月2日，右リーフレットに登載する被告の顔写真を撮影するのに立ち会い，同月4日，右リーフレットや後援会入会申込書を郵送するための選挙用名簿の作成等に使用するパーソナル・コンピュータを購入し，同月9日ころから，アルバイトを使って，自宅の一室で既存の名簿，電話帳等から住所，氏名，電話番号等を抽出して右選挙用名簿の作成作業をするなどして，選挙運動の準備活動を行った。また，甲は，それまで入院中の被告の祖母Cの付添いをしていたが，そのころ，付添いを離れて選挙運動の準備に専念する旨を被告に申し出て，その了解を得た。

3 被告と甲は，平成7年3月11日，推薦候補者の紹介と挨拶を目的として招集されたS地区懇談会の会合に出席して，同会合に出席していた約30ないし40名の選挙人の前に並んで立ち，被告において，S地区懇談会からS地区の候補者に推薦されたことに感謝の意を表するとともに，当選後はS地区の窓口となって働く意欲のあることを披瀝して，被告への支援を懇請する趣旨の挨拶をし，さらに，甲において，同人の母Iとともに茶菓子を提供して出席者の接待をし

た。

4　被告は，突然立候補を決意した新人で，知名度も地盤もなく，後援会もなかったので，まず，身近の親戚，市役所の職員，知人等の家を訪問して退職の挨拶をすることにより，選挙の際の被告への投票や支援を得ようとして，そのことを甲と話し合ったうえ，同月7日ころから同月11日ころまでの間に，甲とともに，選挙人である甲の親戚の家5軒を順次戸別訪問して，G，Hらと会い，Y市役所を退職したがこれからもよろしくと言って挨拶をした。また，被告は，同月12日の夜，甲とともに，選挙人である市役所職員と知人の家11軒を順次戸別訪問して，このうちEとFについては，被告と甲の両名で会い，そのほかは被告だけが相手に会って，同様の挨拶をした。

5　甲が挨拶をしたG，H，E及びFは，いずれも，被告が本件選挙に立候補するためY市役所を退職したものであることを知っていたので，被告と甲の挨拶が本件選挙の際の被告への投票及び投票の取りまとめを依頼する趣旨であるものと了解したうえで応対した。

6　甲は，Aと共謀のうえ，本件選挙に際し，被告に当選を得させる目的をもって，立候補届出前である同年3月13日，前後9回にわたり，選挙人9名に対し，被告のための投票及び投票取りまとめ等の選挙運動をすることを依頼し，その報酬等として現金10万円をそれぞれ供与する旨の申込みをしたなどとの，法221条1項1号等の罪を犯し，同年7月10日，この罪により，懲役1年（執行猶予4年）の刑に処する旨の判決を受け，右判決は同月25日確定した。

事案 No.6

裁判例No.6－1
東京高等裁判所第14民事部平成8年1月18日判決(請求認容)

行政事件裁判例集47巻1・2号1頁

判例時報1563号76頁

裁判例No.6－2
最高裁判所第2小法廷平成8年6月17日判決(上告棄却)

判決主文 裁判例6－1

　平成7年4月9日施行のX県議会議員一般選挙における被告の当選は、これを無効とする。

　被告は、この判決確定の日から5年間、Y市選挙区において行われるX県議会議員選挙において、その候補者となり、又はその候補者であることができない。

訴訟費用は被告の負担とする。

判決主文 裁判例6－2

本件上告を棄却する。

上告費用は上告人の負担とする。

事案の概要

1　被告は，平成7年4月9日施行のX県議会議員一般選挙（以下「本件選挙」という。）において，Y市選挙区から立候補して当選し，同県議会議員として在職している。

2　被告は，昭和50年代の初めころからS地区の選挙区から選出されてY市議会議員を4期務めていたものであるが，平成5年8月に当時Y市選挙区からX県議会議員に選出されていたAがY市長選挙に立候補することになり，その補充のために県議会議員Y市選挙区の補欠選挙が行われ，被告はこれにAの後継者として立候補し，無投票で当選した。

被告は，そのころから，引き続き県議会議員となるべく，来るべき本件選挙にもY市選挙区から立候補する決意をしていたが，そのためには従来のS地区のみの後援会活動では足りず，選挙区となるY市全域に後援会組織を浸透させる必要があると考えていた。

3　被告が主宰する社会福祉法人K会は遅くとも平成6年1月以降甲を雇用していた。被告の常設の後援会事務所は，被告が主宰するK会の経営にかかるL保育園（その園長は被告である。）内の1室が当てられており，被告が甲を使用するに至ったのは，保育園の用務員としての側面も存するものの，被告の議員秘書としての側面もあり，そのため被告は雇用した当初から甲に対して，K会の用務員としての給与10万円余のほかに，議員秘書としての給与20万円を支払い，かつ，甲に被告の議員秘書である旨を記載した名刺を使用させ，被告は，甲が

被告の秘書である旨の名刺を使用することを許容していた。

　甲は，平成5年8月の補欠選挙の際，被告の選挙事務所を手伝ったことはあるものの，議員秘書の経験はなかった。そこで，被告は，Bに対して「甲を頼む。」として，暗に秘書としての仕事を教え，協力してくれるよう要請した。

　甲は，平成7年1月以降，Bに秘書としての仕事のやりかたを教わりながら，被告のため，被告の行動予定を管理し，住民の慶弔を把握してこれを被告に伝え，必要の都度慶弔電報を打ち，可能な限り車を運転して被告と行動を共にし，被告の後援会等会合の開催場所の予約やその費用の支払事務を行い，被告が出席できない市主催の社会福祉大会等に被告の名代として出席して被告の議員としての挨拶状を代読し，政治団体として届出のある被告の後援会の収支報告書を作成して提出し，本件選挙に際して選挙管理委員会に立候補届出のために出頭する等の行為をしてきた。

4　X県議会議員のY市選挙区の定数は2人であるところ，平成6年8月ころまでは，本件選挙の同選挙区の立候補者は，被告を含めても2人で，無投票で当選するのではないかと予測されていたところ，同年10月ころには，さらに1人の立候補が確実となり，被告は，俄かに選挙での票の獲得が不可欠と認識し，被告の側近としての甲も，当然このことを認識した。

　被告は，前記のとおり，補欠選挙では無投票当選であったため，Y市全域を選挙区とする選挙の経験はなく，また，無投票当選がうわさされていたためもあって，後援会も名目はあっても実質的な組織化ははかどっていない状況にあった。

　被告は，本件選挙で当選するためには，急遽後援会をY市内全域に展開する必要があると考え，Aの後援会であるA会の例に倣い，市内を10の後援会支部に分かち，A会の主だった人に各支部の役員を委嘱することとし，甲と共に各

後援会支部の設立に奔走した。

　Ａと被告は所属政党を同じくしていたものの，Ｙ市選挙区から被告の外にも同党からの立候補者が予定されたため，Ａ会の主だった人に被告の後援会の支部役員を頼んでも，すぐに引き受けてくれるとは限らず，Ｔ支部のＣのように甲が再三足を運んでやっと支部長を引き受けてくれるところもあり，甲が各地区の主だった人の集会に出向いて選挙の協力方を依頼し，その支部の役員を決定できるところもあった。

　各支部の体制が概ね整った平成６年10月下旬ころから平成７年２月ころまでの間に，被告は，後援会，同幹部会，励ます会等本件選挙での票固めのための会合を頻繁に開催し，甲が，開催場所の確保等の準備，秘書名義の案内状の発送等をし，また会合における選挙への協力依頼をするなどした。

　甲は，平成７年１月下旬ころ，Ｙ市Ｕ町に選挙事務所とするための事務所を確保し，ここに電話を架設し，選挙に必要な備品を搬入するなどの準備をし，同年２月６日ころ同所に被告の後援会の支部長を集めて事務所開きをし，この際後援会の幹部及び支部長に票の取りまとめのための現金の供与をした。

　被告は，同年２月下旬ころ甲とは別に運転手を雇い，以後運転は専らその者にさせ，甲は事務所の運営に専念した。

5　甲は，本件選挙で被告に当選を得させる目的で，平成７年２月６日ころ法221条１項１号の罪を犯したとして，起訴され，平成７年８月18日懲役２年（執行猶予付き）に処せられ，右刑は同年９月２日確定した。

事案 No.7

※候補者が法210条に基づき提起した訴訟

裁判例No.7－1
福岡高等裁判所第3民事部平成8年2月15日判決（請求棄却）

裁判例No.7－2
最高裁判所第1小法廷平成8年7月18日判決（上告棄却）

裁判所時報1176号1頁

判例時報1580号92頁

判例タイムズ921号106頁

平成8年度主要民事判例解説（判例タイムズ臨時増刊945号）370頁

判例評論459号189頁

判決主文 裁判例7－1

原告の請求を棄却する。

訴訟費用は原告の負担とする。

判決主文 裁判例7－2

　　本件上告を棄却する。
　　上告費用は上告人の負担とする。

事案の概要

　原告は，平成7年4月9日施行のX県議会議員選挙（以下「本件選挙」という。）にY選挙区（以下「本件選挙区」という。）から立候補して当選人となった。本件選挙において原告の出納責任者であった甲は，ほか数名と共謀のうえ，同年4月8日，原告のために選挙運動をしたことの報酬とする目的をもって，原告の選挙運動者18名に対し，現金合計157万5,000円を供与したとして，平成7年7月28日，法221条3項3号，同条1項3号により，懲役1年6月（執行猶予5年）の刑の宣告を受け，右裁判は，同年8月12日に確定した。

　裁判所は，検察官の申立により，原告に対し，法254条の2第1項に基づき，選挙犯罪による処刑の通知をし，原告は，同年8月15日，右通知を受領した。原告は，法210条1項の規定により，原告の当選が無効とならず，また，立候補が制限されることとならないことの確認を請求した。

事案 No. 8

裁判例No.8 - 1
高松高等裁判所第4部平成8年5月31日判決（請求認容）

裁判例No.8 - 2
最高裁判所第3小法廷平成8年11月26日判決（上告棄却）

判決主文 裁判例8-1

　被告は，本判決が確定したときから5年間，Y選挙区において行われるX県議会議員選挙において，候補者となり，又は候補者であることができない。

　訴訟費用は被告の負担とする。

判決主文 裁判例8-2

　本件上告を棄却する。

　上告費用は上告人の負担とする。

事案の概要

1　被告は，昭和42年4月から平成7年4月まで，連続して7期28年間にわたり

X県議会議員であったが，平成7年4月9日施行のX県議会議員選挙（以下「本件選挙」という。）にY選挙区から立候補して，落選した。

2　被告の後援会組織として，K会が，昭和51年9月，政治資金規正法6条1項の規定に基づき，X県選挙管理委員会に政治団体として届け出られており，その主たる事務所は，被告の妻所有となっているZ町内のK会館内に置かれていた。

K会の下部組織として，Y選挙区内の各町にK会がおかれ，そのうちZ町K会（以下，「本件後援会」という。）は，被告の住居地がZ町で，役員構成及び事務所の所在場所からして，K会の中心となっていたが，Y選挙区が無風選挙区であったため，ほとんど活動らしきものはしていなかったし，会費も徴収していなかった。

3　ところが，平成6年9月ころ，X県議会議員のY選挙区の定数2を1とすることが県議会で可決されたため，被告は厳しい選挙を迎えることが予想された。

また，被告が，このころL党を離党してM党に入党し，「M党X県連」を旗揚げし，その代表者となったため，L党支持の会員が本件後援会から多数脱会し，本件後援会の組織が壊滅的な状況に陥り，被告は，その建て直しのため，同後援会の会長としてAに，幹事長としてBに，幹事長代行として甲にそれぞれその就任を依頼し，その承諾を得た。

4　平成7年1月22日施行のX県知事選挙に際し，Cが，M党等の推薦を受けて立候補を表明し，被告は，C後援会の事務長に就任したが，同知事選挙で，Cは大敗した。本件後援会のA会長，B幹事長及び甲幹事長代行は，知事選の結果が被告の県議選に直結することから，Cを応援したが，Y選挙区内でCの得票が予想外に少なかったため，このまま被告の選挙を戦ってもうまくいかないと懸念し，辞意を申し出たが，平成7年2月初旬ころの本件後援会の役員会で辞

任は認められず，A，B及び甲が引き続きその職務を行うことが確認された。
5 心機一転した右幹部らは，同月19日の本件後援会の役員会で，副会長，幹事の役員及び各地区の支部長を選出し，同役員会を，10日に1回位の割合で開催し，選挙情勢等の検討，選挙運動の計画・立案をし，甲及び幹事の丙もこれに出席していた。
6 被告は，同月下旬，支持者約150～160名を前にして本件選挙に立候補する意志を表明した。
7 甲は，幹部の中では若く，本件後援会青年部組織の建て直しを図ることを決意し，同月中旬ないし下旬ころ，丙及び乙と相談し，青年部役員の人選を進めた。

　乙は，以前商工会の役員を務めたほか，長年ボランティアグループのリーダーをし，また，スポーツ活動にも熱心に取り組み，若い者から信望があり，同月22日ころ，被告から直接選挙運動の協力を求められ，これを承諾した。

　丙は，8，9年前に被告に世話になったことがあり，以後被告を積極的に応援してきた者で，甲とは個人的なつき合いがあり，気心の知った仲であった。
8 甲，丙らは，同月26日，本件後援会の青年部の役員会を開催し，若者を青年部に多く結集するため，信望のある乙を部長に，実質的に活動の中心となる丙を副部長とすることを決めるとともに，各地区の役員も決定した。

　同席で，丙は青年層の有権者名簿を各地区役員に配り，各地区ごとに被告と対立候補者との支持別に色分けをして各支部長に報告すること，青年部の運動員を選抜すること，若者に被告への投票依頼をすること等，選挙運動のマニュアルを文書等で指示した。被告も一時同席して支援を要請し，甲も被告支援の挨拶をした。
9 甲は，同月中旬，知人に選挙情勢調査を依頼し，被告に不利な選挙情勢を把握

し，苦戦を強いられている被告を当選させるため，青年部の会員を1人でも多く獲得し，若者票を集めるため，丙及び乙らに金銭の供与を行い，丙及び乙も，同趣旨で各地区役員らに金銭の供与を行った。これらの買収資金は，甲と丙が準備したもので，丙は，買収リストを作成し，乙と相談して乙に一部買収行為を依頼した。

　甲は，右の選挙運動の他，各部落総会で，被告の部落推薦をもらえるように，本件後援会の役員を通じて各部落の区長に対し頼んだり，自己の経営する会社の女性に対し本件後援会の婦人部の役員になるように頼んだりした。

10　同月末ころ，A会長及び被告の連名で，本件後援会の事務所開きの通知が後援会員らに発送され，同年3月4日，約150名の支持者を集めて事務所開きが開催され，Aが本件後援会組織を挙げての被告への支援を呼びかけ，被告も自己への支援を要請する挨拶を行った。

　以後，A，甲及び丙はほぼ連日，乙は週3日位事務所に詰め，選挙運動者を指揮，監督し，甲は乙に，若者を事務所に出入りさせ事務所を活気付かせるように指示した。

　同月31日，本件選挙が告示され，被告の出陣式において，乙は，頑張ろうのシュプレヒコールをした。

11　乙及び丙は，被告の出席した青年部の集会の開催を計画立案等を行い，同月25日にZ町内等で，いずれもD代議士を呼び，多くの若者を集めて青年部の集会を開催し，被告への支援を要請した。被告も右各集会で自己への支援を要請した。

12　甲，乙及び丙は，いずれも，本件選挙に際し，被告を当選させる目的で，法221条1項の罪を犯したとして起訴され，平成7年8月29日，右の罪により，甲は，懲役10月（執行猶予付）に，乙は，懲役8月（執行猶予付）に，丙は，懲

役1年（執行猶予付）に，それぞれ処せられ，それらの刑は，いずれも同年9月13日，確定した。

事案 No.9

裁判例No.9－1
仙台高等裁判所第3民事部平成8年7月8日判決（請求認容）

高等裁判所民事判例集49巻2号38頁

行政事件裁判例集47巻7・8号563頁

判例時報1583号48頁

判例地方自治161号44頁

法律のひろば50巻1号48頁

裁判例No.9－2
最高裁判所第1小法廷平成9年3月13日判決（上告棄却）

最高裁判所民事判例集51巻3号1453頁

裁判所時報1191号13頁

判例時報1605号16頁

判例タイムズ944号83頁
判例地方自治164号50頁
判例評論467号181頁
選挙時報46巻4号17頁，同10号1頁
月刊法学教室205号112頁，同210号別冊（判例セレクト'97）6頁
民商法雑誌117巻6号80頁
ジュリスト1119号135頁
平成9年度主要民事判例解説（判例タイムズ臨時増刊978号）276頁
平成9年度重要判例解説（ジュリスト臨時増刊1135号）26頁

判決主文 裁判例9－1

平成7年4月9日施行のX県議会議員一般選挙における被告の当選は，これを無効とする。

被告は，本判決が確定した日から5年間，Y市選挙区において行われるX県議会議員選挙において，公職の候補者となり，又は公職の候補者であることができない。

訴訟費用は被告の負担とする。

判決主文 裁判例9－2

本件上告を棄却する。

上告費用は上告人の負担とする。

事案の概要

1　被告は，平成7年4月9日施行のX県議会議員一般選挙（以下「本件選挙」という。）にY市選挙区から立候補して当選し，現在，同県議会議員に在職中のものである。

2　株式会社K（以下「本件会社」という。）は，住宅の建築工事請負等を目的とし，Y市内に本店のほか，P店（P営業所，本店に併設），Q店（Q営業所）及びR店（R営業所）を有する株式会社であり，平成4年7月，甲が代表取締役に就任した。

3　被告は，本件選挙までに，X県議会議員を4期務めていたものであるが，本件会社では，被告が代表取締役をしている株式会社Lとの間で不動産取引をしていたことや，同会社から不動産に関する情報を得ていたことなどから，X県議会議員である被告を，本件会社が年2回主催するゴルフコンペに招待し，被告もこれに応じて本件会社の代表取締役らとともにプレーしていたが，本件会社がゴルフコンペに招待していたX県議会議員は被告唯一人であった。また，本件会社では，工事等に関するX県あるいはY市の許可や検査等が遅延した際には，同社S部次長（のちT部次長）であった丙を通じて，被告にその促進方についての口添えを願い出たりしており，被告も，同社に特定の女子の新規採用を依頼するなどしていた。

4　甲は，平成7年1月下旬ころ，日ごろから多数の顧客を紹介してもらっており，また，かねてより被告を当選させるべく熱心に支援していたCから，来るべき本件選挙にあたって被告を支援してもらいたい旨の申出を受け，日ごろ本件会社が世話になっているCの恩義に報い，その顔を立てることになるとともに，親しい政治家とつながりを持っていることは会社にとって有益であるなどと考え，来るべき本件選挙に向け，被告のため本件会社を挙げての選挙運動をすることを決意した。

5　甲は，同年3月上旬ころ，被告の後援会事務所が設けられたことを知り，本件会社従業員に指示して清酒2本を準備させ（費用は同社が負担した。），これに同社名を記した熨斗紙を付けてCとともに右後援会事務所に持参した。そし

て、甲は、そのころ、被告のための選挙運動の方法について、同社の本社における朝礼の際に、被告を招いて立候補の決意を表明させるとともに、これに出席した同社の従業員らに対し、被告のため投票及び投票取りまとめ等の選挙運動を依頼する挨拶をさせること、さらに、慰労会名目で同社の下請業者多数を集めて会食の席を設け、その席に被告を招き、出席した下請業者らに対し前同様の挨拶をさせることなどの被告のため会社組織による選挙運動を展開することを思いつき、同年3月16日ころ、同社取締役U部長乙に対し、本件選挙に際しては、「Cさんの顔をたてるため会社で（被告名）先生を応援することにした。」と述べて、右方針により、本件会社を挙げて被告を支援する旨表明し、乙もこれを了解した。

6　甲は、被告の後援会事務所開きが同月19日行われる旨の案内状が来ていたことから、同月18日、乙のほか、T部次長の丙及び本件会社P営業所長Dに対し、右事務所開きへの出席方を指示し、ジュース類を届けるという丙の提案を了承して、その手配を丙に任せ、同人は、女子従業員に指示して缶コーヒー等3箱を準備させ（費用は同社が負担した。）、これに同社代表取締役甲名を記した熨斗紙を付けて同事務所に届け、翌19日、甲ら前記4名が被告の後援会事務所開きに出席した。

7　甲は、同日、後援会事務所から帰社した後、改めて乙及び丙に対し、本件選挙に際しては、本件会社の従業員を集めた朝礼及び同社の下請業者を集めた会食に被告を招き、被告に選挙に向けての挨拶をさせるなどの被告のための選挙運動を展開するとの方針を表明した。そして、朝礼については同月28日に、会食については同年4月1日にそれぞれ設定することとし、丙に被告の都合を確認することを指示し、また会食の場所、招く下請業者の選定、案内状の起案、会食の進行等については乙に任せる旨指示するとともに、下請業者については、Y

市選挙区に選挙権を有するM地域の業者とすることを指示した。その際、乙は、会食への同社からの出席者を、甲、乙及び丙のほか、Ｖ部長Ｅ、Ｕ部次長Ｂ及びＵ部課長Ｆとし、招く業者は５０人位で、費用は１人５，０００円位とし、会社の経費で出すこと、さらに、会食に出席した下請業者に被告の後援者名簿用紙を配布し、氏名を記入させて回収することを提案し、甲はこれを了承するとともに、丙に対し、本件会社従業員にも同様に被告の後援者名簿用紙を配布するよう指示した。

8　そこで丙は、被告に電話を掛け、被告に対し、「先生いつもお世話になっております。株式会社Ｋの丙です。４月１日先生時間取れますか。うちの方で業者さんを集めてごくろうさん会をやるので出席していただけますか。」と誘ったところ、被告は「午後７時３０分以降なら取れます。」と答え、さらに丙が「先生１人でいらっしゃいますか。」と聞くと、被告は「１人で行きます。」と答え、本件会社が４月１日に開催する慰労会名目の会食に出席することを了承したので、丙はその旨を甲に報告した。さらに丙は被告の後援会事務所にも電話を掛け、被告の後援者名簿用紙が欲しい旨要請した。また、乙と丙は相談の結果、会食の場所を決め、乙が丙に会場の手配を指示し、丙において会場を手配した。乙は、直ちに会食に招くM地区の下請業者約５０名の選考を行い、その上でＢの意見を求め、業績等を考慮して数名について人選に加えたり人選から外したりするとともに、Ｂに対して、会食に出席して司会をすることとＦにも会食に出席するよう伝えることを指示した。ついで、乙は、「株式会社Ｋ代表取締役甲、連絡先は乙宛迄」と両名の氏名が連記された下請業者に対する慰労会の案内状を起案し、Ｕ部従業員のＧに指示してワープロでこれを作成させて甲に示したところ、同人はこれに「当日、（被告名）様のご来席も予定いたしております。」との一文を付け加えさせた。そして乙は、Ｇに右案内状の発送を指示し、同人と

U部係長Hに宛名書きとその発送をさせたほか、同社の経理責任者であるEに右案内状を示し、費用の捻出と会食への出席方を指示した。また、そのころ甲は、丙に対し、3月25日に行われる被告の選挙に向けた総決起大会に各営業所のチームリーダーを伴って出席するよう指示し、丙はP営業所、Q営業所及びR営業所の各所長に対して、右大会に各営業所のチームリーダーを出席させるよう指示した。

9 丙は、同年3月20日ころ、被告の後援会事務所から本件会社に届けられた被告の後援者名簿用紙を、同社従業員や下請業者に配布するため、必要部数をコピーし、そのころから同月下旬ころまでの間、従業員がこれに自己及び親族等の氏名を記入するようこれを本店従業員の回覧に供したほか、各営業所にも後援者名簿用紙、被告の後援会事務所から届けられた被告のポスター、被告の顔写真入り名刺等を届け、各営業所長に対し、ポスターについては各営業所に掲示し、名刺については従業員に配布し、後援者名簿については、従業員や親族の氏名を記入して丙に送付するよう指示した。各営業所では、右指示に従って名刺や後援者名簿用紙を配布し、Q営業所ではポスターを掲示した。

10 丙は、同月25日に開催された被告の総決起大会に各営業所のチームリーダーとともに本件会社を代表して出席し（費用は同社が負担した。）、同大会会場において、被告に対し、「28日の朝都合取れますか。都合取れたら会社の朝礼においでになって挨拶して下さい。朝礼は午前9時30分からです。」と誘ったところ、被告は、「その時間でしたら空いています。」と答え、本件会社が同月28日に開催する朝礼に出席することを了承したので、丙はその旨を甲に報告した。そこで甲は、丙に対し、Q営業所及びR営業所の従業員をも右朝礼に出席させるよう指示し、丙は右各営業所長にその旨を指示した。

11 なお、4月1日に開催予定の慰労会の会場については、3月20日ころ、会場が

狭いとの連絡があったため，会場を変更することとなり，乙が会場を手配し，同月27日ころ，前同様にGに指示して会場変更の案内状をワープロで作成させ，宛名書きをさせたうえで，これを発送させた。また，慰労会の費用を本件会社が支出するための社内の稟議書は，乙の指示により丙が起案したが，下請業者を招待する関係上，所管のB次長の署名押印を経たうえ，同月27日，Eがこれを決裁した。

12 同年3月28日午前9時30分ころから，本件会社の1階ロビーにおいて朝礼が開かれ，甲，乙，丙，E，Bら同社の幹部や同社Q営業所及びR営業所の従業員を含む本件会社従業員約60名が出席した。甲は，右朝礼において，同社の営業成績等の話をした後，そのころ到着した被告を同社従業員に紹介し，「(被告名)先生は会社で応援することにしました。」と述べ，続いて被告が挨拶に立ち，自己の政策等の話をした後，「是非とも当選させて下さい。4月9日の投票日には皆さんよろしくお願いします。」との挨拶をした。その後さらに甲が，同社従業員に対し，「是非とも（被告名）先生が当選して頂けるように皆さん応援して下さい。100人の人が1人10人に声をかけて下されば1000票になるのですからよろしくお願いします。」などと述べた。そして被告の随行者が，同社従業員に被告の顔写真入りの名刺を配布し，被告自身も従業員と握手するなどして退席した。

13 なお，同日ころ，BはFに対し，4月1日の会食に出席するよう指示し，また，乙はGに対し，右会食への下請業者の出欠を確認するよう指示し，GはHとともに右確認作業を行った。

14 4月1日午後7時ころから，「株式会社K指定業者ご苦労さん会」と称する会食が三十数名の下請業者が出席して開かれた。乙はあらかじめBに対して，会場での下請業者の出欠の確認を指示し，これに従ってB及びFが会場受付にお

いて下請業者の出欠の確認をし，出席者を会場内に案内するなどしていたところ，Ｃが被告のパンフレット，ちらし，名刺等を持参してきたことから，乙は本件会社において用意した被告の後援者名簿用紙等を入れた封筒に右パンフレット等を同封することとし，Ｂ及びＦもこれを手伝った。会食は，司会役のＢの開会の挨拶で始まり，続いて，乙が挨拶に立ち，事業計画の達成見込み等の話をした後，「後程，日ごろ当社がお世話になっている（被告名）先生もお見えになりますのでよろしくお願いします。」などと被告が出席することを下請業者に話し，その後甲の指名によりＥが乾杯の音頭をとって飲食が始まり，午後８時近くになって被告が会場に到着し，正面中央の席に着座した。甲の紹介に続いて，被告が，挨拶に立ち，自己の実績等の話をした後，「前回トップ当選したが今回どうなるのか分からないのが選挙です。皆さん是非とも応援して下さい。４月９日はよろしくお願い致します。是非とも当選させて下さい。」などと述べた。その直後さらに甲が出席者に対し，「当社としては今回の選挙で（被告名）先生を応援しています。是非先生に当選して頂きたいと思っています。40人の方が１人10人紹介して下されば400票になります。皆さんよろしくお願いします。」などと挨拶した。そして被告は出席していた下請業者にビール等を注ぎ，握手するなどして午後８時20分ころ退席した。その後，丙は出席者に対し，被告の後援者名簿用紙に自己や親族の氏名を記入して丙宛に送ってもらいたい旨説明し，乙はＢ及びＦに対し，右後援者名簿用紙等が入った前記封筒を配るよう指示し，同人らは丙とともに下請業者にこれを配った。

15　その後，右後援者名簿用紙の回収が芳しくなかったことから，同年４月６日，乙，丙及びＣが直接下請業者方を回ることを相談し，乙が，翌７日，日中にはＣ及び被告の妻を，夕方には被告の兄をそれぞれ伴って下請業者方を戸別に回り，被告の後援者名簿用紙，パンフレット，名刺等を配布して投票及び投票取

りまとめを依頼した。乙は，翌8日の本件会社の朝礼において，集まった同社従業員に対し，「明日は棄権せずに投票して下さい。」と暗に被告への投票を呼びかけた。

16　甲，乙及び丙の3名は，上記14の事実，すなわち，本件選挙に際し，共謀の上，Y市選挙区から立候補した被告に当選を得させる目的で，平成7年4月1日，Y市内において，同選挙区の選挙人であるAら31名に対し，被告のため投票及び投票取りまとめなどの選挙運動を依頼し，その報酬として一人当たり約5,705円相当の酒食等の供応接待をし，もって，法221条1項1号の罪を犯したとして，同年6月8日，甲は懲役1年（執行猶予5年）に，乙及び丙の両名は懲役10月（執行猶予5年）にそれぞれ処せられ，これらの刑は，いずれも同月23日確定した。

事　案 №10

> **裁判例№10**
> 大阪高等裁判所第4民事部平成8年9月27日判決（請求認容）

判例タイムズ937号254頁

判例地方自治161号254頁

判決主文

　被告は，本判決が確定したときから5年間，X県において行われる同県知事選挙において，候補者となり，又は候補者であることができない。

　訴訟費用は被告の負担とする。

事案の概要

1　被告は，平成7年11月5日に施行されたX県知事選挙に立候補し落選したものである。

2　被告は，X県議会議員等を経て昭和61年にY市長に当選し，同市長を2期務めたが，平成6年6月19日に行われた同市長選挙への立候補を表明した際，市長

選に当選した場合にも，同7年秋に行われる予定のX県知事選挙に立候補する旨表明した。被告は，この県知事選への立候補表明により，当時のD知事の支持を失ったほか，県に関連する多数の団体・企業の支持をも失い，市長選挙に当選したものの，苦しい選挙戦を強いられた。また，市長選挙後には，県知事選挙にD知事の後継候補者が立候補することが確実視されるようになり，同選挙において被告が右団体・企業の支持・推薦を受けることは見込めない状況になった。

　このような状況に危機感を抱いた被告は，今後，県下各地に拠点となる後援会事務所を設置し，職員を増員して，以前からY市内において行っていたように地区担と称する選挙運動員が後援会会員宅を訪問して後援会入会申込書や近況報告と題する書面を配布するなどの地区担活動と称する活動を全県下で行う選挙運動戦術を採るほかないと考え，被告後援会の幹部であったA（会長代行，のち会長），甲（幹事長），乙（会計責任者兼組織対策部長）及びB（事務局長）も同様の認識であった。

　被告後援会は，月1回程度の間隔で不定期にAら4名をはじめとする幹部らが出席して役員会を開き，県知事選の選挙運動等に関する協議を重ね，平成6年7月ないし8月ころにY市内の被告後援会本部事務所で開かれた役員会において，被告が県知事選に向けての右選挙運動の方針を示し，役員らと協議の上決定された。

　甲，乙及びBは，右方針に従い，平成7年3月ころまでにY市以外に県下13箇所の後援会事務所及び5箇所の連絡所を設置したほか，臨時職員40〜50名を面接・採用・配置し，各地区のブロック責任者を選定した。

3　こうして形成された選挙運動体制のもとで各地区担は，後援会申込書や被告執筆の近況報告を持参の上後援会会員宅を訪問して後援会会員の拡大を図り，被

告の講演会や各種集会を開催するなど全県下で選挙運動を展開した。

　各後援会事務所では，毎朝地区担等が出席して朝礼が行われ，月に1回，本部事務所に全地区の地区担が集まり，被告やＡ，甲，乙ら後援会幹部が出席して合同朝礼が行われ，Ａ，甲，乙ら後援会幹部は各地区の活動等の報告を求め，被告ともども地区担に対し，もっと会員を獲得するよう叱咤激励するなどしていた。

　甲は，被告後援会の幹事長として，被告と連絡を取りながら，朝礼や研修会等で地区担ら参加者に対して地区担活動に関する指揮・監督を行い，票読み資料の配付・回収を各地区担に指示するなど選挙運動全般について主導的役割を果たした。

　乙は，被告後援会の会計責任者兼組織対策部長として，Ｙ市周辺のブロック責任者として，地区担活動に対する指揮・監督を行い，票読み資料の配付・回収を各地区担に指示するなど，資金面をはじめとして選挙運動全般についてこれを推進した。

4　上記選挙運動を展開するにあたって，甲及び乙は，平成6年9月下旬ころから同7年9月下旬ころまでの間，前後80回にわたり，本件Ｘ県知事選挙の選挙人であり選挙運動者であるＣほか7名に対し，被告のため投票とりまとめ等の選挙運動をすること及び同様の選挙運動をしたことの報酬として，現金合計約1,158万円を供与した。

5　甲及び乙は，前記4の事実が法221条1項1号に該当するとして，平成8年4月25日，いずれも懲役2年6月（執行猶予5年）に処せられ，いずれも同年5月10日に確定した。

事案 No.11

裁判例No.11-1
高松高等裁判所第2部平成8年11月13日判決（請求認容）

判例タイムズ952号205頁
判例地方自治161号67頁

裁判例No.11-2
最高裁判所第3小法廷平成9年7月15日判決（上告棄却）

裁判所時報1200号1頁
判例時報1617号47頁
判例タイムズ952号176頁

判決主文 裁判例11-1

1 ・平成7年4月9日施行のX県議会議員一般選挙における被告の当選は，これを

無効とする。
2　被告は，この判決が確定した時から5年間，Y市選挙区において行われるX県議会議員選挙において，公職の候補者となり，又は公職の候補者であることができない。
3　訴訟費用は被告の負担とする。

判決主文　裁判例11－2

本件上告を棄却する。
上告費用は上告人の負担とする。

事案の概要

1　被告は，平成7年4月9日施行のX県議会議員一般選挙（以下「本件選挙」という。）に同年3月22日Y市選挙区から立候補して当選し，現在，X県議会議員として在職中である。

2

(1)　被告は，Y市内のO島に生まれ，現住する。

O島は，その隣のP島とともに，Y市に属し，Q地区，R地区及びS地区の3地区がQ町を構成し，T地区，U地区，V地区及びP島地区の4地区がT町を構成し，W地区及びK地区の2区がW町を構成する（以下，特に断らない限り，P島を含めて「O島」という。）。その各地区に自治会組織である「町内会」があり，各町内会に会長その他の役員がいる。被告及び甲，乙及び丙（以下「甲ら3名」という。）は，いずれもQ地区の住民である。

(2)　被告は，昭和49年4月施行及び昭和53年4月施行のY市議会議員選挙に立候補していずれも当選し，Y市選挙区から，昭和54年4月施行及び昭和58年4月施行のX県議会議員選挙に立候補していずれも当選し，昭和62年4月施行のY市長選挙に立候補したが，落選し，平成3年4月施行のX県議会議員

選挙にY市選挙区から立候補して当選した。以上の当選したいずれの選挙においても，トップ当選であった。

　被告は，昭和55年ころからY市内のホテルの一室を借りて「（被告名）事務所」を開設し，そこで市民からの相談や陳情を受けた。昭和56年7月には，そこを本部とし，同市内の企業や個人を会員とする，被告の政治活動の後援等を目的とした「M会」が設立され，政治資金規正法に基づく政治団体としての届出もされた。なお，被告は，昭和62年4月施行のY市長選挙のときから，Y市Z町で借りているマンションに，選挙の行われる前年の暮れころから家族とともに住み，Y市の市街地を中心に選挙運動に取り組んで，選挙終了後にO島の自宅に戻る生活をするようになった。

(3)　甲は，かつては，他の市議会議員の選挙を応援していた関係で，被告と親しい関係でなかったが，昭和59年から平成元年までQ地区町内会長及びO島の各町連絡協議会長を務めた際，陳情等を通じ被告と懇意な間柄になり，平成3年4月施行のX県議会議員選挙で被告のために（被告名）O島地区後援会（以下「O島地区後援会」という。）長を務めるようになった。

　丙は，平成2年以降Q地区町内会長を務めている。丙は，平成3年4月施行のX県議会議員選挙では，被告のためにQ地区後援会長を務めた。

　乙は，被告と家族ぐるみで付き合う間柄であり，被告が昭和49年4月施行のY市議会議員選挙に立候補した当初から，被告を熱心に応援し，平成3年4月施行のX県議会議員選挙では，被告のためにO島地区後援会の幹事長を務めた。なお，丙と乙も親しく交際している。

(4)　被告は，昭和62年4月施行のY市長選挙のとき以降，前記(2)のとおり，選挙の行われる前年の暮れから選挙が終了するまでO島の自宅を離れてY市Z町のマンションに住み，Y市の市街地を中心に選挙運動に取り組み，O島

での選挙運動に関しては，被告の熱心な支援者の乙，Ａ（本件選挙では，Ｓ地区後援会長），Ｂ（本件選挙では，Ｒ地区後援会長）及びＣ（本件選挙では，Ｒ地区会計）らにほとんど任せきりにしており，Ｏ島で行われる出陣式の当日と投票日前日あたりにＯ島に街頭宣伝活動に赴き，Ｏ島で開催される被告を励ます会（以下，単に「励ます会」という。）や決起集会（以下，特に断らない限り，出陣式，励ます会，決起集会とも，Ｏ島で行われるものを指す。）に出席するほか，Ｏ島に出向くことはなかった。

(5)　平成３年４月施行のＸ県議会議員選挙に際し，甲ら３名は，Ｏ島と陸地部との架橋問題などＯ島の抱える諸問題を解決するには全島を挙げて被告を応援して当選させ，被告に行政当局とＯ島住民とのパイプ役を担ってもらう必要があると考え，被告のためにＯ島の各地区に後援会を作ることとし，各町内会長に働きかけた。その結果，各町内会長は，各地区ごとの後援会長に就任することを了承し（丙は，Ｑ地区後援会長に就任した。），各地区の後援会に副会長や顧問等の役職を設け，地区住民にその役職を割り当てた。Ｑ地区においては，約70名が役員に割り当てられた。そうして，甲は，Ｏ島地区後援会の会長に，乙は，その幹事長にそれぞれ推されて就任した。

(6)　平成３年４月施行のＸ県議会議員選挙でＯ島地区後援会によってなされた選挙運動の主たるものは，島外の親せきや知人，友人に対する（被告）後援会名簿（以下「後援会名簿」という。）への署名の働きかけと，出陣式や励ます会，決起集会の開催及びこれら集会の出席者の動員などであった。そして，同選挙で，被告のＱ町の自宅がＯ島における選挙運動の事務所として使用され，そこに詰める各地区ごとの当番が決められて実行された。なお，同選挙運動期間中，Ｏ島地区後援会の事務所（以下「島事務所」という。）には陣中見舞として現金や清酒などが届けられ，現金は，乙が管理した。その

現金の額は，当選祝い金を合わせると，180万円を超えていた。ところで，同選挙で，乙は，上記陣中見舞金等から後日精算する意図の下に，手元の金から約140～150万円を立て替え，そのうち約80万円を各地区の有権者への配付を依頼して各地区の後援会長らに配り，残り約60～70万円を有権者に対する飲食代金等として支出し，後日，陣中見舞金及び当選祝い金で精算した。

3
(1) 平成6年，丙は，被告が本件選挙にも立候補する意思があることを聞き，被告を応援することを乙と相談した上，同年11月24日，Q地区の町内会の役員や婦人会の役員約十数人を招集し，平成3年4月施行のX県議会議員選挙後活動を休止していたQ地区後援会を起動させる協議をし，本件選挙で地区を挙げて被告を応援するには多くの住民に役員を引き受けてもらうのがよいとの考えから，副会長，会計，常任理事，理事，顧問等の名目で，できるだけ多くの地区住民に後援会の役員になってもらうことなどを協議し，本件選挙に対応するQ地区後援会役員の原案を作成した。

上記協議に基づき，同年12月8日，丙が中心となって，Q地区住民のうち，甲及び乙を含む被告の熱心な支援者約70名をQ集会所に集め，本件選挙に係る第1回目のQ地区後援会役員会を開催し，前記原案に沿って，丙が後援会長に，乙が幹事長に，甲が顧問にそれぞれ，就任したほか，出席者のほぼ全員が役員に就任した。その席で，甲は，被告を応援することがO島のためになるなどと話し，島内外の親せきや友人，知人に働きかけて被告の票を取りまとめるなどの選挙運動の方針が話し合われた。

(2) 平成6年12月15日，Y市役所O島支所で，各町連絡協議会の役員会が開催されたが，それに出席した丙を含む各地区町内会長9名の間で，本件選挙で被告を応援し，平成3年4月施行の前回のX県議会議員選挙後活動を休止

していたO島地区後援会及びO島地区後援会の組織内組織として各地区に設置された後援会（以下，単に「各地区後援会」という。）を起動させることが話し合われた。

(3) 被告は，本件選挙に備え，平成6年12月中旬ころ，家族とともにO島の自宅を離れ，Y市Z町のマンションで起居する生活をした。平成7年1月6日（以下，「平成7年」の記載を省略し，月日だけを記載する。），Y市内の（被告名）後援会本部事務所（以下「本部事務所」という。）で本件選挙に係る本部事務所の事務所開きの行事が催され，甲ら3名は，O島の各地区町内会の会長や役員ら約20名とともに，これに出席した。その際，被告は，甲ら3名に対し，本件選挙に立候補予定とみられる候補者の名前を告げた上，O島の被告の自宅をO島の後援会による選挙運動のための事務所（島事務所）として使用するよう申し入れ，同所に電話3台を増設するつもりであることを伝えた。

(4) 1月14日，Q集会所で，Q地区及びS地区の住民による町内会の定期総会が開催されたが，丙は，その開会のあいさつで，被告の応援を呼びかけ，被告は，本件選挙に出馬することを表明して，支援を訴えた。

(5) 甲ら3名は，被告のそれまで3回のX県議会議員選挙でのトップ当選の実績から，落選する懸念は抱かなかったが，本件選挙では，有力新人候補が立候補すると聞き及んでいたため，被告がトップ当選できるか否かについては不安を抱き，トップ当選できるか否かによって当選後の県議会での被告の地位や発言力などに影響があると考えた。そこで，甲ら3名は，1月中旬ころ，甲の自宅で，被告をトップ当選させるための方策を話し合った。甲ら3名は，従前，票集めの足代くらいは出してほしいとの支援者からの声があったことから，支援者に親せきや知人，友人を頼っての島外での票集めを積極的

にしてもらうために，各地区後援会長を介して足代名目の現金を配り，合わせて清酒や後援会名簿用紙を配って，投票の取りまとめ等を依頼することとし，各地区に配る現金額や清酒の本数，後援会名簿用紙の枚数を協議した。その結果，現金の額及び清酒の本数については，各地区ごとの有権者数に応じて地区により差を付けることとし，分配は乙と丙が担当し，足の悪い甲は，島内外での励ます会や決起集会，出陣式等でのあいさつ等を主に担当することになった。その際，甲ら3名は，あわせて，励ます会等の日程や，各地区の後援会員の島事務所の当番等についても協議した。なお，同後援会名簿用紙には，本件選挙に4選を目指して立候補する予定なので熱き支援を賜るようにとの被告のあいさつ文及び被告の略歴が印刷され，これに続いて，紹介者の住所・氏名欄及び10名分の住所・氏名・捺印欄が設けられている。

そこで，乙は，そのころ，本部事務所から，清酒70本と後援会名簿用紙が5枚入った封筒約300通を持ち帰った。また，そのころ，乙は，O島地区後援会による後援会名簿の署名集め中，島内の有権者の署名と島外の有権者の署名とを区別して整理するのが有効であると考え，本部事務所に依頼して，後援会名簿に押捺する「島内」と「島外」のゴム印を作成してもらい，島事務所に持参される名簿を島内分と島外分とに分けて集計し，その結果を本部事務所に報告することにした。

(6) 1月20日ころ，Aを中心とするS地区の被告の熱心な支援者が集まって，本件選挙に対応してS地区後援会を起動させ，その役員を決め，AがS地区後援会長に就任した。同月末日ころ，Bを中心とするR地区の被告の熱心な支援者4，5名が集まって，本件選挙に対応してR地区後援会を起動させ，その役員を決め，BがR地区の後援会長に，Dが副会長に，Cが会計に就任するなどした。

(7) その後, O島での農作業などが峠を越えて出荷のめどがついたところから, 甲は, 2月上旬ころ（ただし, (8)・(9)との前後関係は, 本件全証拠によるも, 明らかではない。), 丙と乙を自宅に呼び, 各地区後援会長に対する現金, 清酒及び有権者の署名集めのための後援会名簿用紙の交付を実行することを決め, 選挙情勢についても話し合った。

そこで, 乙は, 本件選挙に関して島事務所に届けられるであろう陣中見舞金及び当選祝い金の中から後日精算を受ける意図で, とりあえず手元の金の中から77万円を立て替えて配分することとし, Q地区分として現金20万円と清酒10本を丙に渡したほか, 乙と丙において, そのころ, V地区後援会長に3万円及び清酒2本, W地区後援会長に10万円及び清酒5本, R地区後援会長に10万円及び清酒5本, U地区後援会長に3万円及び清酒3本, T地区後援会長に20万円及び清酒10本, S地区後援会長に5万円及び清酒5本, K地区後援会長に3万円及び清酒3本を配り, P島地区後援会長に同月10日ころ清酒3本, 同月24日ころ3万円を配るとともに, 合わせて後援会名簿用紙を交付して, 後援会名簿への有権者の署名集め等を依頼した。

(8) 2月7日にY市役所O島支所でO島の各町連絡協議会総会が開催されたが, その総会後の懇親会に出席した甲は, E（T地区後援会長）やF（W地区後援会長）らの要請を受け, 前回に続いて本件選挙でもO島地区後援会長に就任することを承諾し, 乙に補佐役として幹事長になってもらうことにし, 翌日, その同意を得た。

(9) 2月8日, S集会所でS地区における励ます会が開催され, 被告及び甲ら3名が出席した。その励ます会では, S地区後援会長Aがあいさつした後, 約40名の出席者を前にして, 甲がO島地区後援会長として被告の応援を呼びかけ, 丙も同様のあいさつなした後, 被告が支援を訴えるあいさつをした。な

お，被告は，甲から，同日，甲がO島地区後援会長に就任したことを聞かされた。

(10) 2月22日，R地区における励ます会が開催され，被告，甲及び乙が出席した。その励ます会では，R地区後援会長のBがあいさつをした後，約70名の出席者を前にして，甲がO島地区後援会長として被告の応援を呼びかけ，被告が支援を訴えるあいさつをした。

(11) 甲は，2月下旬ころ，島外での被告の後援会名簿の署名の集まりが悪いとの話を聞いていたところ，3月6日に本部事務所に後援会名簿を持参した際，出納責任者のGから同様の話を聞いたため，本件選挙で被告がトップ当選できるか危機感を抱き，同月8日，乙のほか，丙を含む各地区後援会の正副会長ら約23名を集めた。そこで，甲は，O島地区後援会員による島外での署名集めの活動を強化するよう申し入れ，本部事務所と連絡を取って日程を決めていた同月13日の島事務所の事務所開きの件を伝え，同日以降，島事務所の電話で後援会名簿に署名した島外の有権者への投票依頼や，本部事務所との連絡に当たる当番のため，各地区ごとに割り当てる日に島事務所に2，3名の当番を出すよう依頼するとともに，その割当てについては甲ら3名に任せてもらうことの了解をとった。このほか，上記会合では，Q地区とT地区で被告を招いて総決起集会を開くこと，本件選挙の告示日である同月31日には被告を招いてO島でも出陣式をすることなども話し合われ，その日程は，甲が本部事務所と連絡を取って調整の上決定した。

(12) 3月9日，甲ら3名は，同月13日から投票日前日までの島事務所の当番表を作成した。なお，その当番表で，同月末までは，午後6時半から午後9時半までが当番の詰める時間帯となっており，4月1日以降は，午前8時から午後6時半まで（各地区割当て）と，それ以降午後9時半まで（Q地区のみが

担当）の2班に分けられ，各地区ごとに当番日を決めて，当番日には，当該地区から2，3名程度の当番を出して担当するものとされた。

(13) 3月上旬ころ，甲ら3名は，甲の自宅で，被告をトップ当選させるための対策を練り直し，各地区後援会長に現金及び清酒を追加して配分することを決めた。そこで，乙は，前同様に，陣中見舞金等から後日精算する意図の下に，とりあえず手元の金の中から立て替えて，3月上旬ころ，Q地区分として現金20万円及び清酒10本を丙に渡したほか，V地区後援会長に5万円，W地区後援会長に10万円，R地区後援会長に10万円，U地区後援会長に5万円，S地区後援会長10万円，X地区後援会長に5万円，T地区後援会長に20万円及び清酒10本を配り，同月23日ころ，P島地区後援会長に5万円を配るとともに，合わせて後援会名簿の用紙を交付して，有権者の署名集め等を依頼した。

(14) 3月13日，O島の被告の自宅に設けられた島事務所で，甲ら3名も出席し，本件選挙に係る島事務所開きの行事が催された。同日以後，前記(12)の当番表に従って，各地区から当番が島事務所に詰め，増設された2本の電話を利用して，本部事務所との連絡や，後援会名簿に署名をした島外の有権者に対する投票依頼をするなどした。甲及び丙は，頻繁に島事務所に出入りし，乙に至ってはほぼ毎日のように同事務所に出ていた。なお，同電話の設置工事代金及び電話代は，被告が負担した。

(15) 3月14日，丙の招集により，Q集会所でQ地区後援会役員会が開催されたが，甲と丙は，集まった約20名の役員に対し，決起集会への人集め，島外の署名集め，出陣式の人集め等の活動に力を入れるよう依頼した。

(16) 3月15日，甲は，同月31日に予定していたO島での出陣式当日の昼食の炊出しをQ地区の婦人会が行うようQ地区婦人会長のHに依頼するとともに，

出陣式当日にU地区のN神社で神事を行えるよう同神社に依頼した。
(17) 3月23日，丙が本部事務所と日程を調整し，T公民館とQ集会所で，決起集会が開催され，T公民館での決起集会で，約160名の参加者の前で，甲がO島地区後援会長として被告への応援を要請し，EがT地区後援会長として同様のあいさつをした後，被告が支援を訴えるあいさつをし，Q集会所での決起集会では，約260名の参加者の前で，丙がQ地区後援会長としてあいさつをし，甲は，O島地区後援会長として被告への応援を要請し，被告も支援を訴えるあいさつをした。そして，上記両会場では，後援会名簿用紙が配布された。同月25日，乙は，T地区後援会長Eに対し，上記T公民館での決起集会で参加者に供した菓子やジュース代等として5万円を支払い，丙に対しても，Q地区決起集会で参加者に供した菓子やジュース代等として，別途8万円を交付した。
(18) 3月31日の本件選挙の告示日，本部事務所前での出陣式にO島から参加する人のため，フェリーの乗船券及び電車の乗車券が支給されたが，Q地区では，丙の呼びかけに応じてQ地区から参加する人のために，Q地区後援会会計のIが電車の乗車券を購入して支給した。

その出陣式で，本部事務所の後援会長としてあいさつに立ったJに続いて，甲は，O島地区後援会長として司会者から紹介され，被告を応援するあいさつをした。その後，O島からの参加者と被告は，U地区のN神社で神事を行い，最寄りの公園でO島での被告の出陣式を行った。その際，約240名の参加者の前で，甲は，O島地区後援会長として被告を応援するあいさつをし，被告が支援を訴えた。その後，被告は，島内の各地区を街頭宣伝車で回って支援を訴え，離島した。

なお，上記出陣式以降，毎日，本部事務所に詰める選挙運動員らのため

に，約40～50食分の昼食がO島から差し入れられた。

(19) 被告は，4月9日の投票日の前日，O島を訪れ，島内の各地区で街頭宣伝活動を行って支援を訴えた。その日程調整は，甲が行った。被告は，島内での街頭宣伝活動後，市街地に戻り，総決起大会に出席したが，それに同行した甲は，O島地区後援会長として紹介されて被告の応援演説を行った。

(20) 本件選挙において，島事務所に届けられた陣中見舞金の合計額は，4月10日の時点で約150万円に上り，乙がこれを本部事務所に届け出ることなく，O島地区後援会独自の活動資金として管理していた。その金員は，乙が本件刑事裁判に係る選挙違反で4月10日に逮捕されたことに伴い，同人の妻から捜査機関に任意提出されたが，後に還付されている。

(21) なお，各地区後援会長は，乙から前記(7)・(13)のとおり分配された金員を各地区の役員を中心とした支援者に被告への投票取りまとめ及び投票依頼の趣旨で交付したり，励ます会等の出席者に出す菓子やジュース代，その他会合後の懇親会費用や本部事務所への陣中見舞として費消するなどした。

4 しかるところ，甲，乙及び丙は，本件選挙に際し，被告に当選を得させる目的で，共謀の上，立候補届出前の平成7年2月上旬ころから同年3月25日ころまでの間，前後18回にわたり，Y市選挙区の選挙人であり，各地区後援会長等8名に対し，被告のため投票及び投票取りまとめなどの選挙運動をすることの報酬等として，現金合計132万円及び清酒47本（時価合計8万8,830円）を供与し，もって，それぞれ法221条1項1号等の罪を犯したものとして，同年7月19日，懲役2年（執行猶予4年）に処せられ，上記裁判は，同年8月2日確定した。

事案 No.12

裁判例No.12
福岡高等裁判所第1民事部平成9年8月7日判決（判決認容）

判決主文

　被告は，本判決確定の日から5年間，X県第N区において行われる衆議院（小選挙区選出）議員の選挙において，候補者となり，又は候補者であることができない。

　訴訟費用は被告の負担とする。

事案の概要

1　被告は，平成8年10月20日施行の第41回衆議院議員総選挙において，K党から，X県第N区（以下「本件選挙区」という。）における衆議院（小選挙区選出）議員の選挙（以下「本件選挙」という。）の候補者として届け出られたが，落選した者である。

2　本件選挙が施行された当時，甲は，K党X県支部連合会（以下「県連」という。）P町支部の支部長，乙は同支部副支部長，丙は同支部幹事長，丁は（以上

の4名を合わせて「甲ら4名」という。）同支部事務局長であった。
3　甲らの選挙運動について

　　K党のX県における政治組織は，東京にある党本部の下に，支部の連合体である県連が存在し，各市町村，職域等に支部が置かれているほか，平成6年に選挙制度が改正されて衆議院議員選挙が小選挙区比例代表並立制となったことに伴い，県連においても，各選挙区単位で小選挙区支部が置かれることになった。各支部には，支部長，幹事長，副支部長などの役職が設けられており，P町支部では，従前は，支部長にDが，幹事長に丙が，事務局長に丁が，それぞれ就任していたが，支部が活動するのは選挙の際に集票組織として活動するだけであり，その他に支部としての業務はなかった。また，衆議院議員選挙の際には，右選挙制度の改正前の旧中選挙区からはK党の候補が2人立候補していたことから，各候補者の後援会が選挙運動を行い，支部としては選挙運動を行っていなかった。

　　前記選挙制度の改正により，X県では4つの小選挙区が設けられた。ところで，従来の中選挙区制の選挙でX県から立候補していたK党の候補は，それぞれの地盤の選挙区から立候補したり，立候補を見送ることとなり，本件選挙区からは，立候補する現職の候補者がなく，Q市を地盤とする新人候補者として被告が出馬することになり，同年9月9日に県連支部長幹事長会議で正式に立候補が決定された。この会議には，P町支部からは，丙のみが出席し，Dは出席しなかった。

　　右の立候補の決定を受けて，県連の組織対策部長であったCが，県連事務局長のFの指示で，被告の選挙事務所に派遣され，K党本部，県連，選挙区支部の連絡調整，応援に来訪する大臣等の受入れ等の選挙運動を担当することになった。また，Fは，同年9月20日ごろ，Dと丙に対して，支部助成金

の名目で，各10万円を送金した。他方，被告も，同月17日に，丙宅を訪ねて，立候補の挨拶をした。

　同年9月26日，Cは丙に電話をかけ，同年10月5日に，「(被告名)を励ます会」(以下「励ます会」という。)を開催することを取り決め，丙は，これを受けて，丁に指示して，励ます会の会場をP町公民館に予約した。ところが，右9月26日の夕方に，Dが丙に，支部長を辞任する旨の電話をかけてきた。これを受けて，丙は，丁にDの説得を依頼し，丁は，翌27日にDを説得したが，説得に失敗したため，P町支部は，新たに選挙のための体制づくりをしなければならないこととなった。そして，丙は，丁と相談の上，P町支部の支部長等を決める役員会を同年10月4日に開催することとし，G町議に支部長への就任を頼みに行き，従来の選挙でK党の候補者を支持し，積極的に選挙運動をした経歴のある者を中心に，役員会に出席する者の人選をするなどして，新たな執行部を作る準備をするとともに，これと平行して，P町支部選挙対策事務所(以下「本件事務所」という。)を設置した。また，丙は，自宅に届けられた前記の支部助成金と，Dから預った同様の支部助成金を丁に手渡して，保管を依頼し，さらに，同年10月2日には，Cから，支部助成金100万円を受け取り，後に丁に手渡した。これらの金銭は，その後，主として丁が管理し，買収の資金等に充てられた。

　丙及び丁は，同年10月4日，P町内の研修宿泊施設で，支部の役員会を開催し，出席者で話合いの上，支部長に甲が就任し，副支部長に乙が就任し，丙と丁は留任することとなった。このようにして四役が決定した後，被告が会場に入って挨拶をし，選挙運動への協力を求めた。引き続いて，甲ら4名を中心に，出席者で話合いがもたれ，各自治区ごとにポスター貼り，チラシの配布，被告への投票の依頼，協力者カードの記載の依頼等の選挙運動を行

う「世話人」を選出することとなり、出席者が、各地区から、被告を支持してくれそうな人で人望のある人や、過去の選挙でK党候補の世話をした経験のある人を世話人の候補者として推薦し、丁がその氏名を記録した。他方、被告は、右役員会に先立って、丙宅を訪れ、乙の案内で、P町の有力者のところに挨拶回りをした。右同日現在のP町における被告の選挙情勢は、K党のP町議5名のうち4名がEにつき、被告を支持する町議は乙1人という有様で、極めて厳しい状況にあった。

　甲ら4名は、翌日、本件事務所に集まり、毎日朝夕2回本件事務所に集まることを取り決めるとともに、事前に被告の後援会から送付を受けていた被告の名刺、パンフレット、協力者カード等を、当日に開催される励ます会の出席者に配るよう封筒詰めをして準備をし、前記のとおり人選をした世話人には、丙が作成した世話人に選任した旨の文書も交付するよう準備をした。励ます会には、約90名の参加者があり、被告のほか、甲、丙、県連幹事長のHが挨拶し、また、甲ら4名は、出席者に右のパンフレット等が入った封筒を交付した。また、励ます会に出席しなかった世話人には、右の封筒を郵送した。

　同年10月7日の夕刻に、甲ら4名は本件事務所に集まり、翌8日は、甲、乙、丙が被告の出陣式に出席し、丁はP町でポスター貼りをすることを決めた。また、前記役員会で人選された世話人の名簿の検討を行い、当日までに就任を断わってきたり、E派に流れた者を除外するなどして、世話人への就任を依頼する者を選定するとともに、同月11日に、世話人を集めて世話人会を開催することを取り決め、案内状を作成した。さらに、同月12日には被告の選挙カーがS町を訪れることになっていたので、その道案内の手配や、伴走車の手配をすることも協議をした。

同年10月8日には，甲，乙，丙はQ市で行われた被告の出陣式に出席し，丁はポスター貼りをした。また，丙と丁は，右で取り決めた世話人会の案内状の発送の準備をし，翌9日の朝に郵便局から案内状を発送した。同日には，K党の宣伝カーがP町に入り，丁が先導した。

同年10月11日の夕方，本件事務所のあった店内において，世話人会（会の名称は「幹事会」とされていた。）が開かれた。その場では，甲，被告の弟のI県議，丙が順次挨拶をし，丙の司会で選挙運動の方法が話し合われたが，その内容は，協力者カードの集まりが悪いので，できるだけ多くの協力者カードを集めること，翌日に予定されていた被告の選挙カーの同乗者，伴走車等の手配，同月13日に予定されていた被告の総決起集会への出席の依頼等であった。この世話人会に出席しなかった世話人に対しては，翌12日以降，甲ら4名が個別に訪問して，資料を手渡すとともに，協力者カードの作成提出を依頼した。

同年10月12日には，従前から予定されていたとおり，被告が乗った選挙カーがP町に遊説に来たので，甲，乙，丙は，前日の世話人会で協力を依頼した者とともに，丁が立案した行程に従って，それぞれ伴走車を提供したり，これに同乗したりして選挙運動をした。この日から翌日にかけて，丁は，旅行のためP町にはいなかった。

同年10月13日には，Q市で，被告の総決起集会が開かれ，甲と乙が出席し，丙は所用で欠席した。その終了後，甲と乙は，選挙対策会議に出席し，P町に再度被告の選挙カーを入れることを依頼した。また，翌14日ごろからは，協力者を使ってK党の機関紙やチラシを戸別に配布したり，女性を雇って，協力者カードに名前を書いた人に対して，確認の電話をかける運動も始め，さらに，甲と丁で，各地区の世話人の家に行き，選挙運動への協力（協

力者カードの作成）を依頼したり，出来上がった協力者カードを回収したりして回った。

　同年10月15日に，急に被告の選挙カーが翌16日に再度Ｐ町に来ることが決まり，丁が行程表を作成するとともに，甲ら４名で伴走車や同乗者の手配をした。そして，翌16日の午前中に，被告の選挙カーが来たので，甲ら４名は，手配した伴走車や同乗者とともに，右行程表にしたがい，町内を回った。

　同年10月18日には，前記Ｉ県議の妻がＳ町に来たので，丁が案内，その夜には右県議自身もＰ町に来たので，丙が案内し，甲も自分の住む地区については同行して，選挙運動を行った。

4　甲らによる公職選挙法違反

　右の期間において，甲ら４名は，相談の上，支部役員会の出席者，世話人会の出席者，選挙カーによる遊説に伴走車を提供したり同乗した協力者らに対して，それぞれその場において，また，これらに出席しなかった世話人に対しては，個別に訪問するなどして，いずれも投票及び投票取りまとめ等の選挙運動をすることの対価として，それぞれ現金を供与したり，その供与の申込みをし，法221条１項１号の罪を犯したとして摘発，起訴され，甲ら４名は，平成９年２月19日，懲役１年，執行猶予５年に処する旨の有罪判決の言渡しを受け，甲，丙及び丁については同年３月６日に，乙については同月26日に，それぞれ右判決が確定した。

事案 №13

裁判例No.13-1
高松高等裁判所第4部平成9年8月26日判決（請求認容）

判例タイムズ957号159頁

裁判例No.13-2
最高裁判所第1小法廷平成10年2月12日判決（上告棄却）

判決主文 裁判例13-1

　被告は，本判決が確定した時から5年間，Ｘ県第Ｎ区において行われる衆議院（小選挙区選出）議員の選挙において，候補者となり，又は候補者であることができない。

　訴訟費用は被告の負担とする。

判決主文 裁判例13-2

　本件上告を棄却する。

上告費用は上告人の負担とする。

事案の概要

1 　被告は，平成8年10月20日施行の第41回衆議院議員総選挙において，X県第N区から衆議院（小選挙区選出）議員の選挙（以下「本件選挙」という。）に立候補して落選した。

2 　被告は，平成7年9月ころから本件選挙に立候補する準備をしていたところ，同年10月3日，（被告名）P後援会（以下「本件後援会」という。）の結成準備として，直前の参議院議員選挙で被告の選挙運動を行っていたA，甲，乙ら5名がP村のSセンターに集まり，P村内約30の各地区において被告の選挙運動や票の取りまとめを行う世話人（約90名）の人選を行い，右各地区を5ブロックに分け，A，甲，乙ら5名が各ブロックの代表者になることを決め，その後，A，甲，乙らは，それぞれ，人選した世話人に対し就任依頼をして廻り，最終的に約80名の者が各地区の世話人に就任することを承諾した。

3 　同月23日，被告が無所属で本件選挙へ出馬する旨の表明を正式に行い，同月30日ころ，Q市内のホテルにおいて，被告出席のうえ，被告の選挙応援のためのR地区幹事会が開催され（編注：R地区は，P村，Q市など8市町村から成る。），P村からはA，甲，乙ら4名が参加した。

　その席上では，（被告名）Q事務所（以下「Q事務所」という。）事務局長Bから，被告を当選させるための選挙運動を行うことを目的とする被告の後援会を，各市町村において発足させることが要請された。

　なお，被告は無所属で本件選挙に立候補したものの，平成8年2月15日にはK党が，同月25日にはL党県本部が，それぞれ被告を推薦することになった。

4 　平成7年11月6日，P村のT集会所において，被告，A，甲，乙らが出席のうえ，本件後援会の結成式が開催されたが，それに先立ち，A，甲，乙ら5名

は，Ｓセンターに集まり，同結成式の日時・場所・進行の仕方を決めるとともに，本件後援会結成の発起人として5名連名で，村民に同結成式の案内状を送付するなどして，同結成式への参加を呼び掛けた。

　同結成式は，乙が司会をし，Ａが発起人代表として挨拶をし，甲が閉会の挨拶をするなど，発起人であるＡ，甲，乙ら5名の者が式を進行させた。そして，被告が本件選挙での応援を求める旨の挨拶をするとともに，本件後援会の会長にＡが，副会長に甲ら3名が選任された。事務局長については，会長に一任となり，Ａは乙を事務局長に選任することにしたが，結局乙に就任要請をしなかった。

　また，Ｐ村の各地区を5ブロックに分け，それぞれのブロックの代表者にＡ，甲，乙らが就任することも正式に決まった。

5　被告のＲ地区の選挙運動の中心になったのは，Ｑ事務所であり，本件後援会は，Ｑ事務所と連絡を取り合って，また，その要請に従って，その選挙運動を行ったが，その窓口は，本件後援会側が会長Ａ，Ｑ事務所側が事務局長Ｂであった。

　そして，本件後援会の行った公示までの選挙活動の主なものは，選挙民に対する後援会会報の配布，後援会への入会申込書が添付されている後援会のしおりの配布，被告の後援会のポスター貼りであったところ，後援会会報，後援会のしおりやポスターは，Ｑ事務所のＢらがＡのところへ持ってきたので，それらをＡ，甲，乙らブロック代表者が，自ら配布等するとともに，各担当地区の世話人に頼んで配布等させた。

　また，平成8年7月11日には，ＳセンターにＡ，甲，乙ら5名が集まり，本件後援会独自の後援会便りを作成配布することとその記事の内容について協議・決定した。そして，同年8月下旬に出来上がった右後援会便りはブロック代表者

から各担当地区の世話人に渡されて、配布された。

　同年8月8日から10日にかけて、被告がP村でミニ集会を行った際には、乙は、担当の世話人に声を掛けて、村民をミニ集会に参加させるよう要請した。

6　同年10月1日、A、甲、乙ら7、8名が出席して、Sセンターにおいて、本件後援会の打合せ会を開いたが、その際、出席者全員で、公示後の選挙用ポスターを貼る方法、被告の選挙カーの西土佐村での遊説コース及び随行者・先導車・後続車の人選、被告の個人演説会をSセンターで行うときの準備・設営・進行方法、翌日の被告の個別訪問の道順・随行者について協議、決定した。なお、右選挙カーによる遊説の日程、個人演説会の日程及び個別訪問の日程は、Q事務所において決定され、本件後援会に伝えられたので、右打合せ会においては、右各日程を前提として協議がなされた。

　その後、乙は、Aから被告の個人演説会を知らせるビラを受け取り、これを担当地区の各世話人に渡して、村民への配布を依頼した。

7　本件選挙は同月8日に公示され、A、甲、乙らは、それぞれの担当地区の掲示板に選挙用ポスターを貼ったり、選挙用葉書を郵送した。

　その後、10月1日の打合せどおりに、被告の選挙カーの遊説、個人演説会がなされ、A、甲、乙らが手伝った。

8　甲と乙は、いずれも、本件選挙に関し、被告を当選させる目的で、法221条1項1号、4号等の罪を犯したとして起訴され（甲につき、Aからの合計18万5,000円の受供与、Cに対する5,000円の交付、Dらに対する2万5,000円の供与。乙につき、Aからの合計16万円の受供与、Eらに対する4万円の供与）、平成9年1月23日、懲役1年（執行猶予付）に処する旨の判決の言渡しを受け、同判決は同年2月7日確定した。

事案 No.14

裁判例No.14

東京高等裁判所第3民事部平成9年9月24日判決（請求認容）

判例時報1627号93頁

判決主文

1 被告は，この判決の確定した時から5年間，X県第N区において行われる衆議院（小選挙区選出）議員の選挙において，候補者となり，又は候補者であることができない。
2 訴訟費用は，被告の負担とする。

事案の概要

1 被告の立候補

　被告は，平成8年10月20日施行の第41回衆議院議員総選挙において，X県第N区から衆議院（小選挙区選出）議員の選挙（以下「本件選挙」という。）に立候補したが，落選した。

2

(1) 被告は，本件選挙までに，Ｃ市議会議員を２期，Ｘ県議会議員を３期務めた者である。被告の親友である甲やＲは，これらの各議会議員選挙において被告を応援し，Ｃ市を基盤とする（被告名）後援会が昭和57年９月に発足した後の県議会議員選挙の際には，甲がその幹事長として，Ｒがその事務局長として，相互に協力しながら，被告が立候補した選挙運動の指揮，監督等を行い，車の両輪のように実質上被告の選挙を取り仕切ってきた。

(2) 被告は，平成６年11月末ころ，Ｈ党を離党して無所属となり，Ｘ県第Ｎ区から本件選挙に立候補する旨を表明した。ところが，同選挙区内のＣ市は，被告の地元であり，かつ，被告の支持母体である（被告名）後援会が存在するものの，他の地域にはほとんど支持基盤がなかったため，被告は，被告の秘書であったＬのほかに，同年秋ころに雇用したＡ，Ｎ，Ｏにその地盤作りをさせ，その結果，Ｄ地区等の地区後援会が設立された。

(3) 甲とＲは，平成８年７月初旬ころ，被告の右立候補の意思を知り，その当選を願い，今までの選挙と同様に車の両輪のように相互に協力して，被告のために選挙運動を行うことを決意し，同年９月に入った時期からは，両者で選挙組織作りや選挙の戦術，戦略について相談した。甲は，Ｒに対し，本件選挙ではＥ郡における勝敗が被告の当落を決するとの認識を示したうえで，Ｅ郡においての個別訪問（ローラー作戦）や電話による投票依頼（電話作戦）を大規模に行う必要があり，実質的には選挙対策組織であるＥ郡の（被告名）後援会組織が未だ出来上がっておらず，組織的な運動が望めない状況であるので，これらの地区に裏選対事務所を設ける方針を打ち出す必要があることを発議し，Ｒもこれを賛同した。

(4) 甲は，平成８年９月14日，Ｒから呼び出されて，被告の自宅の隣のＣ市内

所在の（被告名）後援会事務所に赴き，同所で，Ｒ，被告及びＬと選挙対策のための会合を開き，①同月19日にＣ市Ｓ町に設けた事務所において，本件選挙のための組織を発足させ，発会式を行うこと，②その組織の役員としては，事務長に（被告名）後援会の会長であるＰを，選挙対策委員長にＣ市議団のリーダーであるＱをそれぞれ充て，企画部長には甲が，総務部長にはＲが就任し，残りの役員である選挙対策副委員長，広報部長，遊説部長，日程部長等については，甲とＲが人選すること，③甲とＲは，今までと同様に選挙運動を取り仕切ることとし，右組織の最高責任者として各役員の中心となり，右組織が行う選挙運動方針を決定し，指揮をとること，④選挙運動資金は寄付金等をもって充てること等を取り決めた。

　その際，資金関係に関する話も出たが，被告は，金がないので2人でやってくれと言って，資金関係は今までのように甲とＲの2人に任せることとした。甲は，裏金の準備に付いても言及した。Ｒは，そのような金を使わずに選挙運動を行いたいと述べたが，甲が無理である旨告げると，Ｒは，そのような金は取り扱わないと述べた。甲は，正規の金の授受はＲに任せ，裏金は自分で扱う旨述べたところ，Ｒは，裏金とする資金もないと告げると，甲は，自分で準備してあるし，出来る範囲で出す旨述べ，被告を当選させるためには，法に触れるような金銭の支出もあえて厭わず，裏金については自らが用意し，使用する腹を固めた。

　被告は，Ｐに対し，右組織の事務長に就任することを要請し，Ｐもこれを了承した。

(5)　平成8年9月19日，Ｃ市Ｓ町に設置された事務所において，被告，甲，Ｒ，Ｐ，Ｑらのほか，各地区後援会世話人など約400人が出席し，甲の司会のもとで，事務所開きが行われ，席上，被告が来るべき本件選挙に立候補す

るので自己のために選挙運動をするよう求める挨拶をし，他の来賓も被告の当選を得るため選挙運動するようにとの挨拶をした。

(6) ところが，翌日の平成8年9月20日，甲の妻のKが高血圧による脳内出血で倒れ，救急車により運ばれて入院し，手術を受ける事態となったため，甲は，同月25日ころまでは，その看病に専念し選挙運動から離脱したが，同月26日ころからは，看病の合間を見て，ほぼ連日S町の事務所に設置されていた甲専用の個室に詰め，再び選挙運動の指揮をとることとなった。

(7) 甲は，選挙運動に復帰すると，自己が離脱していた間の選挙運動の状況を点検し，その間，法定ビラ等の検討，9月28日に第1回の選挙対策会議を開催することの決定とその通知，10月3日の総決起大会の案内状の宛名書き等の活動が行われていたに過ぎなかったため，第1回選挙対策会議の前日である平成8年9月27日ころ，本件選挙の被告の選挙対策組織の残りの役員をRと協議のうえ選任して被告に報告したほか，S町の事務所に設置されていた電話を10回線ほど増設する手配をしたり，C地区の地区後援会会長らに田方郡を重点とした個別訪問を行うように依頼したり，Rが不用意にも張り出していた個別訪問のスケジュール表を撤去させたり，同年10月1日には，離脱前に作成されていた被告の遊説日程案を検討してこれを一部訂正し，被告の了承を得るなどした。被告は，右遊説日程に基づき，公示日である同月8日から同月19日ころにかけ，選挙区全域をくまなく回って遊説した。

(8) 甲は，企画担当部長としては，遊説のための車両を用意し，看板を取付ける等のハード面を担当していたが，Rとともに寄付金を受け取って領収書を発行したりするなどした。

(9) 被告の支持基盤を選挙区全域に拡大するための地盤作りは，功を奏し，平成8年9月から10月にかけて，F地区，G地区等6ヶ所の地区後援会が組織

された。そして，同年9月28日には，被告も出席して第1回の選挙対策会議が行われたが，そこで，Rが提案し，了承された運動方針は，同月14日に決められた前記方針をそのまま採用したものであった。そして，選挙対策会議は，同年10月6日，同月12日，同月16日にも被告が出席して開催された。甲もいずれの会議にも出席したが，同月12日の第3回選挙対策会議においては，その司会を務めた。

(10) 甲は，平成8年10月3日に開催された被告の総決起大会に被告とともに出席し，しかも，自ら司会を行い，約2,100名の参加者に被告への支持を訴えた。

また，同月7日には，自ら警察署に赴き，選挙遊説用の自動車の規格が法規に違反しない旨の確認書を受領した。

3　甲の選挙犯罪

甲は，いずれも本件選挙に際し，Aと共謀の上

(1) 被告がX県第N区における小選挙区選出議員選挙に立候補する決意を有することを知り，被告に当選を得させる目的をもって，立候補届出前の平成8年9月29日ころから同年10月7日ころまでの間，前後6回にわたり同選挙区の選挙人であり，かつ選挙運動者である8名に対し，被告に対する投票並びに投票取りまとめ等の選挙運動をすることの報酬として現金合計180万円を供与し

(2) 同県第Z区における小選挙区選出議員選挙の候補者として届け出た被告に当選を得させる目的をもって，同年10月10日ころから同月19日ころまでの間，6度にわたり同選挙区の選挙人であり，かつ，選挙運動者6名に対し，被告に対する投票並びに投票取りまとめ等の選挙運動をすることの報酬等として現金120万円を供与し

もって，法221条1項1号等の罪を犯し，甲は，平成9年2月12日，右の罪により，懲役2年6月（執行猶予5年）に処せられ，その刑は，同年2月27日確定した。

事案 №15

※ 裁判例15-3及び裁判例15-4は候補者が法210条に基づき提起した訴訟

裁判例No.15-1
東京高等裁判所第7民事部平成9年10月7日判決（訴え却下）

判例地方自治180号38頁

裁判例No.15-2
最高裁判所第2小法廷平成10年8月31日判決（上告棄却）

判例地方自治180号34頁

裁判例No.15-3
東京高等裁判所第7民事部平成9年10月7日判決（請求棄却）

裁判例No.15-4
最高裁判所第2小法廷平成10年7月3日判決（上告棄却）

判決主文 裁判例15-1

本件訴えを却下する。

訴訟費用は原告の負担とする。

判決主文 裁判例15-2

本件上告を棄却する。

上告費用は上告人の負担とする。

判決主文 裁判例15-3

原告の請求を棄却する。

訴訟費用は原告の負担とする。

判決主文 裁判例15-4

本件上告を棄却する。

上告費用は上告人の負担とする。

事案の概要

1 15-1 事件被告（兼 15-3 事件被告。以下単に「被告」という。）は、平成7年4月23日施行のX市議会議員一般選挙（以下「本件選挙」という。）に立候補して当選し、同市議会議員として在職している者である。

2 甲は、被告により本件選挙の出納責任者として届け出られた者であるが、本件選挙に際し、同選挙に立候補した被告を当選させる目的で、被告の選挙運動者であるAと共謀の上、平成7年4月19日から同月23日までの間、同選挙の選挙人であり、かつ、被告の選挙運動者12名に対し、被告のために投票すること及び投票取りまとめ等の選挙運動をすることの報酬として、現金合計44万円を

供与し，もって，法221条3項3号，同条1項1号の罪を犯したとして，同年8月24日，右の罪により，懲役1年6月（執行猶予5年）に処する旨の判決を受け，右判決は，控訴，上告を経て平成9年3月18日確定した。

　そして，被告は，同月27日，甲が本件選挙に関して法251条の2第1項2号に該当する者として法221条3項の規定により刑に処せられた旨の通知を受け，本件選挙における被告の当選が無効とならないこと及び立候補が制限されないことを確認する判決を求めて訴えを提起した（裁判例 **15-3** 及び裁判例 **15-4** 関係）。

3　他方，東京高等検察庁検察官は，甲が，被告の長男であり，本件選挙に際し，被告と意思を通じて選挙運動をしていたとして，被告の当選無効及び立候補禁止を求めて訴えを提起した（裁判例 15-1 及び裁判例 15-2 関係）。

事 案 No. 16

裁判例No.16－1
大阪高等裁判所第12民事部平成10年5月25日判決（請求認容）

判例時報1645号44頁

判例タイムズ979号251頁

法律のひろば51巻10号50頁

研修602号15頁

裁判例No.16－2
最高裁判所第3小法廷平成10年11月17日判決（上告棄却）

裁判所時報1232号17頁

判例時報1662号74頁

判例タイムズ991号100頁

判決主文 裁判例16-1

　平成8年10月20日施行の衆議院議員総選挙に際し，衆議院（小選挙区選出）議員の選挙と同時に行われた近畿選挙区の衆議院（比例代表選出）議員選挙における被告の当選は，これを無効とする。

　被告は，この判決が確定したときから5年間，X県第N区において行われる衆議院（小選挙区選出）議員の選挙において，候補者となり，又は候補者であることができない。

　訴訟費用は被告の負担とする。

判決主文 裁判例16-2

　本件上告を棄却する。

　上告費用は上告人の負担とする。

事案の概要

1　被告は，平成8年10月20日に施行された第41回衆議院議員総選挙に際し，候補者届出政党であり，かつ，衆議院名簿届出政党であるL党から，X県第N区における衆議院（小選挙区選出）議員の選挙（以下「本件選挙」という）の候補者として立候補するとともに，近畿選挙区における衆議院（比例代表選出）議員の選挙の衆議院名簿登載者として届け出られ，本件選挙に落選したが，比例代表選出議員の選挙に復活当選し，現在，衆議院議員として在職中である。

2　甲は，平成4年1月ころ，被告に雇用され，当初，東京の議員会館事務所で勤務していたところ，同年6月ころ，被告がX県Y市に設けていたY事務所で勤務することを被告から命じられ，以降同事務所に勤務していたが，平成8年10月当時，同事務所には女子事務員1名のほか，Bが職員（秘書）として勤務しており，主として甲はZ郡を，BがY市を担当していた。

3　甲は被告の秘書と名乗り，その肩書の付された名刺を使用していた。

4　被告は，東京に議員会館と永田町のビル内に2箇所，選挙区内にY市など4箇所の地元事務所を設けていたが，特に各地元事務所に勤務する職員の能力や経験不足を危惧し，事務所の機能を十全に発揮させるための方策の1つとして，事務処理の基準を作り，これに従って日常の業務を行わせることとし，詳細な内容の事務処理要領（以下「(被告名)通達」という。）を制定し，事務所職員に対し，これに従い業務を処理することを求めていた。

　(被告名)通達の中には，地元秘書業務通達も含まれており，同通達には，地元秘書のなすべき仕事として，①後援会の役員づくりと役員とのコンタクト，②後援会の増強，③会合・訪問，④冠婚葬祭，⑤陳情の処理，⑥情報の収集，⑦写真の配布，⑧新聞記事の各事務所への送付などが列記されているほか，(被告名)通達中最も基本になると思われる「事務所運営規則」と題する文書にも，被告の日程調整の項の中で，「1日1回は秘書間で連絡をとり合うこと」との記載がなされていて，東京事務所のほか地元事務所にも秘書が存在していることが前提とされており，また，(被告名)通達の中の「地元女子職員の仕事の内容」と題する文書においても，地元事務所には，女子職員とは別に，被告がしなければならない仕事を被告に代わってする，いわばより実質的に被告を補佐する内容の業務を担当する職員として「秘書」の肩書の付いた職員が存在していることが明記されている。

　また，被告が国会活動のため東京にいなければならないため，これに代わって地元に常駐し，被告のために日常の業務活動をしていた地元事務所の職員が，被告の秘書の肩書を持ち，その業務を執行するに当たり，その肩書入りの名刺を使用していることは，被告としても，十分に予見することができた。

5　被告の地元事務所に勤務する職員は，被告が地元を代表するに値する立派な人柄と高い政治的識見及び幅広い行動力を有する人物であることを地元民に認

識させ，その支持を取り付けることを目的とし，そのために必要なあらゆる手段方法を講じるのがその任務であった。

　まず，国会議員の選挙において被告を当選させるための地盤固めとその強化，すなわち支持者が少ないと思われる市町村ではその支持者を増やし，支持者数がまずまずと思われる所ではこれを維持し，一層これを増やすことが日常的な業務目的であり，これは具体的には地元の有力者を中心に後援会組織を作り，これを維持発展させることであった。このような組織を維持発展させるため，例えば甲が勤務していたY事務所では，女子事務員を除いた2人の男子職員（秘書）については，日ごろから地元有力者や被告の支持者と接触を絶やさず，後援会等の会合を計画・設定し，また，人が集まる会合等にはできるだけ顔を出し，被告の人柄や政治上の信念政策等を披露して被告の支持者を増やすよう努力すること等のほか，関係者の家に冠婚葬祭等があれば，祝弔電を打ったり，告別式等にも被告の代理として参列したりすることも欠かすことのできない大事な仕事となっていた。

　また，地元事務所の職員としては，後援会の役員についても，欠員等があれば，その補充のために，目星をつけた地元有力者に就任方を依頼したり，後援会関係者の同意を取り付ける等の根回し的なこともしなければならず，現に平成8年度において，甲が担当していた7つの後援会支部のうち2つの支部で会長が辞意を表明したことがあり，甲としては，その後任者が見つからず，これに頭を痛め，適任と思われる人に就任を依頼するなど奔走したこともあつた。

　地元民からの陳情があれば，地元で処理できないようなものについては，これを東京事務所に取り次ぐことも重要な仕事であり，被告が地元に帰ってくるときなどには，地元支持者らとの会合のために，後援会関係者らと場所や日時の設定等の打ち合わせもしなけれげならず，また，消防の出初め式等地元での

行事に被告が出席できないときには，被告の代わりにこれに出席することもその仕事の1つであった。

　地元事務所職員として甲が担当していたこのような業務は，前記地元秘書業務通達において「地元秘書の仕事」として記載されている「後援会の役員づくりと役員とのコンタクト」，「後援会の増強」等に当たるものであった。

6　甲は，平成9年4月24日，本件選挙に際し，L党のX県第N区における小選挙区選出議員の候補者及び近畿選挙区における比例代表選出議員選挙の衆議院名簿登載者として立候補を予定していた被告に当選を得させる目的をもって，平成8年10月上旬ころ，Aに対し，本件選挙及び近畿選挙区における比例代表選出議員選挙において，被告及びL党に対する各投票及び投票の取りまとめなどの選挙運動をすることの報酬等として現金100万円を供与したとして，法221条1項1号等の罪により，懲役1年6月（5年間刑の執行猶予）に処する旨の判決の言い渡しを受け，同判決は平成9年11月11日確定した。

事案 No.17

裁判例No.17
東京高等裁判所第21民事部平成11年3月11日判決（請求認容）

判決主文

　被告は，本判決確定のときから5年間，X県Y町において行われる同町長選挙において，候補者となり，又は候補者であることができない。

　訴訟費用は被告の負担とする。

事案の概要

1　被告は，平成10年3月29日施行のX県Y町長選挙に立候補し落選したものである。

2　被告は，平成6年4月施行のY町長選挙に初当選して，1期同町長を務めたが，さらに再選の意欲を持ち，本件選挙での当選を目指して，同9年7月末ころ，支持者らをして「（被告名）後援会」（以下「後援会」という。）を設立させる一方，同年9月開会のY町定例議会において，本件選挙に立候補する意思を表明した。

甲は被告の実弟であり，平成7年10月施行のＺ町議会議員選挙に当選し，同議会議員を務めていた（同10年5月辞職）ものであるが，被告及び甲を含め被告の兄弟のうち4名は，いずれも地方政界に関与しており，少なくとも平成8年ころまでは，各人の選挙の際には相互に応援し合う仲にあった。そこで，甲は，後援会が設立されたころには，今までと同様，兄弟の一員として，被告を応援して選挙運動を応援しようと決意していた。

　甲は平成9年10月中旬ころ，後援会事務所において，被告から後援会の事務局長Ａ，事務局次長Ｂらに紹介され，Ａらにねぎらいの言葉をかけ，事務所の壁に掲げられた地図を元に被告と票読みを行うなどしていたが，同年12月ころからは，友人らの家を回って後援会への入会勧誘の形をとりながら事実上，被告の選挙運動を行うようになった。

　また，甲は，平成10年2月8日，後援会事務所がＹ町Ｓ地区に移転して事務所開きが開催された際に，後援会会長Ｃ及び被告の挨拶に続いて親族代表として，後援会役員らの面前で，「この選挙戦に（被告）を勝たせていただき，向こう4年間のＹ町の舵取り役にさせてください。」などと訴えて，被告の選挙運動への協力を依頼したほか，同月21日，Ｙ町Ｔ地区において，被告出席のもとに行われた後援会主催の総決起集会では，「今度の町長選挙には，応援よろしくお願いします。」などと挨拶をし，懇親会では出席者に挨拶をしながら被告への選挙応援等を依頼して回るなどした。

3　ところで，甲は，単独で，又はＤ，Ｅ，Ｆ若しくはＧと共謀の上，本件選挙に際し，被告に当選を得させる目的で，いまだ立候補の届出のない平成10年2月初旬ころから同年3月20日ころまでの間，多数回にわたり，Ｙ町内において，選挙人29名に対し，被告のために投票及び投票のとりまとめ等の選挙運動をすることの報酬として現金合計35万円を供与した。

4　甲は，本件選挙で被告に当選を得させる目的で法221条1項1号等の罪を犯したとして，平成10年6月23日に懲役1年6月（執行猶予5年）に処せられ，この刑は同年7月7日に確定した。

事　案 №18

裁判例№.18-1
名古屋高等裁判所金沢支部第1部平成11年4月12日判決（請求認容）

裁判例№.18-2
最高裁判所第1小法廷平成11年11月25日（上告棄却）

判決主文 裁判例18-1

　平成10年3月15日施行のX県議会議員補欠選挙における被告の当選は，これを無効とする。

　被告は，原告勝訴の判決が確定したときから5年間，Y市選挙区において行われるX県議会議員選挙において，候補者となり，又は候補者であることができない。

　訴訟費用は被告の負担とする。

判決主文 裁判例18-2

　本件上告を棄却する。

上告費用は上告人の負担とする。

事案の概要

1　被告の当選

　被告は，平成10年3月15日施行のX県議会議員補欠選挙（以下「本件選挙」という。）にY市選挙区から立候補して当選し，現在，同県議会議員に在職中のものである。

2　過去のY市議会議員選挙における被告の選挙運動

　被告は，昭和62年，平成3年及び平成7年の過去3回のY市議会議員選挙（以下「市議選」という。）にS地区を地盤として立候補し当選した。右各選挙に際しては，S地区にある多数の町会で町会単位の後援会が組織され，これらを束ねるものとして（被告名）連合後援会（以下「連合後援会」という。）が結成された。連合後援会は，各選挙に際して，これに立候補した被告のため，その唯一の集票組織として，いわゆる選対本部を組織し中心となって選挙運動を展開した。

　本件選挙の直前である平成7年の市議選において，連合後援会は会長にH，幹事長に甲，事務局長にI，事務局次長にJがそれぞれ就任して組織された。右選挙運動は，幹事長である甲が全般にわたって計画・立案した上，指揮・監督し，会長である右Hは甲の決定したことを追認するにすぎなかったし，右I，Jは甲を補佐する以上の役割を担わなかった。

　甲は，右各選挙運動を選対本部の中心となって推進した。すなわち，昭和62年の市議選では連合後援会の幹事となり，平成3年の市議選では連合後援会の事実上の筆頭幹事となり，平成7年の市議選では連合後援会の幹事長となって，それぞれ被告のため選挙運動に従事した。

　また，甲は，この間，被告の選挙運動を資金面から支援する団体である「K

会」の幹事長兼会計責任者として，その資金運用を一手に引き受け，平成3年及び平成7年の市議選時には，自らの裁量により，K会の資金を被告のための選挙資金に充てていた。

3 　被告の本件選挙への立候補

　　平成10年1月30日，本件選挙に際して，Y市議会における会派の1つで，被告が所属していたY市議会L会（市議17名）が，被告を候補者として擁立することを決めた。その際，被告は，地元後援会の了解等が得られれば立候補したい旨の意向を示していた。

　　被告は，同年2月1日，甲の経営する甲建設株式会社の事務所を訪れ，甲に対し，自分がL会から擁立されている旨話した上，同会の市議会議員らが説明に来るので，同月3日に被告方に地元後援会の人たちを集めることを要請した。これを受けて，甲は被告とともに，平成7年の市議会議員選挙当時の連合後援会の役員に電話をかけて，同月3日に被告方に集まるように伝えた。

　　同年2月3日，被告宅に連合後援会関係者ら数十名が集まり，甲の司会で「地元説明会」が開かれ，L会の市議会議員らが右擁立の経過を説明し，「今回の選挙は各党間の戦いであり，被告でないと勝てない。市議団が責任を持って選挙運動するから，後援会は後から付いてきてほしい。」などと言って，連合後援会関係者らの了承を求めた。これに対し，右関係者の一部から，被告を本件選挙の候補者として擁立することに反対の意見も出たが，最終的には，被告が進退をL会に委ねることが了承された。

　　同年2月7日，被告は正式に本件選挙への立候補を表明し，甲に対して，電話でその旨伝えるとともに，「後援会の方よろしく頼む。」と支援を要請した。

　　同年2月11日には，被告の住居があるY市T地区の6町会の地元住民らが出席して集会が開かれ，その席上被告が支援を求める挨拶をし，甲は，連合後援

会の立場から，地元としての支援を呼びかける挨拶をした。

本件選挙は，同年3月6日に告示され，被告は同日立候補の届出をした。

4　被告の選挙運動組織

本件選挙は議席1名の補欠選挙で激戦が予想された。

本件選挙において，被告はＹ市選挙区全域から集票しなければならなかったことなどから，過去3回の市議選で連合後援会が選対本部を組織したのに代わり，Ｌ会が選対本部を組織することとなり，本件選挙運動全体の計画の立案・決定，指揮・監督を，選対本部長でＬ会所属のＡ市議が行った。

Ａのプランの下，被告の地元であるＳ地区以外の地区については，Ｌ会の市議計16名が，それぞれの地元において，各自の後援会等に働きかけて後援会会員募集名目による集票活動や個人演説会の手配・それへの動員要請等を行うこととした。

選対本部長のＡ市議は，同月12日ころ「（被告名）後援会事務所」（以下「後援会事務所」という。）として2階建て建物を借り上げたが，同建物内には選対本部のための区画のほか，連合後援会のためにも専用区画が割り当てられ，同区画内に連合後援会のための電話と幹部役員3名及び事務員1名の事務机が設置され，甲がその裁量で事務員2名を採用した。

連合後援会は，Ａのプランのもと，被告の地盤とする地域であり最重要拠点のＳ地区について，被告及び選対本部と調整を取りなから独自に選挙運動を進めることになるとともに，選挙区全域における個人演説会の立て札を準備するなどの裏方的活動や電話による投票依頼を行うことになった。そこで甲は，各町会ごとの後援会の役員等に選挙運動の分担実行を要請するため，連合後援会の役員会を招集しようとしたが，本件選挙においては，過去3回の市議選では数か月前までに選任していた町会後援会等の役員を今回は選任する時間的余裕

がなかったことから，甲の提案により平成7年の市議選の際と同様，Hが会長，甲が幹事長，Iが事務局長，Jが事務局次長にそれぞれ就任し，当時の町会後援会等の役員をそのまま本件選挙に際しての町会後援会等の役員とみなして，役員会の招集通知を行つた。そして，同年2月22日に役員数十名が集まつて連合後援会第1回役員会が開催され，これに被告も出席して支援を求める挨拶をし，Hが会長として挨拶をし，甲が後援会入会申込書により有権者に後援会への入会を働き掛けて支持を広げること，被告のポスターを掲示することなど，具体的な選挙運動の実行を要請した。さらに，甲は，同年3月5日，同月10日にも，連合後援会役員会を開催し，その席上，出陣式，必勝祈願祭等に有権者を動員すること，遊説隊を出迎えること，総決起大会に甲の割り当てた目標人数に従つて有権者を動員することなどを要請した。その後，多数の役員が甲の要請に従い前記各運動を分担して実行した。

　また，甲は，連合後援会の内部組織である「Q会」，「R会」，「K会」にもそれぞれ選挙運動の指示をした。甲の指示に基づき，Q会役員らは，各町会後援会の者に電話当番を割り当て，約1万5,000世帯に対する電話作戦を分担実行するなどし，R会の会員らは，Y市全域において各地区での個人演説会の会場設営の作業を行つた。甲は，平成10年2月26日，会員ら約100名を集めて「K会」の昼食会を開催し，被告出席の下で被告支援を呼びかける挨拶をした。さらに，甲は，従前同様自らの判断で，K会の預金から650万円を取り崩し，その一部を選挙費用に充てたほか，延べ50万円を用いて買収行為を行つた。

　甲は，以上のほか，各地で開催された多数回にのぼる個人演説会，地元S地区で開催された総決起集会等でHとともに地元を代表して被告支援の挨拶等をして，被告に対する投票を呼びかけた。

5　甲は，本件選挙に際し，被告に当選を得させる目的をもつて，

(1) 立候補届出前の平成10年3月1日ころから同月5日ころにかけ，前後3回にわたり，同人の選挙運動者3名に対し，被告のため投票とりまとめ等の選挙運動をすることの報酬等として現金合計25万円の供与ないしその申込をし
(2) 立候補届出後の同月6日ころ及び同月8日ころの2度にわたり，被告の選挙運動者2名に対し，被告のため投票とりまとめ等の選挙運動をすることの報酬等として現金合計25万円の供与ないしその申込をした，との事実により，同年7月10日，懲役1年（執行猶予5年）に処せられ，その刑は平成10年12月25日，確定した。

事案 №19

裁判例№19
福岡高等裁判所第3民事部平成11年10月6日判決（請求認容）

判決主文

　被告は，本判決が確定したときから5年間，Y市Z区選挙区において行われるX県議会議員選挙において，候補者となり，又は候補者であることができない。

　訴訟費用は被告の負担とする。

事案の概要

1　被告は，平成11年4月11日施行のX県議会議員選挙（以下「本件選挙」という。）にY市Z区選挙区から立候補して当選したが，同年7月16日に辞職した。

2　被告は，次のとおり，X県K政連L支部連絡協議会（以下，「L政連」という。）が，その組織により被告のため選挙運動を行うことについて，L政連の委員長である甲並びにL政連の副委員長である乙及び丙と意思を通じていた。

3

　(1)　L政連は，X県内の農業協同組合員によって構成された政治団体X県K政

連の下部組織であり，X市Y区の5分会をはじめとする6分会を擁し，国会議員等への陳情活動等を行うとともに，各種選挙においてL政連が推薦した候補者のための選挙運動を行っていたが，その選挙運動は，選挙運動の原案を事務局が作成し，委員長及び2名の副委員長は，選挙運動方針を決定し，これを各分会長に指示し，各分会長をして推薦候補者の演説会や遊説活動に構成員等を動員させたり，電話作戦やビラの配布等を行わせて，組織的な選挙運動を行っていた。

(2) 被告は，昭和58年にY市議会議員選挙に立候補して当選し，以後，3期連続して同市議会議員を務めた後，平成7年4月に施行されたX県議会議員選挙にY市Z区選挙区からM党公認及びX県K政連推薦候補者として立候補して初当選した。そして，被告は，初当選した時から，本件選挙に立候補する意欲を有していた。被告は，本件選挙で再選を果たすためには，前回選挙と同様にX県K政連の推薦を受けてL政連の組織票を獲得することが必要不可欠であると考え，平成10年10月ころ，甲に対して推薦願書を提出し，本件選挙においてX県K政連が被告を推薦候補者とするように依頼したところ，同年12月9日，L政連の役員会において，被告を推薦候補者としてX県K政連に上申することが決定され，同月17日，X県K政連の会合において，正式決定された。

(3) 被告は，L政連から，X県K政連の推薦候補者に事実上決まった旨の通知を受けた同月10日ころ，甲に電話をかけ，お礼を述べるとともに，今後の集票活動を依頼し，同人はこれを承諾した。

(4) 被告は，同11年1月28日，甲，乙及び丙らが出席しているL政連役員の新年会に推薦候補者として出席し，推薦を受けたことへのお礼を述べるとともに，2期目も全力を尽くすので当選させて欲しい旨のあいさつをした。

(5) 被告は，L政連が積極的に被告のための選挙運動をしてくれるようにするためにはL政連の委員長に金を渡すしかないと考え，後記のとおり，同年2月1日，甲方において，同人に対し，被告のための選挙運動をしてくれることへの報酬等として現金50万円を供与した。甲は，同月20日，自宅において，乙及び丙に対し，被告から選挙運動をよろしく頼むとの趣旨で金を貰ったことを打ち明け，乙及び丙に各10万円づつ供与し，残りはL政連の資金と併せて2度にわたってU分会長であるA他3名に8万円ないし6万円を供与した。

(6) 被告は，2月初旬，L政連の事務局長Bを訪問して被告の後援会入会申込書約1500枚を渡し，これらをL政連の構成員の家に配布させて後援会への入会を勧誘し，あわせて，選挙の際には被告に投票するよう依頼させて集票を図り，かつ，署名してもらった右申込書を回収して票読み作業をしてもらいたい旨依頼し，更に，被告所有のY市Z区所在のビル2階の空室に，選挙の際には被告に投票して貰いたい旨の依頼をする，いわゆる電話作戦をするための電話を引くなどして準備した上，BにL政連が選挙運動をするための事務所として使って貰いたい旨申し入れ，同人はこれを甲らに伝え，同人らはこれを了承し，2月20日，同所に事務所が開設され，3月10日ころから被告のための電話作戦が開始された。

(7) 被告は，同年2月20日，甲らに対し，L政連が総決起大会を行うのをやめ，これに代わる被告を励ます会を開いて貰いたい旨依頼し，その結果，同年3月6日，前記ビル1階において，L政連が主催する被告を励ます会が開催され，被告及び甲が，出席者に対し，被告が当選できるように投票や票集めをしてもらいたい旨あいさつした。

4 L政連は，甲，乙及び丙が中心となって，平成11年2月ころから，被告のた

め，組織により選挙運動を行っていた。すなわち，L政連3役である甲，乙及び丙は，平成11年2月8日のL政連の役員会において，出席した各分会長に対して，被告の後援会入会申込書を有権者方に配って被告への投票を依頼したり，同年3月10日から4月10日までの間，前記ビル2階事務所で行われるいわゆる電話作戦に従事する運動員を各分会から派遣するように指示した。分会長らはこれを承諾した上，所属の分会員に指示して被告の後援会入会申込書を持って各戸を回らせて，被告への投票を依頼させたり，電話作戦に従事する者を派遣して有権者らに投票依頼する選挙運動行為を行った。また，同年3月6日，被告の希望により，被告を励ます会が前記ビルで開かれた際には，甲や被告もあいさつをして，被告のため選挙運動するよう依頼したほか，同年4月5日，被告がW島からVまで車に乗って回り，街頭演説を行ったが，甲ら三役と事務局長もこれに同行した。

5　甲，乙及び丙は，上記3(5)の事実，すなわち

(1)　甲は，①平成11年2月1日ころ，同選挙に立候補する決意を有していた被告から，その当選を得る目的で被告のため投票並びに投票取りまとめ等の選挙運動をすることの報酬として供与されるものであることを知りながら，現金50万円の供与を受け，②被告に当選を得させる目的で，同月20日ころ，同選挙区の選挙人である乙及び丙に対し，被告のため投票並びに投票取りまとめ等の選挙運動をすることの報酬として各現金10万円を供与し

(2)　乙は，甲から，前記(1)の趣旨で供与されるものであることを知りながら，前記(1)の現金10万円の供与を受け

(3)　丙は，甲から，前記(1)の趣旨で供与されるものであることを知りながら，前記(1)の現金10万円の供与を受け

(4)　甲，乙及び丙は，被告に当選を得させる目的で，共謀の上，同月26日ころ

及び同年3月6日ころの2度にわたり，同選挙区の選挙人4名に対し，被告のため投票並びに投票取りまとめ等の選挙運動をすることの報酬として現金合計26万円を供与したとの法221条1項1号等の違反事実により，平成11年6月29日，甲は，懲役1年2月，5年間執行猶予に，乙は，懲役1年，5年間執行猶予に，丙は，懲役1年，5年間執行猶予に各処せられ，それらの刑は同年7月14日確定した。

6 被告は，平成11年7月22日，本件選挙に際し，法221条1項1号の罪により懲役1年6月，執行猶予5年の判決の言い渡しを受け，同判決は確定した。

事案 No.20

裁判例No.20−1
福岡高等裁判所第1民事部平成12年1月20日判決（請求認容）

裁判例No.20−2
最高裁判所第2小法廷平成12年6月16日判決（上告棄却）

判決主文 裁判例20−1

1　平成11年4月25日施行のY市議会議員選挙における被告の当選は，これを無効とする。
2　被告は，この判決が確定した日から5年間，Y市において行われるY市議会議員選挙において，候補者となり，又は候補者であることができない。
3　訴訟費用は被告の負担とする。

判決主文 裁判例20−2

本件上告を棄却する。

上告費用は上告人の負担とする。

事案の概要

1 被告は，平成11年4月25日施行のY市議会議員選挙（以下「本件選挙」という。）に立候補して当選し，現在，同市議会議員として在職中の者である。

2 甲は，土木工事，建築工事等を業とする株式会社K工業の代表取締役である。被告は，平成7年4月20日に土木工事，建築工事等を業とする有限会社Lを設立し，妻を代表取締役とし，自らは取締役に就任したが，実質上，同社を経営している。また，被告は，本件選挙において当選するまでは，Y市農業委員会副会長，同市P1地区自治会区長を務めていたほか，N川沿いの住民で組織し，同川の浄化運動を行っている市民の会の会長も務めていた。

甲と被告は，昭和55年ころ知り合い，昭和59年ころには，甲が一時被告をK工業の前身の有限会社の非常勤社員として雇用したりしたが，意見が対立して被告は退職し，その後の平成3年ころ，甲は，1年程度，被告をK工業取締役として採用したが，やはり意見が合わず，被告は退任した。そして，被告は，Lを設立した。

被告は，平成10年2月ないし3月ころ，Lが取得した株式会社O振出しの手形が不渡りとなったことから，その支払について，Oから仲裁の依頼を受けた甲と交渉し，被告は，結局Oや甲から右手形金額を回収した。この件をきっかけにして，被告と甲は，また交際するようになった。

Aは，Y市P2地区において農園業を営み，Bは，同地区自治会の会計担当役員をしていた。Bと甲は，家が近所であり，古くからの親しい近所付き合いをしていた。甲とAは，平成8年ころにY市P2地区の地域改善事業について同地区区長らとA及びBらが対立した際に，甲が仲介に入ったことから，親しく付き合うようになった。

3　甲は，平成9年12月ころ，甲が懇意にしている建設業者で構成する親睦団体であるＱ会を結成し，同会は毎月1回会合を持つこととなったが，Ｑ会の会長にはＣが，副会長にはＤがそれぞれ就任し，甲は同会の顧問となった。

　また，甲は，Ｎ川沿いのＹ市P3周辺地域の環境の確保，保全を目的とする団体を結成することを考え，Ａ，Ｂ及びＥの賛同を得て，ＡがＹ市P4地区，Ｂが同市P2地区，Ｅが同市P3地区の自治会役員に声をかけて，参加者を募った。この結果，平成10年7月3日，P3地域環境保全対策協議会（協議会）が会員15名で結成され，その事務所をＫ工業所在地として発足した。呼掛人であった甲は，自ら役員を決定したが，会長にはＡを，副会長にはＥ及び被告を，事務局長にはＢを充て，自らは，会長とともに会務を統括する立場にある常任顧問に就任した。被告は，Ｙ市P2，P3，P4各地区（以下まとめて「本件3地区」ということがある。）とは異なる同市P1地区の住民であったが，甲は，被告が2記載のとおりＮ川の浄化運動を行っており，行政面に強く，行動力もあると評価していたことから，協議会への参加を呼び掛けた。

4　ところで，甲は，P2地区には馴染みの市議会議員がおらず，地区住民の声が市政に反映されていないと考えており，自ら本件選挙に立候補することを考えたりもしたが，交際を再開した被告が，自己中心的で協調性に欠け，同業建設業者ともトラブルがあり，地域住民などの評判で芳しくない点も存したものの，行政面に強く，行動力もあり，市議会議員に当選すれば，地域代表及び建設業界の代表として，地域の要望や業界内の発注の偏りなどの問題に取り組んでもらえるばかりでなく，被告であれば，これまでの交際の経験から，被告に対しては自らが優越的な立場を確保できるとも考え，被告を立候補させることが相当と考えるに至った。そこで，甲は，平成10年10月上旬ころ，ＡやＢに対して被告を本件選挙に立候補させるとの考えを示した上，被告に対し，立候補

を勧めたところ，被告も前向きの姿勢を示した。

　被告は，同年10月下旬ころには立候補の意向を固め，Y市農業委員などをしており，過去2回のY市農業委員選挙の際に被告の後援会長を務めたFに対し，本件選挙への立候補に対する支援を求め，Fは，被告の後援会長に就任することを承諾し，G及びHも被告を応援することになった。他方，甲は，そのころ，同業者でありQ会会長のC及び副会長のDにも被告への応援を求めてその了承を得た上で，両名のほか，A及びBを伴い，被告宅を訪問し，右同人らが一生懸命頑張ると述べて本件選挙への立候補を要請した。そこで，被告は，同人らに対し，この要請を受諾し，立候補する意思を明らかにした。

　ところで，被告の居住するP1地区からは，前回選挙で4位で当選した市議が選出されており，本件選挙でも同議員の立候補が予想されていたため，被告がP1地区から立候補するとすれば同地区では現職の同議員との間で票を奪い合う関係にあり，被告としては，P1地区以外からの得票が必要であった。

5　甲は，被告の立候補について，協議会会員の支援も求めるため，A及びBと相談の上，同年10月24日，協議会の定例会において，本件選挙の候補者として被告を協議会として推薦することを提案した。P3地区会員からは，他候補の出馬もあるので協力できないとの意見は出たものの，その余の反対はなく，協議会としては，甲の提案を承認した。そこで，被告は，本件選挙で地域の人のために頑張るので応援方をお願いする旨挨拶した。

　この後，甲，A及びBは，選挙運動を組織化するため後援会を作る相談をしたり，P2地区区長や，P4地区区長に対し，被告が本件選挙に立候補するについて，両地区の住民に対する被告のための投票並びに投票取りまとめ等の選挙運動を行うことを依頼したりしたほか，同年11月上旬，P4地区土木委員Iに対し，被告のための投票並びに投票取りまとめ等の選挙運動をすることの報酬と

して現金20万円を供与した。もっとも、その後、P4地区からはJが立候補することになったので右金員は返金され、右現金供与は効を奏さなかった。

6　同年11月初旬ないし中旬ころ、K工業事務所に、甲、被告の他A～Hの8名が集まり、被告の後援会を組織して選挙運動を展開すること、後援会事務所をできるだけ早くK工業事務所敷地内に設置すること、月1回程度集まること等を決めた。そして、同月13日ころ、甲は、Q会の定例会において、会員に対し、被告の本件選挙への立候補について推薦を求めたところ、反対する者はいなかった。

　Fは、同月18日、X県選挙管理委員会に対し、被告自宅脇の被告が経営する喫茶店を事務所の所在地として、「（被告）後援会」の政治資金規正法に基づく政治団体設立届出をしたが、後援会の代表者はF、会計責任者はH、会計責任者職務代行者はGとされた。同時に、後援会の規約も提出されたが、規約のワープロ打ちは、被告の依頼で甲の妻が行った。

7　甲は、同年11月16日の午前中、K工業事務所において、Bに対し、今後もA及びBが甲の両腕となって、被告のための投票並びに投票取りまとめ等の選挙運動をすることの報酬として、AにはBから渡すよう添えて、現金10万円を供与した。その日、甲は、A、B及びEとともに、予定されていたY市が行うN川の水質検査に立ち会った後、被告とK工業で待ち合わせ、被告及び甲らは、M株式会社を訪問した。右訪問の目的は、本件選挙における被告への投票の依頼であり、被告は、応対したM社R部課長に対し、「協議会から被告が本件選挙に立候補するので、協力をお願いします。後日後援会名簿を持ってくるので、希望者を募って下さい」などと挨拶をしたが、甲ら及び被告からは、工場排水の問題に関する発言はなかった。なお、被告は、平成11年1月ないし2月ころにもM社を訪問して協力を依頼した。

事 案 №.20 319

8　同年11月19日ころ，甲が被告に指示していた後援会カード3000枚の印刷が出来上がった。後援会カードは，その後も発注され，合計1万1500枚が印刷され，平成11年3月19日に納入された500枚については，電話番号として，後記P1事務所及び後記P3事務所のそれが併記されている。また，平成10年11月19日，名刺10名分合計2000枚も納入されたが，このうち6名分は，「（被告）後援会」の「事務局長C」，「副会長B」，「副会長A」，「副会長V」，「副会長E」，「顧問甲」のものであり，それらにはP1事務所とその住所・電話番号，P3事務所の電話番号とが併記されており，このP1事務所の所在地及び電話番号は，政治団体設立届における「（被告）後援会」のそれと同じである。これら後援会カードなどの代金は，他の名刺やポスター代も含めて，平成11年2月5日約22万円，同年4月30日約26万円が支払われたが，前者の支払は，正規の帳簿には記載されていない。

9　同年11月20日，甲は，リースを利用して，K工業敷地にプレハブの（被告）後援会事務所を設置した（同事務所は，平成11年2月ころからは「（被告）後援会P3事務所」と呼ばれており，以下同事務所を「P3事務所」という。）。甲は，リース料は自ら負担するつもりであった。そして，同日ないし翌日21日ころ，P3事務所において後援会の会合を開いた。この会合には，甲及び被告のほか，AないしGの7名のほか，P1地区のRやSも参加した。甲において，後援会長をF，副会長をA，E，D及びB，事務局長をCと指名するとともに，P3事務所を今後の選挙運動の拠点とすること，後援会カードを集める方法により被告の支援者を増やす方法で選挙運動を行うこと，今後の後援会の会合は，隔週土曜日の午後7時に行うこと等を決めたが，これに反対する者はいなかった。なお，被告は，同年11月5日ころ，P5地区区長であり，Y市農業委員でもあるTに本件選挙への立候補のことを話したところ，同人も被告を支援する意

思を表明したため，右会合の場で，このことを披露した。

　続いて同年12月初めころ，甲は，P3事務所において後援会の会合を開き，被告及び甲のほか，AないしG，R，S，Tが参加した。甲は，参加者に後援会カードを配布した上，各人毎に担当を指示したが，P6地区はD，Y市漁協の関係者はE，P5地区はT及びC，漁協を除くP3地区及びP2地区をA，P2地区の役員関係をBと定めたが，P1地区の担当は定めなかった。

10　Aら5名，Tらは，甲から指示された担当地区毎に地域住民に対し，被告の後援会に入会し本件選挙において被告に投票するよう働きかける形態で選挙運動を行い，回収された後援会カード（P3事務所では，合計600枚程度回収された。）は甲に渡され，甲がP3事務所にやってきた被告にこれらを渡し，被告はこれらを持ち帰り自ら票読みしていた。後援会カード用紙は甲が管理しており，各人は手持ちの後援会カード用紙を使い切ると，K工業の社長室に行き，新たに後援会カード用紙を甲から受け取っていた。

　また，P3事務所における後援会の会合は，平成11年になってからは隔週1回，2月からは週1回のペースで各土曜日の午後7時ころから1時間程度開かれ，甲，AないしF，Tらが集まった。会合では，後援会カードの集まり具合や，選挙運動の状況，今後の取組み，事務所開きに必要な備品等について協議され，P3事務所における会合の議事進行や選挙運動の方針についてはすべて甲が取り仕切っており，AないしE，Tは甲の指示を受けて活動していた。被告も，3回に2回程度，後記P1事務所開設後は月に2，3回程度は出席していた。

　被告及び下山は，平成10年12月中旬ころ，平成11年2月中旬ころ及び同年3月下旬ころ，T，C，P5地区副区長，同区土木委員らとともに，P5地区住民に対する個別訪問を行い，被告は，同年2月下旬には，B及びAとともにP2地

区住民に対する個別訪問を実施し、同年3月14日ころには、F、B、A及びAの依頼により被告の応援をするようになったP2地区住民らとともに、P2地区の住民に対する個別訪問をした。さらに、被告は、同年3月下旬ころ、甲とともに、P2地区有権者宅を150軒程度戸別訪問した。このような個別訪問をしたことの報告は、P3事務所における会合において、甲に逐一報告がされていた。

11 一方、甲は、平成10年12月5日ころ、Uに対し、被告のための投票並びに投票取りまとめ等の選挙運動をすることの報酬として現金5万円を供与し（犯行第1）、同月中旬ころ、Vに対し、被告のための投票並びに投票取りまとめ等の選挙運動をすることの報酬として現金5万円を供与した（犯行第2）。また、被告及び甲は、同月6日に開かれた協議会忘年会において、参加者に対し、本件選挙に立候補する被告への応援を要請し、同月20日には、甲において漁協P3支所の忘年会に出席して、被告への投票を依頼した。甲は、平成11年2月初めころ、K工業事務所において、Tに対し、被告のための投票並びに投票取りまとめ等の選挙運動をすることの報酬として現金5万円を供与した（犯行第3）。そして、甲は、同年2月5日、選挙運動用に、ジャンパー、はちまき、たすき、手袋等を繊維会社に注文し、同年4月5日、代金を支払った。

12 被告は、平成11年2月に入り、本件選挙が近くなってきたため、被告の自宅近くに新たに選挙事務所を開設し（これがP1事務所である。）、同月20日、事務所開きを行った。この事務所開きには、甲及びBも出席し、甲において挨拶を行った。ちなみに、当日、甲は2万円を、Cは14万円を、それぞれ寄付している。

　他方、甲は、同年3月に入り、P3事務所に女性事務員Wを雇用した。このころのP3事務所は、本件選挙の告示日ころまでは、被告、A、Bらが週に1回集

まる程度であったが，告示後は人の出入りも多くなってきた。そして，同月7日，P3事務所の事務所開きが行われたが，この案内は，甲が作成し，A及びBらが地域住民に配布し，被告も右事務所開きには出席して挨拶し，甲及びFが被告を応援する演説をした。

13　同年4月18日，本件選挙の告示日となり，立候補者は34名であった。P1事務所における出陣式は，同日午前9時ころから始まったが，甲及びBが，ともにひな壇横に並んだ。被告側で作成したP1事務所出陣式の案内文書には，P1事務所及びP3事務所の電話番号が併記されている。他方，被告は，同日のP3事務所における出陣式にも出席して挨拶をしたが，この出陣式の案内は甲が作成し，Aらが地域住民に配布し，150名程が参加した。

選挙期間中，甲は，Bに伴走車を用意させ，甲がガソリン代を負担し，甲，A及びBも被告に伴走したりした。

同月25日，開票の結果，被告は28名中22位で当選し，現職者は，次点の963票で落選した。当選後，P1及びP3の両事務所で当選祝賀会が開かれ，被告は，P3事務所での当選祝賀会にもFとともに出席した。

14　甲は，本件選挙運動について合計110万円程度を出捐したが，P3事務所設置維持費用等はK工業の経費として処理し，前記各買収金は給料の前借りなどを使用して捻出した。甲と被告との間には，費用分担についての話し合い等はなかった。

15　甲は，前記11の各事実，すなわち，本件選挙に際し，被告が同選挙に立候補する決意を有することを知り，被告に当選を得させる目的で，いまだ被告の立候補の届出のない平成10年12月5日ころから平成11年2月上旬ころにかけて，前後3回にわたり，本件選挙の選挙人3名に対し，被告のため投票並びに投票取りまとめ等の選挙運動をすることの報酬として現金各5万円（合計15万円）

を供与したとの法221条1項1号等の罪を犯したとして，同年7月28日，懲役1年4月（執行猶予5年）に処する旨の有罪判決の言渡しを受け，同判決は，同年8月12日確定した。

事案 No.21

裁判例No.21
福岡高等裁判所第5民事部平成12年8月8日判決（請求認容）

判決主文

　被告は，本判決が確定した時から5年間，X県Y町長選挙において，候補者となり，又は候補者であることができない。

　訴訟費用は被告の負担とする。

事案の概要

1　被告は，平成11年4月25日施行のX県Y町長選挙（以下「本件選挙」という。）に立候補して当選し，同町長となったが，同年12月21日に辞職した。

2　被告は，昭和54年9月から平成3年9月まで3期にわたりY町会議員を務め，その後は同町監査委員をしていたが，平成7年2月の前町長の死去に伴い，同年4月の町長選挙に立候補して当選した。

　被告の長男甲は，被告夫婦と同居しており，被告の町会議員選挙や右町長選挙の際には，被告のために選挙運動を行った。

3 被告は，町政への取組みは１期４年で実現できるものではないと考えており，折に触れてその旨を甲や後援会役員に話していたので，甲らも被告の考え方を承知していた。また，被告自身も，右町長選挙に当選したときから，次期町長選挙に立候補する心づもりでいた。

4 被告後援会は，平成７年４月施行のＹ町長選挙の際に設立された政治団体であり，同選挙後は適宜役員会を開き，後援会の活動内容を決めていた。そして，平成８年11月８日開催の役員会において，被告が次期町長選挙に再び立候補することを前提にして，その当時いた70名の世話人では有権者の票の取りまとめ等に不足することから，Ｙ町の４地区のそれぞれに少なくとも50名の世話人を確保することを決め，その態勢が整った後の平成９年７月19日に後援会総会を開催し，それまでの経過報告等がされた。甲はその会場設営準備等を手伝い，被告と共に出席した。また，平成９年９月29日開催の役員会では，次期町長選挙に向けた組織の充実強化策として青壮年や女性層の組織化を図ることとし，青壮年層の組織化については甲に依頼することが決められた。

5 被告は，平成10年春ころ，妻や甲に翌年に予定される本件選挙に立候補する意思を明らかにし，同年４月ころには，被告後援会会長のＡや同顧問のＢらにも立候補の意思があることを告げ，後援会組織を動かして町長選挙の準備に取りかかって欲しいと依頼した。

ところで，本件選挙には，平成７年９月施行のＹ町議会議員選挙において最多得票数を得て当選したＣが立候補すると見られていた。Ｃは，前回町長選挙に立候補を予定していながら，町政に対する実績がないと周囲から説得されて断念した経緯があることは町内でよく知られており，同人が次期町長選挙に立候補すれば，被告と一騎打ちとなる激戦が大方に予測されていた。このことは，被告はもとより，甲や被告後援会役員も認識していた。

6　被告後援会は，平成10年5月23日，被告の出席を得て代表者会を開き，本件選挙までのスケジュールを立てた。そして，前回選挙の投票実績等を基に，被告の支持者の確保と票読みのため，町内の70パーセントの有権者の獲得を目標として後援会入会者を募り，各校区の世話人を通じて町内各戸に入会申込書を配布してこれを取りまとめることとし，そのとおり実行したが，平成10年12月31日現在の被告後援会入会者は，有権者総数の約半数に止まるという厳しい状況にあつた。

7　甲は，被告を通して平成10年5月23日の代表者会で決められた内容を聞き，被告や実弟Dらと相談した上，Dの手配で右入会申込書を印刷した。また，甲は，同年7月から8月にかけて開かれた3地区の世話人会の手伝いをし，被告と共に参加して参加者に挨拶をするなどした。

他方，甲は，平成10年7月ころ，被告後援会顧問のBから青壮年部の組織化について催促されたので，各地区から青壮年の世話役を募ることを考え，同年10月20日ころ，遠戚関係にあるEに対し，Eの地元で苦戦が予想されるK地区の世話役になることを依頼したところ，Eはこれを引き受けて積極的に活動した。

そこで，甲は，その謝礼と今後の票の取りまとめ等の選挙運動に対する謝礼の趣旨で，同月26日，E方で同人に対し現金10万円を供与した（犯行第1）。

8　甲は，平成10年10月30日と同年12月28日の2回にわたり，青壮年層の組織化を図るために各地区の世話役十数名を集めた会合を企画・開催し，被告も甲の依頼を受けて右各会合に出席した。

また，甲は，各種の会合や忘年会に被告が赴いて挨拶をする「顔出し」の機会が持てるよう世話役に依頼し，同年11月から翌12月にかけて数回にわたり，被告と共に忘年会等に出席した。そして，その際には寸志として祝儀袋に入れた現金を渡すなどしていた。

そうこうするうちに、被告は、平成10年12月に開かれた町議会において、対外的にも本件選挙に立候補する旨の意思表明をした。
9　甲は、平成10年12月下旬ころ、中学校の同窓生で同じ地区役員として付合いのあったF方を訪ね、2地区の青壮年層のとりまとめ役と翌年1月に開かれる中学校同窓会において被告が挨拶をさせてもらえるよう依頼した。Fは、その場でとりまとめ役は引き受けたが、同窓会での挨拶については、平成11年1月4日になって、選挙絡みであるといって反対する同窓会役員がいることを理由にこれを断った。その際、Fが、同月24日にある同窓会幹事の打上げの席で被告のことを皆によく頼んでおく旨話していたので、甲は、右宴席の前に票集め等の選挙運動の謝礼を渡すことを考え、同月24日、Fに対し現金3万円を供与した（犯行第2）。

さらに、甲は、同年2月27日に被告のための青壮年集会を開く企画を立てていたところ、Fがそのために他の世話人に口添えするなどして尽力したので、同人に謝礼を渡すことを考え、同月14日、Fに対し現金5万円を供与した（犯行第3）。
10　甲は、平成11年2月中旬ころ、被告後援会事務所として借り上げられた空き家の内装工事を手配し、その後は事務局長に就任したGと共に事務所に詰めて本件選挙に向けた準備を手伝うようになった。被告は、折に触れて事務所に立ち寄っており、甲が右のような活動を行っていたことを見聞きして知っていたし、同年3月6日に行われた事務所開きや同月28日に開催された被告後援会の総決起大会に出席した挨拶するなどした。

甲は、右総決起大会のため手配等を行っており、右大会の駐車場整理要員を集めるようFに依頼しており、右大会終了後、右大会に対する貢献と選挙運動の謝礼として、Fに現金4万円を供与した（犯行第4）。

その後，Cの運動員が町内各戸を戸別訪問して成果を上げているとの情報がもたらされたことから，甲ら家族は，平成11年3月下旬と同年4月中旬の2回にわたり，被告に代わって，各地区の世話役と共に町内各戸を訪問して被告への支持を訴えた。被告も，このような戸別訪問が行われたことは承知していた。

11　本件選挙の告示日である平成11年4月20日以降，被告後援会は，後援会事務所を選挙事務所とし，後援会会長のAが選対本部長に，Hが選対事務局長となって選挙運動を行い，甲も選挙事務所に詰めて選挙運動の手配等をした。そして，同月25日に行われた投票の結果，被告はCを抑え，本件選挙に当選した。

12　甲は，前記犯行第1ないし第4の事実，すなわち，本件選挙に際し，同選挙に立候補した被告の選挙運動者として，被告が立候補する決意を有することを知り，被告に当選を得しめる目的で，立候補届出前の平成10年10月26日から平成11年3月28日までの間，前後4回にわたり，本件選挙の選挙人であるE及びFに対し，被告のため投票及び投票取りまとめ等の選挙運動をすることの報酬等として現金合計22万円を供与したなどとの法221条1項1号等の罪により，平成11年8月30日，懲役1年（5年間執行猶予）の有罪判決の言渡しを受け，その刑は平成12年1月8日に確定した。

事 案 №22

裁判例No.22-1
福岡高等裁判所第1民事部平成12年8月29日判決（請求認容）

裁判例No.22-2
最高裁判所第3小法廷平成13年1月23日決定（上告不受理）

判決主文 裁判例22-1

　平成11年4月11日施行X県議会議員選挙における被告の当選は，これを無効とする。

　被告は，この判決が確定した日から5年間，Y選挙区において行われるX県議会議員選挙において，候補者となり，又は候補者であることができない。

　訴訟費用は被告の負担とする。

判決主文 裁判例22-2

　本件を上告審として受理しない。

　申立費用は申立人の負担とする。

事案の概要

1 　被告は，昭和62年4月X県議会議員に当選し，以来3期にわたり，県議会議員を務め，本件選挙においても立候補の意思を有していたところ，当初無投票と予測されたが，平成11年2月中旬，本件選挙区内であるS町出身のAが立候補を表明し，選挙戦が行われることになった。

2 　ところで，被告の1期目の選挙の際にP町においてはP町後援会が結成され，会長にB，副会長にC，事務局長にDがなり，甲は被告が株主となっていた会社で稼働していたことから事務局の手伝いをしたが，事務局の下に町内6地区に世話人責任者が置かれ各地区で選挙運動がなされた。なお，世話人は，末端の選挙運動者で，地区の世話人責任者の指示を受けて有権者に後援会加入カードを配布し回収することやローラーと呼ぶ戸別訪問の際，候補者，その妻の道案内をしたり，告示後は，ポスター張りなどをしていた。

　　2期目は無投票であったため後援会は結成されなかったが，3期目の際には再びP町後援会が結成され，役員は会長にB，事務局長に甲，事務局補助にE，相談役にDが就任し，第1期目と同じく町内6地区に世話人責任者が置かれた。右のとおりP町後援会はX県議会議員選挙が行われるときにだけ活動する組織である。

3 　被告の後援会組織におけるP町後援会の位置付けは，本件選挙区内を統合する形で存在する総合後援会（会長はQ町町長のF）の下，Q町後援会，R町後援会，S町後援会と同一の位置付けであったが，実態は総合後援会事務所と同じ場所にあるQ町後援会が選挙本部で他の町の後援会が支部という関係で，重要事項はQ町後援会が被告と相談して決定し，他の3町後援会に決定事項を指示するという流れになっていた。

4 　被告は，本件選挙において，Q町後援会会長への就任の内諾を得たGらと話し

合い，Q町以外の，P町，R町，S町での後援会結成を図ることとし，平成11年2月20日（以下，平成11年の事実については年を省略する。）に，前記各町の後援会会長，事務局長各候補者を総合後援会事務所兼Q町後援会事務所に招集し，被告の出席のもと被告のための選挙運動を行うことが合意され，総合後援会会長にQ町町長のFが就任し，Q町以外の三町の後援会役員を早急に選出すること，各後援会事務所の設置，事務所開きの日程を検討して報告することが決められた。右会合にはP町からはP町後援会会長候補であるBと事務局長候補者である甲が出席した。

5　甲は，右会合でP町後援会の役員選出の日が被告のスケジュールを考慮して2月22日とすることに決まったことから，右会合の帰途，D方に赴き，当日の会場を同人方である「D食堂」とし料理を予約した。

2月22日，甲及びDが人選したP町各地区の世話人責任者候補や有力支援者など20名程度が右後D食堂に招集され，甲の司会の下にP町後援会を結成して被告のための選挙運動が行われることが合意され，同後援会会長にD，事務局長に甲，さらに，各地区における世話人責任者兼副会長などの役員を選出し，他方，被告がQ町後援会会長であり，本件選挙運動の実質上の統括者であるG，同事務局長Iを伴って会場に来訪し，出席者に本件選挙での支援を訴えるなどした。右会合は，出席者から会費500円が徴収されたが，実際には1人当たり1000円以上の酒食の提供がなされた。

6　被告，F及びGらは，2月23日ころ，P町後援会会長に就任したB，同後援会事務局長に就任した甲など，4町の後援会会長や事務局長に就任した者らをQ町後援会事務所に招集して，本部会議を開催し，その席で同月28日ころ開催予定の事務所開きにできるだけ多数の支援者を動員すること，P町後援会の事務所開きを同年3月5日ころ開催すること，被告，その妻，長男の各町への戸別訪

問の日程などが決められた。

7　甲は，右の本部会議での決定を受け，Ｐ町後援会の各地区における世話人責任者等に指示して，Ｑ町後援会の事務所開きへの参加を呼びかけ，これに20名程度を参加させた。また，甲は，２月24日午後，Ｉから，Ｐ町後援会の主催で被告と語る会を開催するよう依頼され，案内のビラの印刷などはＩが行ったが，会場としてＰ町中央公民館を手配するとともに，右案内ビラを新聞折込で配布したり，Ｐ町後援会の各地区における世話人責任者等に指示して，同町内の有権者に被告と語る会への出席を呼びかけ，３月３日ころＰ町中央公民館に500名程度を集めて被告と語る会を開催し，甲の司会で，被告が出席者に本件選挙での支援を訴えるなどした。なお，この会の実施に当たり，新聞の折込代金と会場費は甲が支払った。

8　２月23日ころの本部会議で，３月５日にＰ町後援会の事務所開きをすることとされたため，甲は，Ｂと相談して事務所開きの段取りを決め，同後援会の事務を頼んだＪに指示をして，同町内の主だった支援者に案内状を郵送させたり，甲自ら世話人責任者らに指示して，事務所開きへの参加を呼びかけ，結果として200名程度を集め，甲が依頼した者に挨拶をしてもらうなどし，被告も出席者に本件選挙での支援を訴えるなどした。Ｐ町後援会事務所はＰ町の土地上にプレハブ小屋をリースして建てたものであるが，事務所開きの神主の手配，事務所での電気，ガス，水道，電話の手配は甲がし，電気の設置料の４万円も同人が立て替え負担した。また，建築費，水道代の請求は甲になされた。

9　甲は，票読みのため後援会加入カードをＱ町後援会から入手し，Ｐ町後援会の会合で世話人に配布したり，Ｐ町後援会事務所に置いて世話人に持ち帰ってもらい，その後これを回収し，Ｉや被告の青壮年後援会の会長であるＫに渡すなどしていた。

10　甲は，Ｐ町に青壮年後援会のＰ支部を発足させるについて活動資金を提供してくれるようＬに頼まれたことから，Ｄと相談の上，同年２月27日ころ，Ｐ町後援会における選挙資金に充て，あるいは，同後援会役員らに被告のため選挙運動の報酬等として供与する意思で現金１８０万円を氏名不詳者から調達した上，青壮年後援会への活動資金の提供分，後記のとおり有罪の確定した金銭供与（買収行為）などの金銭の仕分けをし，残りを自らが管理して，Ｐ町後援会事務所の電気工事代，水道工事代，事務用品代のほか，前記役員選出の会合での飲食代などに充てた。

11　甲は，３月７日にＱ町内で行われた総決起集会に際しても，その１週間くらい前に，ＫからＰ町の支持者の動員の要請を受け，同集会への参加を呼びかけるビラをＰ町後援会事務所に置いたり，世話人責任者の元に持って行くなどして出席を呼びかけることもした。

12　甲は，青壮年後援会Ｐ支部の者の話から，Ｂらと相談して，甲が世話人責任者に，世話人責任者が世話人に順次連絡をして，３月12日ころＰ町後援会事務所に世話人責任者らを招集し，同会合において，甲の司会で，同町内の有権者方を訪問して被告への投票依頼等を行ういわゆるローラー作戦の実施，その日程，方法を決めた上，同月14日ころ及び28日ころの両日にわたり，Ｐ町後援会の役員らに指示して，これを実施させた。

13　３月20日に本部会議があり，甲は，Ｂと共に出席したが，その席では各町後援会かで選挙運動の状況報告がなされ，後援会加入カードを早急に集めてＱ町後援会事務所に届けるよう依頼がなされた。さらに，４月２日の出陣式への動員の指示がなされた。最後に，Ｐ町では４月２日，５日，７日，８日になされることになっていた被告の選挙カーによる巡回行動の行程の調整がなされた。なお，Ｐ町での行程表は甲が事前にコースを実際に走行して作成し，当日は甲も

先導に加わった。
14 2月23日の本部会議での決定を受けて、甲は、P町の戸別訪問を3月中に、被告の妻とV地区を1日、被告とW地区を午前、X地区を午後、被告の長男とY地区を1日、いずれも実施した。
15 甲は、本件選挙に際し、被告が立候補する決意を有することを知り、被告に当選を得させる目的で、(1)平成11年2月7日ころ、選挙人であるBに対し、被告のため投票並びに投票取りまとめ等の選挙運動をすることの報酬等として現金40万円を供与し、(2)Dらと共謀の上、同年3月1日ころから同月16日ころにかけて、前後4回にわたり、選挙人4名に対し、同様の趣旨の下に現金合計70万円を供与した、との法221条1項1号等の罪により、同年8月17日、懲役2年6月（執行猶予5年）に処する旨の有罪判決の言渡しを受け、同判決は、平成12年3月7日確定した。

事案 №23

> **裁判例№23**
> 東京高等裁判所第4民事部平成13年1月25日判決（請求認容）

判決主文

　　被告は，本判決が確定した時から5年間，X県第N区において行われる衆議院（小選挙区選出）議員の選挙において，候補者となり，又は候補者であることができない。

　　訴訟費用は被告の負担とする。

事案の概要

1　被告は，平成12年6月25日施行の衆議院議員総選挙において，P党からX県第N区における衆議院（小選挙区選出）議員の選挙（以下「本件選挙」という。）の候補者として届け出たが，落選した。

2　甲は，被告の秘書であり，次のとおり，本件選挙に当たり，被告と意思を通じ，被告のために選挙運動を行った。

(1)　（立候補の決意）

被告は，X県で観光事業等を営む会社を経営していだが，昭和58年の衆議院議員総選挙に立候補して初当選を果たして以来，連続5期当選していたところ，平成12年4月ころには，衆議院の解散が見込まれていたため，遅くともそのころまでには，6選を目指し，C市，D市，E市等を選挙区とするX県第N区からP党所属の候補者として本件選挙に立候補することを決意していた。

(2) （秘書）

　甲は，遅くとも平成3年4月ころから，被告に秘書として使用され，被告の政治活動を補佐していた。すなわち，

① 甲は，昭和57年3月，大学を卒業すると同時に被告が代表取締役をしていた会社に入社し，その後，社長付き秘書として，次期の衆議院議員総選挙に初出馬する予定であつた被告の選挙運動の手伝いをするようになり，被告が昭和58年12月の衆議院議員総選挙において初当選すると，昭和59年から，被告の私設秘書として被告の政治活動を補佐するようになったが，昭和61年7月施行の衆議院議員選挙の際，公職選挙法違反（現金買収）で検挙され，執行猶予付のの有罪判決を受けたため，一時政治活動を控え，右執行猶予期間が経過した後の平成3年4月，被告の公設第二秘書に就任して平成4年1月までこれを務め，その後，一時公設秘書を外れたものの，平成8年3月，公設第二秘書に復帰し，平成12年6月2日の衆議院解散時まで被告の公設第二秘書として活動していた。

② 甲は，平成3年4月から平成4年1月ころまでは，公設第二秘書として，被告の国会事務所がある衆議院第一議員会館の一室に常駐し，来客の応対，被告のスケジュールの管理・調整，被告の随行として各種会合への出席，被告の名代として各種会合への代理出席などをし，平成4年2月ころ

から平成8年2月ころまで，被告の地元であるX県C市内等で私設秘書として働いていた。また，甲は，平成8年3月ころから9月ころまでは，公設第二秘書として，被告の選挙地盤であるX県D市，E市等をそれぞれ担当する私設秘書をまとめる立場で活動し，同年10月ころから平成9年3月ころまでは，被告のF事務所担当の公設秘書として活動していた。

③　甲は，前記のとおり平成9年4月ころから平成12年6月2日までは公設第二秘書として，その後も実質的に秘書として，被告のC事務所に常駐し，X県第N選挙区内にある各事務所担当の私設秘書のまとめ役をするとともに，被告のスケジュールの管理・調整を行い，被告の随行として各種会合へ出席し，あるいは，被告の名代として各種会合へ代理出席して，必要に応じて被告の挨拶文を代読したり，秘書の立場で挨拶し，また，選挙区内の各市町村の執行部や同議会の代表者などからの各種陳情を受け付けて被告に陳情を取り次ぐとともに，陳情者を引率して被告に引き合わせ，さらに，被告に係る各政治団体の一部における出納事務を執っていたほか，同政治団体の政治資金規正法上の収支報告業務を行うなどして，被告の政治活動を補佐していた。

④　甲は，秘書として前記活動を行うに当たり，平成3年4月に公設第二秘書に就任した際被告から使用を許可された，被告の「秘書」の肩書き入りの名刺を使用していたが，公設秘書の身分を失った後の平成12年6月5日ころ，同様の名刺500枚を発注して，同日以降の活動に際し，これを各方面に配布した。

(3) （意思の疎通）

衆議院の解散が見込まれていた平成12年4月初旬ころには立候補を決意していた被告は，同月9日ころ，C市内で開催された被告の秘書連絡会議の場

で，政局の動向，総選挙が同年6月後半に実施される見通しが強まったことなどを報告した。その際，甲は，被告の意向を受けて，各秘書に対し，総選挙に向けて被告の知名度を上げるため，被告のための各後援会に依頼して貼り出していた被告個人の政治活動用ポスターを任期満了の6か月前の同月19日までに撤去し，政党用の政治活動用ポスターに切り替える必要があることを説明したほか，選挙用ポスターを貼るための設置場所を確保すること，既に配布してあった選挙に向けての各後援会入会申込書を早めに回収し，会員募集活動を徹底すること等の指示を行うとともに，総選挙における被告支援を依頼する揚として，同月12日に被告の後援会連合会会長・幹事長・支援団体会議を開催することなどについて協議した。こうして，甲は，本件選挙に向けた本格的な選挙運動に取り組むこととなったが，遅くともこのころまでに，被告と被告のために選挙運動をすることについて意思を通じた。

(4) （選挙運動）

甲は，被告と意思を通じて被告のため次のような選挙運動等を行った。

① 平成12年4月17日ころ，被告及び同人の三男で政策担当秘書であったAと共に，G市内の宗教法人幹部に対し，来るべき総選挙における被告への支援を依頼した。

② 同年4月21日，X県F町内のホテルで開催された被告の後援会会長・幹事長・支援団体会議において，被告が挨拶した後，来るべき選挙における選対組織の母体となる後援会組織の強化策，その一環として，後援会員募集の徹底，被告による国政報告会の開催についての説明と出席者動員方指示及び選挙ポスターの設置時期・場所等についての指示等を行った。

③ 同年5月6日，C市後援会に選挙運動方針等を周知徹底させるため，同市内の美術館で開催されたC市後援会正副会長・10連合会会長会議に，被

告と共に出席し，出席した後援会幹部に対し，選挙期間中の個人演説会開催や選挙ポスター貼付等についての協力依頼などを行い，同会議において，甲が作成した後援会役員名簿案のとおり役員が選任された。

④　同年5月14日，F町内で開催された被告の後援会代表者会議において，被告の挨拶の後，選挙ポスターの貼付，選挙葉書等の郵送，法定ビラの配布に当たっての法律的な規制などについての説明をし，同日夕刻ころからT市内で開催された被告の後援会支部長会議に被告と共に出席し，自ら起案した被告の5月及び6月の活動スケジュール表等を出席者に配布した。

⑤　同年5月8日ころ，被告の選挙事務所建設のための土地賃借交渉を行い，同月26日付けで賃貸借契約を締結し，同月30日，契約賃料全額を支払った。

⑥　同年6月4日，被告出席の下行われたC市内所在の被告の選挙事務所開きに際し，その案内状の文面の起案，送付の作業，同事務所開きにおける来賓挨拶の次第など，同関係行事の企画・実行の手伝いをした。

⑦　同年6月4日，事務所開きをした後，同所において，被告出席の下開催されたC市の選対会議において，選対組織内部の各部部長の人選について，各選対員に対し，最終的な確認と了解を取り，今回の総選挙における同市での選挙運動を選対組織で乗り切ることの意思確認を行った。

⑧　同年6月12日ころ，右選挙事務所において，被告から，適正に処理するよう指示され，P党X県連会長からの寄付金200万円を渡された。

⑨　同年6月20日夕刻から，被告への支持固め，支援拡大を訴えるため同市内で開催された総決起大会に際して，来賓挨拶の追加調整，各会場を移動中の被告の到着時刻の把握等を行い，被告に対し，電話で事前に参加者の集合状況等を伝えるなどし，同大会の成功を目指した選挙運動を行った。

3　甲は，本件選挙に際し，被告に当選を得させる目的をもって，Bらと共謀の上，同年6月15日ころから同月20日ころまでの間，前後29回にわたり，いずれも選挙人29名に対し，小選挙区選出議員選挙につき，被告に対する投票及び投票取りまとめ等の選挙運動をすることの報酬として，合計71万円を供与し，もって，公職選挙法221条1項1号の罪を犯し，同年9月28日，懲役2年（5年間執行猶予）に処せられ，その刑は同年10月13日確定した。

事案 №24

> **裁判例№24**
> 福岡高等裁判所第2民事部平成13年2月15日判決（請求認容）

判決主文

　　被告は本判決が確定した時から5年間，Y市選挙区において行われるX県議会議員選挙において，候補者となり，又は候補者であることができない。

　　訴訟費用は，被告の負担とする。

事案の概要

1　被告は，平成11年4月11日施行のX県議会選挙（本件選挙）に，Y市選挙区から立候補して当選したが，その後辞職した。

2　被告は，X県議会議員に3期連続当選し，4期目の本件選挙にも立候補することを決め，平成10年秋頃には秘書のAやBと共に本件選挙の準備作業を開始し，同年12月ころ開催された会合で，被告のために選挙運動をすることを主な目的とした後援会組織のK会を統括する事務局長として，被告と同じ地域の出身で以前から被告を支援して選挙運動をしており，かつK会の下部組織の中で

も最大の支部であるL支部後援会の事務局長であった甲を選任した。その後，被告は，専従の選挙運動員を雇い，Y市内のL地区内にK会の事務所を設けて選挙対策本部事務局を置き，平成11年2月1日には事務所開きを行い，本件選挙に向けて本格的に選挙運動を開始した。

3　被告は，本件選挙にあたり，当初は秘書のAやBを中心にして支援者の拡大や後援会の組織作りなどの準備作業を進めていたが，K会の事務局長に甲を選任してK会の事務局を中心にした組織的な選挙活動を展開するようになってからは，同人ほか幹部運動員らも加えた事務局のメンバーらと打ち合わせをして選挙運動を進めるようになり，有権者がK会へ加入するのを勧誘する方法で，被告への投票依頼を行う戸別訪問を実施していたが，地元のL地区においてもこれを行うことを決めて，甲にその手配を依頼した。甲は，同年2月2日ころ，L地区の世話人らを招集して，被告と共に戸別訪問を行うことを指示し，世話人らは，翌3日ころから同月13日ころまでの間，被告を伴って同支部内に居住する有権者方を戸別訪問し，被告の後援会カードやパンフレットを交付するなどしてK会への加入を勧誘する方法で被告への投票依頼等を行い，甲自身も被告と共に周辺地域の戸別訪問を行った。

4　被告は，後援会カードの回収が低調であるなど選挙運動が盛り上がらず，危機感を感じるようになり，同年2月中旬ころ，Bの進言をいれて，選挙情勢の分析，選挙運動の計画の立案・調整，支部後援会に対する指揮・監督等を効果的に行うことなどを目的とする事務局会議を発足させた。この会議のメンバーは，被告，甲，A，B，その他の幹部運動員，専従の選挙運動員らであり，Bが被告と相談して議題を決め，毎週開催されることになり，同月15日ころ開かれた第1回の事務局会議では，甲を中心にそれまでの各支部の活動内容や後援会カードの回収状況が検討され，各メンバーによる支部後援会に対する指揮・

監督の分担が決められた。

　事務局会議の決定に基づき，甲は，同月18日ころ，L支部後援会を含むM地区の4支部後援会の会長，事務局長などを招集し，各支部後援会における後援会カードの配布と回収を督励すると共に，各支部後援会で土曜日と日曜日に支援者を動員して，戸別訪問をさらに徹底して行うよう指示するなどした。他の支部でもA，B，その他の者らが同様の活動をした結果，多数の後援会カードを集めることができるようになった。甲らは，このようにして回収した後援会カードを地図に落とし，地区毎の選挙状勢を把握して選挙運動を進めていった。

5　同月22日ころ開かれた第2回の事務局会議では，多数の有権者を集めて被告への支援を訴える総決起大会の開催について打ち合わせが行われ，各メンバーによる告示後の選挙運動の分担などが決められた。ここでは，甲は動員計画等を担当することになった。

　次いで同年3月1日ころ開かれた第3回の事務局会議では，それまでの選挙情勢を検討したり，総決起大会の開催内容等について協議した後，被告も同会議に加わったところで，甲の発案に基づき，支部後援会の主だった支援者に対し，被告のため投票並びに投票の取りまとめ等の選挙運動をしてもらうために現金を供与することが決められた。

　そして，後記7のとおり，甲は，同月1日ころ，右の趣旨で被告から現金30万円を受け取ったほか，被告，A，B，その他事務局のメンバーと又は被告と意思を通じて，同月4日ころから同月22日ころまでの間，5名の支援者に現金合計97万円を供与し，被告のため投票ならびに投票の取りまとめ等の選挙運動をすることを依頼した。

6　甲は，平成11年12月21日，X地方裁判所において，前記5の事実，すなわ

ち，(1)平成11年3月1日，被告から，同人を当選させる目的の下に，同人のため選挙運動をすることの報酬等として供与されるものであることを知りながら，現金30万円の供与を受け，(2)単独又は被告らと共謀の上，同様の目的で同月4日ころから13日ころにかけて5度にわたり，右選挙区の選挙人5名に対し，同様の趣旨の下現金合計97万円を供与した，との法221条1項1号，4号等の罪により，懲役2年，執行猶予5年の有罪判決を受け，この判決は，平成12年6月13日，確定した。

事案 No.25　345

事案 No.25

裁判例No.25－1
福岡高等裁判所宮崎支部平成14年1月25日判決（請求認容）

裁判例No.25－2
最高裁判所第一小法廷平成14年6月6日判決（上告棄却）

判決主文 裁判例25－1

　平成12年11月19日施行のX県Y市長選挙における被告の当選は，これを無効とする。
　被告は，本判決が確定した時から5年間，X県Y市において行われるY市長選挙において，候補者となり，又は候補者であることができない。
　訴訟費用は被告の負担とする。

判決主文 裁判例25－2

本件上告を棄却する。

上告費用は上告人の負担とする。

事案の概要

1　被告は，平成12年11月19日施行のX県Y市長選挙（以下「本件選挙」という。）に立候補して当選し，同20日，同市選挙管理委員会からその旨告示され，現在，同市長として在職中の者である。甲は，本件選挙における被告の選挙運動組織であるP地区の後援会組織（以下「P地区後援会」という。）の後援会長であった者である。

2　被告は，平成2年5月に行われたY市長選挙に当選したが，同4年11月，在職中の収賄により起訴されたことから辞職し，同8年11月に行われたY市長選挙に再度立候補したが，落選した。

　これらの選挙における被告のための選挙運動は，被告の後援会である「N後援会」の本部（以下「本部」という。）の下にY市を12に分けた地区後援会を組織し，各地区後援会が本部と連携を保ちながら，独自に具体的な選挙運動を計画，実行するという形態で行われていた。

3　被告は，本件選挙に立候補する決意を固め，平成11年8月ころ，A，Bに後援会の組織作りを依頼し，Aは，この依頼を引き受けて本部役員に就任し，同年10月ころから各地区後援会の組織作りのため活動していたが，Aは，被告の了解を得て，同年12月ころ，甲に対し，同人が居住するP地区の後援会を組織して被告のための選挙運動を行うことを依頼し，甲は，これを引き受けた。

　甲は，平成12年1月20日ころ，被告を支持する知人ら二十数名を集め，被告を招いてP地区後援会の「発起人会」を開き，P地区後援会を発足させて自ら会長に就任し，会長代行，副会長，事務局担当等の役員を指名した。その席上，被告は，出席者に対し，選挙運動への支援を求める挨拶をした。

その後，甲は，Ｐ地区内の41集落にそれぞれ戸別訪問等の選挙運動の中心となる「世話人」と称する運動員を配置することとしＰ地区内の各集落に居住する知人等に順次依頼して世話人の役を引き受けてもらい，Ｐ地区後援会の組織体制を整えた。

4 被告は，同年7月上旬ころ，本部が主催して各地区後援会会長を集めて開いた会長会に出席し，甲ら出席者に対し，選挙運動への支援を要請した。

5 甲は，同年8月ころから，Ｐ地区後援会の役員及び世話人らに指示して，本部から届けられた被告のパンフレット及び後援会入会申込書を有権者に配付させる方法により，被告のための投票依頼等を行わせた。

甲は，さらに，各集落毎に被告への支援や投票の依頼を目的とするミニ集会を開催する方針を立て，同年9月上旬ころから同年10月上旬ころにかけて，世話人であるＣ，Ｄらに指示して，各々の自宅においてミニ集会を開催させ，そのうちＣ及びＤ宅の会場に被告を招いて，被告に自己への支援及び投票を依頼する挨拶をさせるなどした。各ミニ集会に集まった有権者に飲食させる費用（出席者から徴収した会費を上回る部分）については，もともとＰ地区後援会は会員から会費を取る仕組になっておらず，したがって活動資金がなかったので，甲の依頼により，被告を支持する地元の建設業者であるＥが支出した。

6 甲は，同年10月6日，Ｐ地区に所在する建設業者の車庫建物を借りて同所にＰ地区後援会の事務所を開設し，その事務所開きに被告を招いて，Ｐ地区後援会の役員及び世話人らに対して選挙運動への支援を依頼する挨拶をさせた。

さらに，甲は，同月上旬から同年11月上旬までの間，同事務所にＰ地区後援会の役員及び世話人を集めて「定例会」と称する会合を週1回開催し，出席した役員及び世話人らから各集落における選挙運動の状況報告を受けたり，役員をして，世話人らが回収してきた後援会入会申込書を集計させて票読みを行わ

せるなどし、それを踏まえて集票活動が低調な集落の世話人には戸別訪問等に一層努力するよう指示し、これを受けて、役員及び世話人らが更に戸別訪問等の選挙運動を行った。

　また、甲は、P地区での集票活動のため被告のチラシを配布することを計画し、本部に依頼してP地区用のチラシを作成してもらい、P地区後援会の役員及び世話人らに指示して、同チラシをP地区内の有権者に配布させた。

7　甲は、①平成12年9月2日ころ、被告の選挙運動者E、Fから、2度にわたり、被告の当選を得させる目的で、同人のための投票及び投票とりまとめ等の選挙運動をすることの報酬として供与されるものであることを知りながら、現金合計40万円の供与を受けた行為、②被告の当選を得させる目的で、立候補届出前の同年9月上旬ころから11月上旬ころまでの間、前後22回にわたり、いずれも同選挙の選挙人で、かつ、同人の選挙運動者であるGらに対し、被告のため投票及び投票とりまとめ等の選挙運動をすることの報酬として、現金合計22万円を供与し、一面、立候補届出前の選挙運動をした行為、③被告の当選を得させる目的で、同月18日ころ、同選挙の選挙人で、かつ、同人の選挙運動者であるH、Iに対し、被告のため投票及び投票とりまとめ等の選挙運動をすることの報酬として、現金合計1万円を供与した行為、④同月19日ころ、被告の当選を得させる目的で、同人のために投票することの報酬として、及び、Jが被告に当選を得させるために投票とりまとめ等の選挙運動をしたことの報酬とする目的で、同選挙の選挙人で、かつ、同人の選挙運動者であったJに対し、現金1万円を供与した行為について公訴提起され、平成13年2月26日、①の点が法221条1項4号、1号に、②の点が同項1号、239条1項1号、129条に、③の点が221条1項1号に、④の点が同項3号、1号にそれぞれ該当するとして、懲役2年（執行猶予5年）に処する旨の判決の言渡しを受け、同年9月21日、同判決は確定した。

事案 No.26

裁判例No.26-1
福岡高等裁判所第5民事部平成14年4月26日判決（請求認容）

裁判例No.26-2
最高裁判所第二小法廷平成14年11月15日判決（上告棄却）

判決主文 裁判例26-1

　平成12年10月29日施行のX県Y町の町長選挙における被告の当選は無効とする。

　被告は，本判決が確定した時から5年間，X県Y町において行われる同町長選挙において，候補者となり，又は候補者であることができない。

　訴訟費用は被告の負担とする。

判決主文 裁判例26-2

本件上告を棄却する。

上告費用は上告人の負担とする。

事案の概要

1　被告は，平成12年10月29日施行の本件選挙に立候補して当選して同町の町長に就任し，同町長として在職中の者であり（上告審係属中辞職），甲は被告の実弟である。

2　平成12年6月（以下，特に示さない限り年度はいずれも平成12年である。）に開催されたY町定例議会の席で前町長が正式に引退声明をしたことから，当時Y町の町議会議長であった被告の出身地区であるY町P地区の自治会において，A，Bらが中心となり，被告を町長選挙に立候補させようという動きが始まり，被告もこれを受けて選挙に立候補する決意をし，先ず，P地区の後援会を立ち上げAが後援会長となった。そして，同選挙は全町的な選挙戦であることから，被告とAらは，P地区ばかりでなくY町一帯すなわちQ地区，R地区，S地区，T地区にもそれぞれ後援会を立ち上げて選挙運動を展開する計画をたて，被告とAは，それぞれの地区の後援会の立ち上げに着手した。被告が，甲ら初め兄弟たちに町長選挙への立候補を表明して協力を依頼したのは，被告の周囲でこのような動きが始まっている時期であった。

3　Aは，Q地区には後援会組織の世話をしてくれる人物の心当たりがなかったので，甲に相談したところ，甲は心当たりの人物に当たってみると言って，Q地区の知人であるCにQ地区での後援会立ち上げをして欲しいと依頼したところ，Cはこれを快く引き受けた。しかし，その後，被告が立候補のために町議会議員の辞職表明をする時期が近くなったが，Q地区の後援会作りはほとんど進展しないままであった。そこで，危機感を覚えた甲は，Cと協議して，Q地区で協力が得られそうな人物を個別訪問して協力を依頼して回ることとし，8月

28日に後記9①のような4件の違反に及んだものである。そして，被告は8月末に本件選挙に立候補のため町議会議員を辞職した。

　ところで，甲は株式会社Ｄの代表取締役（社長）であったが，被告の選挙事務所の設置場所については，Ａと甲が相談して，Ｄが管理している土地を選定し，事務所の建設業者も甲が斡旋して9月初旬頃に選挙事務所が完成した。

4　そして，そのころ，ようやくＱ地区の後援会が立ち上がることとなり，9月9日頃，Ｑ地区の後援会の役員を選出する会合がＥ方で開かれることとなったため，甲はＡにもその旨連絡して出席を依頼し，被告とＡは，当日他の地区の後援会の挨拶回りもあったため，途中から同会合に出席して挨拶をした。

5　一方甲は，Ｔ地区内のＵ地区に住むＦやＧにＴ地区の後援会の役員に就任することを依頼してその了解を得ていたところ，8月下旬頃，同地区を戸別訪問することを思い立ち，ＦやＧと一緒にＵ地区の選挙人を個別訪問して回った。

6　9月12日までには，全ての地区の後援会組織が立ち上がっていたので，被告やＡらは，9月13日の事務所開きの前日である12日に，5地区の各後援会の役員に選挙事務所に集まって貰い，各後援会のお披露目と役員達の顔合わせをするとともに，各後援会を統括する本部事務所の組織や役職を決定した。決定された組織としては，意思決定機関ないし連絡調整機関として全体集会，事務局長会議，幹事会などが設けられ，役職としては会長，副会長，本部事務局長などが決められたが，重要な役職である本部事務局長にはＤの社員であるＨが就任し，以後選挙期間中同人は選挙事務所の仕事に専従することとなったが，給与はいままでどおりＤから支払われることとなった。その集まりにおいては，甲の妻がお茶の接触などに従事していたが，Ｄの女子社員もそれに協力していた。そして，9月13日事務所開きが行なわれ，被告も甲も事務所開きに出席した。事務所開き後は，甲は，会社の業務に支障のない限りできるだけ事務所に

顔を出しており，また，甲の妻も炊き出しなどの手伝いをしていた。

7　ところで，本件選挙運動の主要な方法は，各後援会が各地区の選挙民に「応援カード」と表題のあるカードを配り，その後それを回収して被告に対する支持率の観測や票読みの基礎資料とするとともに，ローラー作戦と称する戸別訪問を行うことであった。また，組織的には，本部事務所の事務局長会議が選挙運動全体を統括する集まりであり，甲は同会議のメンバーではなかったが，同会議を重要視してほとんど毎回同会議に出席していたとろ，9月16日頃は，応援カードの回収率も未だ悪かったため，危機感を抱いた甲らは，9月18日に各後援会の会長ら役員を集めた全体会議を招集し，ローラー作戦の日程を綿密に検討するとともに，それまでの選挙運動を反省し事後の方針を検討するために定期的に事務局長会議を開催することとした。そして，甲は，この日Cに選挙資金及び報酬として合計25万円を交付する後記9②の違反を敢行し，さらに，9月29日及び30日には，後記9③④の違反をそれぞれ敢行した。そして，甲は10月18日後援会に対して150万円の寄付をした。

8　その後の選挙運動は，10月21日に総決起集会を行い，10月24日に告示がなされると，被告は立候補を正式に届け出るとともに，出陣式を行って選挙カーに乗ってY町全体を回り始めた。甲は，Dの車両を提供したり，沿道住民等の反応を観察して爾後の運動の参考にするために，選挙カーを後方から追尾するチェックマンと呼ばれる役割を担ったりして協力し，そして，10月29日に本件選挙の投票が行われて被告がY町町長に当選した。

9　甲は，上記3，7の事実，すなわち，甲が，被告に当選を得しめる目的をもって，①Cと共謀の上，平成12年8月28日ころ，本件選挙の選挙人Eら5名それぞれに対し，被告のため投票並びに投票とりまとめ等の選挙運動をすることの報酬として，紙箱入り瓶ビール12本（時価合計3990円相当）の供与ないしその

申込みをした，②同年9月18日，被告事務所において，本件選挙の選挙人であり，かつ，被告の選挙運動者であるCに対し，上記①と同様の趣旨の下に現金5万円を供与し，また，同人から被告の選挙運動者に供与すべき選挙運動の報酬の資金として現金20万円を交付した，③同月29日ころ，被告事務所において，Eに対し，上記①と同様の趣旨の下に，現金5万円の供与の申込みをした，④Eと共謀の上，同月29日ころから同月30日ころにかけて，本件選挙の選挙人であり，かつ，被告の選挙運動者である者3名に対し，①と同様の趣旨の下に，現金合計15万円の供与ないしその申込みをした，との法221条1項1号等に該当する事実により，平成13年5月25日，本件選挙に関し，法221条1項1号及び5号該当の罪となるべき事実により，懲役1年6月（5年間の執行猶予）に処する旨の判決の言い渡しを受け，この判決は平成13年11月20日確定した。

事案 No.27

裁判例No.27
福岡高等裁判所第4民事部平成15年10月31日判決（請求認容）

判決主文

　被告は，この判決が確定した時から5年間，X県Y町において行われるY町町長選挙において，立候補者となり，又は候補者であることができない。

　訴訟費用は，被告の負担とする。

事案の概要

1　被告は，平成15年4月27日施行（同月22日告示，同月27日投票）のY町町長選挙に立候補し落選した者である。
2　甲は，被告の実弟である。
3　被告は，平成7年4月施行のY町町長選挙に立候補したが，落選し，平成8年8月施行のY町議会議員選挙に立候補して当選し，平成12年8月施行の同選挙で再選を果たした。一方，甲は，平成4年8月施行のY町議会議員選挙に立候

して当選し，平成8年8月施行の同選挙において再選を果たしたが，平成12年8月施行の同選挙で落選した。

4 Y町町議会では，従前から，X県P市及びX県Q郡の1市7町村の合併問題（以下「本件合併問題」という。）が懸案となっており，平成14年6月に開催されたY町町議会において，合併に関する協議会が設置された。本件合併問題については，被告及び甲は，合併推進派であったが，当時のY町長Aは，合併に消極的であった。そのため，被告は，平成15年4月施行予定の本件選挙について，合併推進派のY町町議会議員らから出馬要請を受け，同月9日ころ，本件選挙に立候補することを決意し，同日，甲を自宅に呼び寄せてその旨を伝えた後，翌10日夜，自宅隣のプレハブ小屋に甲ほか支持者数名を集め，本件選挙立候補の決意表明をするとともに，応援を依頼したが，当夜，支持者らが集合する前，被告は，甲に対し，選挙の「七つ道具」全部を他の準備に優先してそろえてくれるよう指示した。その際，被告は，「七つ道具」について，具体的な指示はしなかったが，甲は，過去自らのY町町議会議員選挙の選挙戦を戦った経験があったため，言わなくてもわかるだろうとの思いから，上記のとおりの抽象的な指示をしたにとどまった。

5 そこで，被告から指示を受けた甲は，同月11日から「七つ道具」の準備を始め，後援会事務所（後の選挙事務所）の設営，名刺，チラシ，ポスター作り，たすき，鉢巻作り，選挙用はがきの宛名シール貼り，選挙管理委員会提出用書類の作成とその届出，供託金の払込み等をして，被告の選挙戦の準備をした（なお，甲がかかる準備行為をしていることは，被告も承知していたし，本件選挙のために，自ら上記事務所等を使用し，上記書類を立候補の届出のために利用した。）。また，甲は，知人らと話をする中，被告が推進しようとしていた本件合併問題については，関心が低い者や合併に反対する者が少なからずいる

ことがわかったため，被告が本件選挙において当選を得ることは困難であると危機感を抱き，同月15日，甲は被告方に赴き，本件合併問題を掲げて選挙戦を戦っても有利にならない旨，自ら集めた情報に基づき，本件選挙の情勢分析と運動方針を被告に進言した。

6　ところで，甲は，自らの過去の町議会議員選挙の際，有権者に対し，ビールギフト券を配って投票を依頼した経験があったことから，本件選挙においても，同様にして票数を獲得する以外に方法はないと決意し，平成15年4月16日以降，宮原町内でビールギフト券を購入するなどした上，本件選挙に関し，被告に当選を得しめる目的をもって，同月20日選挙運動者A及びBに対し，ビールギフト券合計210枚（価格合計15万4140円）を，本件選挙の選挙人らに対して被告に投票することの報酬等の趣旨で供与させる目的で交付した。

7　また，甲は，本件選挙が告示された平成15年4月22日，かねて近隣の昭和N年生まれの者で組織していた「N年会」に出席したが（甲も昭和N年生である。），同会合に被告を呼んで挨拶させようと考え，あらかじめ同会合主催者の了解を得た上，その旨を被告に伝え，被告は，同日午後8時すぎころ，同会合に出席し，選挙人である同会合の出席者に対し，本件選挙に立候補したことを表明し，投票の依頼をした。その後も，甲は，本件選挙に被告を当選させようとして，知人等のあいさつ回りを重ねた。

8　甲は，上記6の事実について，公職選挙法221条1項5号（1号）に該当するとして，同年6月24日，懲役10月（5年間執行猶予）に処せられ，同判決は，同年7月9日，確定した。

事案 №28

裁判例№28
名古屋高等裁判所民事第4部平成15年12月2日判決（請求認容）

判決主文

　被告は，原告勝訴の判決が確定した時から5年間，X県Y市において行われるY市市長選挙において候補者となり，又は候補者であることができない。

　訴訟費用は被告の負担とする。

事案の概要

1　被告は，平成15年4月27日施行の第15回統一地方選挙Y市長選挙（以下「本件選挙」という。）において，立候補して当選した（のち辞職）。

2　被告は，X県農業水産部長，財団法人X県中小企業振興公社理事長等を歴任後の平成14年4月，Y市助役に就任したが，その後，Y市長Aが病気で倒れたため，被告がその職務を代行していた。Aは，同年12月上旬ころ，平成15年に施行される統一地方選挙に合わせて辞職する意向を示したことから，かねてから

被告をＹ市長に擁立したいと考えていたＹ市議会議員のＢ，Ｃらが，被告に市長選出馬を促し，被告は，平成14年末ころ，Ｙ市長選挙に立候補することを決意した。

3 甲は，以前，ＢとともにＸ県議会議員の選挙運動を行ったことなどからＢと付き合いがあったところ，Ｂは，被告が元Ｘ県職員等を歴任したに過ぎず，選挙に精通していないことから，選対本部に選挙に精通した者を加える必要があると考え，平成15年1月中ころ，被告に甲を紹介し，被告は，甲に支援を求め甲は，以後，Ｂ及びＣの相談に乗っていた。

4 被告は，平成15年2月13日，本件選挙に立候補することを表明し，Ｙ市助役を辞任し，甲は，同年2月中旬ころには，Ｂから選対本部の組織図の作成を依頼されてこれを引き受けるなどしていた。甲は，被告自身から選対本部長への就任を何度か懇請されたものの，被告を支援するＹ市議会議員の了解が得られれば選対本部長に就任すると考えていた。

5 平成15年3月11日，第1回選挙対策会議が開かれ，同月12日ころ，被告が，Ｂ及びＣとともに，Ｙ市議会議員3名をＹ市内の飲食店に招き，甲を選対本部長にすることの了承を得たことから，甲が被告の選対本部長に就任することとなり，同月15日の第2回選挙対策会議で，被告の選挙対策組織の役員を決定し，選挙対策本部（以下「選対本部」という。）が立ち上げられ，事務長であるＤの下に選対本部長甲が，その下に副本部長のＥ，Ｆなどが置かれ，被告の選挙運動を行う組織が成立した。

6 甲は，選対本部長就任後は，告示前のミニ集会の企画，告示後の個人演説会の企画等の選挙運動を行ったほか，選対本部のメンバーに，いわゆる電話作戦や，街宣車の手配，弁士送迎の手配等を指示して行わせるなど，実働部隊の取りまとめ役となり，また，選挙参謀となる市議とのパイプ役等を担当してい

た。

7　甲は，平成15年4月27日施行のY市長選挙に際し，

①　同選挙に立候補する決意を有していた被告の選挙運動者（編注）で，同選挙の選挙人であるが，Eと共謀の上，同月7日ころ，被告後援会事務所において，被告の選挙運動者Gから，被告に当選を得させる目的で，被告への投票及び投票取りまとめなどの選挙運動をすることの報酬等として供与されるものであることを知りながら，現金100万円の供与を受け，

②　同選挙に立候補した被告の選挙運動者で，同選挙の選挙人であるが，同月25日ころ，被告選挙事務所において，被告の出納責任者Gから，被告に当選を得させる目的で，被告への投票及び投票取りまとめなどの選挙運動をすることの報酬等として供与されるものであることを知りながら，現金20万円の供与を受けた，

との法221条1項4号，1号違反の事実により，平成15年7月18日，懲役2年（5年間刑執行猶予）に処せられ，この判決は，同年8月2日確定した。

(編注)

　甲の刑事判決での犯罪事実は，「甲は……被告の組織的選挙運動管理者等として，その選挙運動を掌握指揮していたもので」とされているが，この身分の点はもとより甲の犯罪の構成要件ではなく，この身分が刑事判決で確定されたわけではないので，刑事判決の判断内容としては上記のとおり整理した。

事案 №29

裁判例№29
名古屋高等裁判所金沢支部第1部平成15年12月10日判決（請求認容）

判決主文

　被告は，この判決の確定した時から5年間，X県議会議員選挙Y市選挙区において行われるX県議会議員選挙において，候補者となり，又は候補者であることができない。

　訴訟費用は被告の負担とする。

事案の概要

1　被告は，昭和54年4月のX県議会議員選挙でY市選挙区から立候補して初当選して以来，連続6回，同議員選挙で同選挙区から立候補して当選を重ねてきた者である。

　　甲は，かつて被告と住居が隣同士であったこと等から，被告の政治活動の熱心な支持者であり，従前から，被告が上記選挙に立候補した際には，被告の当

選を目的として投票又は投票の取りまとめ等の選挙運動（以下，この意味で「被告のための選挙運動」という。）に従事してきた者であって，被告が平成11年4月の県議会議員選挙のY市選挙区に立候補した際には，同選挙区には定員どおりの立候補者しかいなかったため投票は行われなかったものの，その告示前において被告のためにされた選挙運動において，被告から選挙運動資金の交付を受けて，これを管理する役割を担った。

2　被告が昭和54年4月の県議会議員選挙に先立って，被告の政治活動を支援する組織として，「（被告）後援会」（以下「後援会」という。）が，当時Y市議会議員であったAらの地元の支援者によって設立された。後援会には規約が存在し，同規約には会長等の役員をおく旨等の定めがあり，昭和62年ころから，武生市内に事務所を設置している。平成14年から本件選挙が行われた平成15年4月当時の後援会の会長はBであった。なお，後援会は，政治資金規正法上の政治団体であり，その会計責任者は甲であった。

　Y市選挙区は，中心部の旧市街地が3地区に分れ，旧郡部の周辺部が，Y市に合併する前の行政区画に基づき，10地区に分れていたところ，後援会は，上記各地区毎に設けられた後援会（以下「地区後援会」という。）が中心的なものであったが，そのほかに，若手企業家で組織された後援会や女性だけで組織された後援会なども存在し，これら全体が緩やかに結合した形態で後援会を形成していた。なお，前者は，後援会には一応属しているものの，これから独立した運営がされていた。

　ところが，後援会は，相当以前から，毎年後援会事務所で開催される恒例の新年の年賀会以外には，会報の発行や定期的な会合の開催等の，政治家の後援団体として通常想定されるような日常的な活動は全くといってよいほど行っておらず，また，会員からの会費徴収も行われたことはなく，上記事務所経費等

は被告からの寄附でまかなわれていた（もっとも，後援会の中心的な組織である地区後援会については上記のとおりであるが，それ以外の組織の活動状況に関しては，これを知り得る確たる証拠はないものの，同様の活動状況にあったものと推認される。）。しかし，後援会は，4年毎に行われる県議会議員選挙が近づき，被告が立候補の意思を表明すると，後援会の幹部や各地区後援会の世話人が中心となって，後援会の後援会活動の名目で，地区の有権者に対して後援会への入会の働き掛けや被告の行う県政報告会への参加要請を行なうなどの方法で，被告のための選挙運動が行われるが，同選挙が終了するとそのような活動が行われなくなって，事実上ほぼ休眠状態となる，ということを繰り返していたものであったため，後援会は，現実には，ほとんど専ら選挙時において被告のための選挙運動をするための組織（いわゆる選対組織）として機能し，存在していた。

　また，後援会は，当初，Ａ，次いでＣが代表者としてこれを統括していたが，これらの者の死亡や病気等による引退により，強い指導力をもって後援会を統括するような人物がいなくなったことに加え，被告が県議会議員選挙に連続して当選するに従って，被告のための選挙運動が過去のそれを踏襲して行われるようになったこともあって，県議会議員選挙が近づくと，被告において，後援会のＰ地区後援会に属し，被告の身近にあって，古くからの被告の支持者である甲らに被告のための選挙運動をすることを指示あるいは要請し，これを受けた甲らにおいて，被告の意向を体して，地区後援会の世話人に指示あるいは要請して，被告のための選挙運動の一環として，上記のような後援会活動を行ってもらうようになった。そして，上記のような後援会の活動状況であったため，前回選挙時において地区後援会の世話人となって，被告のための選挙運動に従事してくれた者が次の選挙時においても同様に地区後援会の世話人と

なってくれるかどうかについては，その都度，その者に依頼あるいは要請するなどして確認する必要（組織の点検）があった。このような後援会の実情にあったことから，Bは，被告からの依頼で，平成10年末ころに後援会の会長に就任し，平成15年4月当時もその地位にあったものの，毎年の新年の年賀会に出席する以外には，会長として，後援会活動を計画したり，指揮したりしたことはなかったものであり，他方，遅くとも平成11年当時には，甲が，被告の指示等を受けて世話人らに被告のための選挙運動を指示等するなどし，被告の側近として，後援会の事務を事実上取り仕切るようになり，そのため，後援会の関係者からもそのように見られるようになった。

　そして，被告がX県議会議員選挙に立候補することを決意し，その旨を後援会の役員に表明した後の被告のための選挙運動は，従前から，Y市選挙区内の上記各地区毎にそれぞれ中心的に活動する世話人を立て，世話人を中心として，各地区毎に，後援会活動の名目で，後援会への入会の勧誘，戸別訪問の実行，被告が出席して行う県政報告会（以下，単に「県政報告会」という。）の開催等を行うなどし，有権者に対して被告への投票等を働きかける方法で行われていたものであったが，このうち県政報告会は，世話人が発起人となって，被告の県政における活動状況等を報告するとの名目で地区の有権者らを集め，一人当たり1000円あるいは2000円程度の会費を徴収するものの，同金額をはるかに超える金員相当の酒食を提供して接待するなどして，被告への投票や投票の取りまとめを依頼するというものであった。

3　被告は，本件選挙を翌年4月に控えた平成14年9月中旬ころ，甲に対し，本件選挙に立候補する意思を表明し，さらに，同月下旬ころ，甲及び従前から被告の熱心な支持者で，Q地区の世話人であったDに対し，本件選挙に立候補したい旨述べるとともに，地区後援会を通じての被告のための選挙運動の展開に

ついての協力を要請した。

　そこで，甲は，被告やDと相談し，過去に被告が立候補した際の県議会議員選挙における選挙運動と同様の方法で選挙運動をするため，各地区で被告のための選挙運動の中心的な担い手となってもらう地区後援会の世話人について，前回の選挙で世話人になってもらった者を中心に人選をする方針の下に（上記2のとおり組織の点検をする必要があった。）被告が直接依頼して承諾を得た者のほか，甲あるいはDにおいて世話人となることを交渉する等して各地区後援会の世話人の人選を進めた結果，11地区の世話人が決まったが，そのうち，3地区の世話人についてはいずれも被告が依頼して承諾を取り付けたが，他の3地区の世話人については，いずれも甲が依頼して承諾を取り付け，I地区の世話人については，主として甲が再三にわたって依頼して承諾を取り付け，J地区の世話人についてはDが依頼して承諾を取り付けたものであった。そして，同年10月下旬ころには，一部の地区を除き地区後援会の世話人が決まったため，後援会の後援会事務所で世話人等による会合が開催された。同会合において，被告は，出席した世話人らに対して，立候補の表明と選挙運動への協力を依頼し，被告あるいは甲において，各地区での後援会の後援会活動として県政報告会の開催及びその際の2000円程度の会費徴収等の指示あるいは要請をした。

　ところで，公選法199条の5第2項，同4項3号により，県議会議員の任期満了日前90日に当たる日から選挙の期日までの間は，後援団体による集会等の行事において，当該選挙区にある者に対し，供応接待（通常用いられる程度の食事の提供を除く。）することが禁じられ，また，同条3項により，上記期間は，公職の候補者等が後援団体に対して寄附することが禁じられているところ，被告は，上記期間前であれば，自己の後援団体である後援会による集会等の行事

において，自己が立候補を予定している武生市選挙区の有権者に対し，供応接待することが許され，また，そのための費用として後援会に金員を寄附することも許されるとの理解に立って，甲に対し，被告の県議会議員としての任期満了日である平成15年4月29日前90日に当たる日から選挙の期日までの間は，後援会が開催する被告の県政報告会において，武生選挙区の有権者に酒食を提供することは違法とならない（編注：「違法となる」の誤りと思われる。）旨説明し，県政報告会は平成14年中に開催するよう指示した。

4 甲は，被告が平成11年4月の県議会議員選挙に立候補した際の選挙運動においても，被告から選挙運動資金を受け取ってその管理をし，地区後援会の世話人に対し，県政報告会を開催するなどの被告のための選挙運動を活発にしてもらい，県政報告会で提供する酒食の費用等の選挙運動に要する費用及び被告のための選挙運動に従事する報酬の趣旨で，現金の供与をしたが，本件選挙における被告のための選挙運動でも，前回選挙の時と同様，地区後援会の世話人に対し，被告の県政報告会を開催するなどの被告のための選挙運動を活発にしてもらい，また，県政報告会を被告から指示のあった平成14年中に開催してもらうためには，同様の趣旨で，早期に1地区当たり30万円程度の金員を世話人に供与する必要があると考え，Y市選挙区の13地区のうち，2地区を除く11地区の世話人に各30万円として合計330万円の金員を供与する計画を立て，同年10月末ころ，被告に対し，県政報告会開催に必要な資金等の選挙運動費用として11地区の世話人に対し，1地区当たり30万円程度の金員を渡す必要がある旨説明したところ，被告は，これを了承し，同年11月初旬ころに100万円，その後ほどなくして200万円を甲に渡し，上記地区の世話人に渡す時期や方法等の具体的な段取りを甲に一任した。

　そこで，甲は，上記趣旨（選挙運動の費用及び報酬の趣旨）で，同月初めか

ら中旬ころ，8地区の世話人に対し各30万円（合計240万円）を供与したが，残り3地区については，県政報告会開催の目途が立たなかったり対立陣営の地盤であるため摘発の危険が大きかったりしたため，現金供与を保留ないし取り止めにした。なお，上記2地区のうち1地区についても，被告のための選挙運動が熱心に行われ，県政報告会開催の目途も立つ状態となったため，同地区の世話人にも現金供与をしようと考え，Dを通じて同人に30万円を交付しようとしたが，同人はその受け取りを拒絶した。

5 　上記3のようにして世話人の決まった各地区では，世話人が中心となって，当該地区において，それぞれの地区の実情に応じて，後援会の後援会活動の名目で，後援会への入会の勧誘，県政報告会の開催等の方法で被告のための選挙運動が行われ，被告が同選挙運動の要として重視していた県政報告会は，甲による上記4による現金供与もあって，平成14年同年中に8つの地区で，いずれも，被告の県政における活動状況等を報告するとの名目で，当該地区の有権者らを集め，出席者からは会費名目で一人当たり1000円あるいは2000円程度を徴収したものの，同金額をはるかに超える金員相当の酒食を提供して接待する方法で開催され，各その席上で被告が立候補の表明を兼ねた挨拶をした。

　甲は，上記各地区の世話人から，直接，県政報告会の開催日の連絡を受けたり，被告を通じて間接にその開催日を把握していたものであり，開催された上記県政報告会のなかには，甲が，被告とともに出席したものもあった。また，甲は，県政報告会の開催が遅れている地区の世話人に対しては，その開催を督促したりした。

　そして，有権者を集めることができないために県政報告会を開催することが容易でない地区がある一方で，R地区及びS地区のように，予想外に多数の有権者を集めることができ，2回目の県政報告会を開催することとなったところも

あったため，甲は，同年12月上旬ころ，上記両地区で2回目の県政報告会開催が予定されていること等から不足する選挙運動資金の手当てをする必要があると考え，その旨被告に話したところ，そのころ，被告から新たに200万円が交付されたため，選挙運動の費用及び報酬の趣旨で，R地区の世話人に対して40万円，S地区の世話人に対して30万円（合計70万円）をそれぞれ供与し，また，同月下旬ころ，T地区の世話人に同趣旨で30万円を供与した。なお，甲は，上記のとおり，R地区の世話人への現金供与額が10万円多かった理由は，被告の選挙地盤がX川を境にしてその東側の地区が西側の地区に比べて弱体であるため，X川の以東の地区の選挙地盤をR地区を拠点として強化する必要があると考えていたところ，同地区の世話人にそのことを期待するとともに，同人が熱心に被告のための選挙運動に従事していることの謝礼の気持ちからであった。

6　平成14年中にY市選挙区の各地区の相当数の地区でその地区の世話人の努力で後援会の後援会活動の名目で県政報告会が開催されるなどして被告のための選挙運動が行われ，平成15年1月2日及び3日には，恒例の新年の年賀会が後援会事務所で開催され，本件選挙での被告の当選を目的として選挙運動は順調に経過していたが，平成15年1月8日ころになって，前Y市長であったEが同選挙区から本件選挙に立候補することが報道された。被告とEは同じ保守系で支持層等を共通にするため，被告の当選が危ぶまれる事態が生じた。

　そこで，同月中旬ころから後援会事務所において頻繁に選対会議等が開催され，被告も，自ら，後援会事務所に頻繁に出向き，これら会議等に出席して，気を引き締めて選挙運動をする必要があること，後援会の入会申込書の配布による入会勧誘及び戸別訪問の実行等の檄を飛ばし，後援会事務所に詰めていた甲や地区の世話人らの選挙運動員に対しても，矢継ぎ早に同様の指示を出すよ

うになった。また、後援会の会長であるBも、同月中旬ころから後援会事務所に詰めるようになり、上記選対会議等を主催し、以後の被告のための選挙運動は、上記選対会議等により決定され、同年2月2日、後援会事務所において事務所開きが行われ、本件選挙の告示日である同年4月4日における出陣式の実施、同月11日における総決起集会の開催が各決定されるなどし、上記決定に基づき、各地区の世話人らの選挙運動員に対し、後援会への入会申込書等による有権者に対する働きかけの強化、上記出陣式及び総決起集会への有権者の動員等が指示あるいは要請され、各地区の世話人から寄せられた後援会への入会申込書等による票読みが行われた。そして、各地区の世話人は、上記指示等に基づき、後援会への入会申込書による入会勧誘等の方法での個別訪問や、上記出陣式及び総決起集会への有権者の動員等の被告のための選挙運動に従事し、上記出陣式及び総決起集会は相当多数の有権者を集めて予定どおり実施された。

7　しかし、被告のための選挙運動がなかなか活発化しなかったため、甲は、危機感を持ち、同選挙運動の引締めと投票の取りまとめのためには、各地区の世話人らに対して、てこ入れ策として選挙運動資金を供与する必要を感じていたところ、U地区の世話人から同地区でもう一度県政報告会を開催したいとの申出があったため、後日被告から填補してもらう予定で、とりあえず自己資金で20万円を準備し、同年1月末ころ、選挙運動の費用及び報酬の趣旨で、同人に対して20万円を供与した。

8　さらに、甲は、同年2月上旬ころ、各地区の世話人らに一層活発に被告のための選挙運動をしてもらうためには、上記趣旨で、再度現金を供与する必要があると考え、被告に、世話人に対する選挙運動資金の提供の相談したところ、被告もこれを了承し、そのころに100万円を甲に交付した。そこで、甲は、被告から新たに受領した上記金員と被告から上記4で交付を受けた金員の残金を

もって，同年2月から3月にかけて，上記趣旨で，3地区の世話人対して各30万円（合計90万円）を供与した（なお，甲は，平成14年12月から平成15年1月にかけて2度目の現金を供与した地区の世話人については，今回の現金供与の対象から除くこととした。）。

9　また，甲は，同年3月下旬ころ，各地区の世話人が，地区の有権者を4月4日の出陣式，同月11日総決起集会に動員するためには，バスなどをチャーターする必要があり，そのためには費用がかかることから，同費用や動員等の選挙運動の報酬の趣旨で，世話人に対して相応の現金を供与する必要があると考え，被告に対し，上記費用に充てる選挙運動資金の必要を説明したところ，被告は，これに同意して100万円を甲に交付したので，甲は，3月下旬から4月初旬にかけて，4地区の世話人に各10万円（合計50万円）を供与した。

10　そして，甲は，上記4及び7のとおり，被告から選挙運動資金として，約5か月間に5回にわたり合計700万円もの多額の金員の交付を受けた上，自己の裁量により，供与する相手方，時期及び金額を決めて，これを地区の世話人に対し，被告のための選挙運動に要する費用及びこれに従事することの報酬の趣旨で供与していたのであり，甲以外には，被告から多額の金員を選挙運動資金として交付された者はいなかった。また，甲は，上記選挙運動資金の管理及び配分のほかに，後援会事務所に詰めて，被告のための選挙運動に関連して，被告及びその家族との連絡及び各地区の世話人との連絡の業務を担当し，また，同選挙運動に従事するための人員等の手配をし，また，来客の対応等に当たった。

　他方，被告は，甲に対して上記のとおり複数回にわたって多額の金員を交付したが，その交付前に領収証等の徴収を指示したり，既交付分について，残額の有無やその使途を具体的に確認したりすることなく，次の金員を甲に交付す

ることを繰り返していた。

11　甲は，上記4，5，7，8，9における計19件（合計供与額470万円）の買収の事実，すなわち，本件選挙に際し，被告がＹ市選挙区から立候補する決意を有することを知り，同人に当選を得させる目的をもって，立候補届出前の平成14年11月上旬ころから平成15年4月上旬ころまでの間，前後19回にわたり，いずれも被告の選挙運動者である者8名に対し，被告のため投票及び投票の取りまとめ等の選挙運動を依頼し，その報酬として現金合計470万円を供与したなどとの，公選法221条1項1号等の罪に該当する犯罪事実により，平成15年7月17日，懲役2年6か月（5年間執行猶予）に処せられ，その刑は同年8月1日確定した。

事案 №30

裁判例No.30
名古屋高等裁判所金沢支部第1部平成16年2月20日判決（請求認容）

判決主文

平成15年4月13日執行のX県議会議員選挙における被告の当選は、これを無効とする。

被告は、本判決が確定した時から5年間、X県議会議員選挙Y選挙区において行われる同県議会選挙において、候補者となり、又は候補者であることができない。

訴訟費用は被告の負担とする。

事案の概要

1　平成15年4月13日に施行されたX県議会議員選挙（以下、「本件選挙」という。）は平成15年4月4日に告示され、被告は、X県Y郡（Z町、Z₁町、Z₂町、Z₃町の4町からなる。）選挙区（以下「本件選挙区」という。）から立候補

し，1万0209票を得て当選し，現在，X県議会議員として在職中の者である。

　本件選挙区は定員2名であり，本件選挙には，被告のほかに，K及びLが立候補し，被告及びLが当選した。なお，Kの得票数は9874票であり，Lの得票数は1万0749票であった。

2　Z町区長会の組織等について

(1)　X県Y郡Z町には集落が37あり，それぞれの集落の住民で構成される自治団体が存在し，これらの自治団体は区と呼ばれている。それぞれの区には，区長，区長代理等の役員がおり，区の住民（以下「区民」という。）の中から選出されている。区長の選出方法・任期・職務内容等は各区ごとに異なるものの，各区の区長の主たる職務は，いずれも，区の自治に関する事務の統括と，町と区民の間の連絡である。また，これら37の区は，近隣の区を併せて5つの地区に統合され，それぞれ第1地区ないし第5地区と呼ばれている。

(2)　Z町区長会は，Z町内の37区の区長全員（37名）で構成されている組織であり，明文の規約が存在する。

　　区長会の役員及びその選出方法は，規約により，第1地区ないし第5地区（37区を5つに分けたもの）の各地区の区長から役員2名ずつを選出し，うち1地区の役員2名が会長と会計に，残りの4地区の役員が各地区ごとに副会長と幹事に，それぞれ就任するものと定められ，そのようにして選出されている。

　　区長会会長は，規約上，互選によって選出されるものとされているが，慣例的に，上記5つの地区が1年交代の持ち回りで会長を出すことが行われ，順番となった地区の者が選出されてきた。そして，区長会は，会員である区長相互の親睦・協議・研修を図ること，町政振興の諮問に応じること，町政諸般の事務連絡に当たることを本来の目的としており，具体的には，年1回

の研修旅行や年2回の町内の施設の視察，新年会や忘年会等の懇親会を企画・実施したり，定例会を開いて予算・事業計画・決算等に関する報告を受けたりしている。また，区長会の経費は，規約上，Z町の交付金及び寄付金をもって充てることになっているが，現実には寄付金はなく，専らZ町からの交付金によって運営されている。

(3) 平成15年の区長会会長は，慣例により，第4地区から選出する順番となっていたため，同年1月24日開催の区長会において，P1区長であり，第4地区役員の1人に選出されていた甲が会長に選出され，また，P2区長のAが区長会副会長4名のうちの1人に選出された。

3 被告の後援会組織等について

(1) 被告の後援会として，昭和62年に，Z町P3区の区長を代表者とし，同区の区民により「(被告)後援会」が設立され，政治団体として届け出られた。

「(被告)後援会」は，政治資金が必要のない団体であったことから，平成9年に解散届を選挙管理委員会に提出したが，その後も，被告の後援会組織として存続し，(被告)P3後援会(以下「P3後援会」という。)と呼ばれている。P3後援会は，慣行的に，P3区の区長が会長(代表者)，同区長代理が幹事長に就任するものとされ，本件選挙当時，会長がB(P3区区長)，幹事長がC(P3区区長代理)，事務局長がDであった。

P3後援会は，被告が立候補する県議会議員選挙が近づくと，Z町の有権者に対する後援会入会勧誘などの活動を活発に行うが，それ以外の時期には，毎月1月に総会が行われるほかは，時に見学旅行などが行われる程度であって，特に活動はしていない。

(2) また，被告の後援会として，被告の政治活動を支援すること等を目的とする(被告)Z町後援会が存在していたが，これは，Z町を選挙地盤とする県議会

議員である被告を同町が一体となって支持し支援していることを示す趣旨で，その時のＺ町長を代表者とし，会計責任者をＺ町助役，会計責任者職務代行者をＺ町収入役などとする組織であり，被告が立候補する県議会議員選挙において被告の選挙運動を行う以外には，特段の活動を行っていなかったもので，平成12年に一旦解散届が提出された。その後，平成15年2月ころになって，本件選挙での被告の選挙運動を支援する目的で，再度，（被告）Ｚ町後援会の設立が計画され，同月11日，総会が開催され，（被告）Ｚ町後援会（以下，これを「Ｚ町後援会」という。）が再発足した。

Ｚ町後援会の役員は，Ｚ町町長Ｅ（以下「Ｅ町長」という。）が会長，Ｚ町町議会議長のＦ（以下「Ｆ議長」という。）が幹事長，Ｚ町議会副議長のＧ（以下「Ｇ副議長」という。）が事務局長に就任するなど，いわゆる充て職によって就任した。また，区長会会長である甲はＺ町後援会の副会長に，区長会副会長であるＡはＺ町後援会の常任総務にそれぞれ就任し，それとともに，Ｚ町の各区長（甲及びＡを含む。）も，Ｚ町後援会の集落支部長に就任した。

なお，Ｚ町後援会については，同月14日，政治団体設立届が選挙管理委員会に提出された。

(3) 被告の後援会組織としては，上記(1)及び(2)のほかに，Z₁後援会（Z₁町にある後援会），Z₂後援会（Z₂町にある後援会）等が存在する。また，被告の政治活動を支援すること等を目的とした政治団体としてＨ政経懇話会があり，被告方に隣接して同会の事務所（以下「本件事務所」という。）が存在する。

そして，本件事務所は，P₃後援会の事務所やＺ町後援会の事務所としても使用されていたものであり（Ｚ町後援会の事務所は，規約上，会長であるＥ町長宅に置くものとされているが，実際は，本件事務所がＺ町後援会の事務所でもあった。），P₃事務所と呼ばれていた。

4 本件選挙における被告の選挙運動等について
   (1) 被告は，昭和62年本件選挙区からX県議会議員選挙に初当選して以来，連続4期当選し，平成14年当時同議員の地位にあった者であるが，遅くとも同年12月までには，平成15年4月に行われる本件選挙に立候補することを決意し，その旨を周囲にも表明していた。そのため，被告の地元であるZ町の町議会議員のうちI党に属する議員1名を除く全議員をメンバーとする「J会」の有志議員（種々の事情から他の立候補予定者を支持する2名以外の者）は，平成14年12月ころ，本件選挙において被告を推薦する旨決議した。
　　また，被告においても，平成15年1月29日，F議長及びG副議長とともに，Z町長室にE町長を訪ね，Z町後援会会長就任を要請し，その了承を得た。
　　そして，かねてから，本件選挙には，X県職員で，Z_3町を住所とするKの立候補が噂されていたが，同月31日，Kが正式に本件選挙区から本件選挙に立候補する旨表明したことから，本件選挙では，2議席を現職の被告及びLとKが争う見込みとなり，そのことは，そのころには，本件選挙区において周知のこととなった。
   (2) 本件選挙に当たって，本件選挙区において，平成15年2月ころから本件選挙での被告の当選を目的としてされた選挙運動（告示前のものを含む。）として実施された活動には次の①ないし⑤などがあったが，いずれの活動も，被告が前回立候補した平成11年のX県議会議員選挙の投票日後は，上記3の後援会等によっても実施されたことはなかったものであった。
      ① 告示日（平成15年4月4日）前において，本件選挙区内の各戸に対するいわゆるローラー作戦（被告の支持者が各戸を個別に訪問して，被告の名前や写真が載った「（被告）後援会」名義のリーフレットやチラシを各戸に配

り，後援会入会申込みを勧誘しながら，暗に被告への投票を要請する活動）

② 告示日前のミニ集会の開催（Z町の各区で開催される集会に被告又はその妻等が出向いて，被告への支援又は投票を要請する活動。なお，この集会には，区長が被告に挨拶の場を設けるために特別に企画したものもあれば，別目的で開催が予定されていた集会に被告又はその妻等が出向いたものもある。）

③ 告示日前後の電話作戦（Z町の各戸に対し，告示前には（被告）後援会を名乗って，入会勧誘名目で，暗に被告への投票を要請し，告示後は，（被告）選挙事務所を名乗って，被告への投票を依頼する活動）

④ 告示日以後の必勝祈願祭及び激励大会・出陣式（平成15年4月4日），総決起大会（同年4月11日など）の実施

⑤ 告示日以後における被告の遊説及び投票依頼の練り歩きの実施

(3) 上記(2)の被告の選挙運動は，Z町後援会が発足する前までは，被告の選挙運動を支援するために本件事務所に出入りしていたA，P3後援会の役員であるB会長，C幹事長及びD事務局長らが計画し，P3後援会がP3区民を動員して行っていたが，Z町後援会の発足後は，P3後援会の上記役員，被告を支持するZ町議会議員でZ町後援会事務局長となったG副議長，Z町後援会常任総務となったA（以下，これらの者を「Aら」という。）が中心となって，相談し，あるいは分担して被告の選挙運動を企画して立案した。

5 Z町区長会及び甲と本件選挙との関わり等について

(1) 甲は，上記2(3)の経過で，同年1月24日にZ町役場の大会議室で開催された区長会において，区長会会長に選出された。なお，甲が区長会会長に選任されたのは，平成14年暮れころ，E町長から，「来年は，第4地区から会長を出すことになっているので，甲さんが会長となって，合併協議会の委員になって

もらえないか。」と言われ，E町長から直々に頼まれたことも経緯となっている。そして，同区長会には，Z町役場からE町長らも出席した。

　他方，Aは，永年，Z町職員として勤務し，Z町商工観光農林課長，教育課長などを歴任し，平成13年2月に教育長を最後に退職したが，被告との間で遠い親戚関係があったことや，被告とは同町に勤務中から公私にわたる交際があったことから，本件選挙に立候補する被告のために選挙運動をしようと考え，平成15年1月から本件事務所に頻繁に出入りするようになった。そして，Aは，平成14年1月から任期2年でZ町P2区の区長を務め，上記区長会において，区長会副会長4名のうちの1人に選出された。

(2)　甲は，かねてより，E町長から，過去の町長選における個人的な感情（被告が，平成12年のZ町の町長選において，E町長の対立候補を推薦したこと）は取りあえず置き，Z町後援会の会長となって，Z町を地盤とする唯一の県議会議員である被告を応援するという決意を聞かされ，また，Z町議会の多数の議員が本件選挙で被告を推薦すると決めたことを聞いたため，自分が区長会会長になったときには，区長会としても，町や町議会と歩調を揃えて本件選挙において被告を推薦する決議をして被告を支援すべきであると考えていたことから，上記(1)の区長会の議事が終了し，E町長らZ町役場からの出席者が退席した後，他の区長らに対して，「ちょっと選挙のことで話があるので，残ってください。」と声をかけた。区長の1名が差し障りがあるとの理由で退席した後，甲は，残った区長らに対して，「今回，（被告）が5選目に挑戦します。町議会も推薦しておりますので，区長会としても推薦したらどうでしょうか。」と提案した。これに対して，区長らから異議を述べる者はおらず，拍手が起きたことから，甲は，「それでは，満場一致で，（被告）を推薦することにします。ありがとうございました。」と挨拶した。このようにして，区長会におい

て，被告を本件選挙で支持・支援していくことが決議された。

　そして，同日の夜，Ｚ町内の旅館で，Ｅ町長，Ｆ議長，被告らも出席した上で，区長会の新年会が開催された。被告は，その席において，区長会が本件選挙で被告を推薦する旨決議したことを知らされて，出席していた区長らに対して，「推薦ありがとうございました。よろしくお願いします。」などと挨拶して謝辞を述べた。

(3)　甲は，区長会会長就任後，被告から，後援会事務所等にちょくちょく顔を出してほしい旨電話で頼まれたことから，平成15年2月4日に被告宅を訪れた。その際，甲は，被告から，「これから選挙が始まるから，ひとつよろしく頼みます。あなたも会長になったことだし，今回の件は頼みます。」などと依頼を受け，「分かりました。協力します。」と答えた。

(4)　区長会の開催等

　本件選挙に当たっての被告の選挙運動は，上記4(2)及び(3)のとおり，Ａらが中心になって企画され，立案された。そして，実際の選挙運動は，主としてＰ3後援会が担ったが，次のとおり，区長会を通じて，各区長に伝達され，区長がその区民に要請し，その結果，区長及び区民らが被告の選挙運動に加わって行われたものもあった。

　ア　平成15年2月27日の区長会役員会の開催

　　同日第1回の区長会役員会が開催され，区長会としての議事終了後，被告の選挙運動に関することが話題となり，区長会会長の甲及び区長会副会長のＡから，同年3月1日には被告の選挙事務所の事務所開きがある旨，同事務所開きには区長会の役員はもとより，各区の区長及び役員も出席してほしい旨の話があり，さらに，Ａから，自分は本件事務所に詰めているので，本件事務所と区長会の連絡役となって，区長会としてすることが決まったときに

は，自分から区長会に連絡するとの趣旨の説明があった。

　そして，同年3月1日，本件事務所において，E町長らZ町後援会の役員が出席して，Z町後援会の事務所開きが行われ，区長会の役員及び各区の区長の相当数が出席した。

　イ　平成15年3月2日の臨時区長会の開催

　　上記4(2)①のローラー作戦は，同年2月までに，P3後援会がP3区民を動員して，Z町の各戸を個別に訪問する方法で行われた。Aらは，同年3月8日から告示前までの土曜日及び休日を使って，本件選挙区のZ1，Z2，Z3の3町においても，ローラー作戦を実施することを計画したが，そのために必要な人員（運動員）をすべてP3区の区民の動員でまかなうことが困難であった。そこで，Aは，甲に対して，上記ローラー作戦に関して，「巡回するのに，人手が足りないので各区から出してほしい。区長会を招集してほしい。」と依頼し，甲は，これを了承して，本件事務所での臨時区長会の開催を決め，その招集手続をAに任せた。なお，区長会の招集権限は，区長会会長である甲にあって，同副会長であるAにはなかった。

　　同年3月2日本件事務所において開催された臨時区長会において，甲は，各区長に対して，上記ローラー作戦の参加者を各区から動員してほしい旨依頼し，Aも，ローラー作戦の参加日の割り振りは，地区ごとに行うことの説明や，毎回，1つの地区から40人ないし50人くらいを動員してほしい旨依頼した。甲は，率先して上記ローラー作戦に協力する姿勢を示す趣旨で，自らが区長を務めるP1区が属する第4地区が最初に実施される同月8日のローラー作戦に参加する旨申し出て，また，Aにおいて，自ら区長を務める P2区が属する第3地区が翌9日に実施されるローラー作戦に参加する旨申し出て，それぞれ了承され，他の地区が担当するローラー作戦については，

後日、Aから連絡する旨の話があり、これも了承された。また、同臨時区長会において、甲から、本件事務所に区長が当番で詰めてほしい旨の要請があり、Aにおいて、後日、各区長の当番割表を作成して、各区長に連絡することになった。さらに、同席上、甲は、各区長に対し、被告やその代理の者が出向いて挨拶するためのミニ集会の開催を要請し、Aにおいて、開催する場合には事前に本件事務所に連絡するよう依頼した。

　そして、上記臨時区長会での決定等を承けて、平成15年3月8日から同月30日までの土曜日及び休日において、第1ないし第4地区は、それぞれ、区長及びその要請に応じた区民らに、P3後援会に属するP3区民も加わって、割り当てられた地域において、ローラー作戦を実施した（なお、同月30日、全区から区民を動員して上記3町でのローラー作戦が実施されたが、これは、上記ローラー作戦の一環として実施されたもので、Aにおいて区長会会長甲名義で、各区長宛に同ローラー作戦への動員要請をし、各区からの動員を得て、実施された。）。また、Aは、上記当番割表として、区長会会長甲及び（被告）後援会名義で「区長会事務所詰め日程表」を作成して、各区長に送付し、各区長の相当数の者は、これに従って、本件事務所で当番をした。さらに、区長らからは、区で開催されるミニ集会について本件事務所に連絡が入り、被告又はその妻等が同集会に出向いて、被告に対する支援や投票を依頼する挨拶をした。

ウ　平成15年3月31日の区長会役員会の開催及び同年4月8日の臨時区長会の開催

　平成15年3月31日、甲は、Z町後援会関係者から、告示後の選挙運動に関して、区長会を開催してほしいとの要請を受け、その結果、区長会役員会を開催することになり、同日、本件事務所において、区長会役員会が開催さ

れた。

　同役員会において，甲及びＺ町後援会関係者が，出席した役員に対し，告示後の被告の選挙運動に関する日程を説明するとともに，告示日当日の同年４月４日の必勝祈願祭及び激励大会・出陣式，同月11日の総決起大会への各区の区民の動員，被告の遊説時の各区民の動員及びその際の区長による激励（「頑張ろう」の三唱）の実施，ミニ集会未開催地区における開催などの指示あるいは要請がされた。

　また，甲は，各区長らに対して選挙運動に関する上記区長会役員会での指示等を徹底させようと考えるとともに，甲町後援会関係者からの要請もあって，同年４月８日に臨時区長会を招集することとし，Ａに招集手続を依頼した。そして，同日，本件事務所において，臨時区長会が開催されたが，その席上，甲は，「不在者投票を周知徹底し，棄権者が出ないようにしてください。明日も，（被告）が４地区と５地区の集落を回るので，人を集めてください。総決起集会のときも人を集めてください。」など各区長らに指示し，また，Ａにおいて，これを補足して，総決起大会への各区の規模に応じた区民の動員，同月12日の被告による住民に対する投票依頼の練り歩きの際の区長の参加などの指示あるいは要請をした。

　区長らは，上記役員会での指示あるいは要請に従って，それぞれの区の実情に応じて，同年４月４日の必勝祈願祭及び激励大会・出陣式，同月11日の総決起大会へ各区の区民の動員，被告の遊説時の各区民の動員及びその際の区長による激励（「頑張ろう」の三唱）の実施，総決起大会への区民の動員，同月12日の被告による住民に対する投票依頼の練り歩きの際の区長の参加などに努めた。

(5)　甲による区長会会長としての挨拶

ア　平成15年2月11日、Z町福祉会館で、被告も出席して、Z町後援会の総会が開催され、区長会会長の甲が後援会副会長に就任したが、甲は、その席上で、「区長会を代表して一言ご挨拶を申し上げます。1月24日、Z町区長会の総会で37名の区長全員が出席して4月に予定されています県議選に（被告）を全会一致でご推薦しましたことをまずもってご報告申し上げます。」「より一層、発展する町作りが町民の願いであり、地元から県議をどうしても出さなければなりません。」「今回の選挙は前回と違って、厳しくなると思います。最後まで気を緩めることなく、目標達成まで頑張ろうではありませんか。選挙には強い枠組みが必要です。」「その枠組みを区長会がしっかりと支えることをお約束申し上げ、私の挨拶とさせていただきます。」などと挨拶した。

イ　平成15年3月1日、本件事務所において、Z町後援会の事務所開きが行われたが、その際、甲は、「Z町の区長会を代表して一言ご挨拶させていただきます。私たちは（被告）の人柄を慕い、今までの数々の功績を思い1月の区長会の総会で全員一致で推薦してまいりました。今回の選挙は最も厳しい戦いになると思います。」「地元区長37名は、一致団結して（被告）を強く支えることをお誓い申し上げ挨拶といたします。」などと挨拶した。

ウ　甲は、平成15年3月8日から同月30日までの土曜日及び休日、Z1、Z2、Z3の3町において、各区長らの指示を受けた各区民が各戸に対してローラー作戦を実施した際、「大変ですが、よろしくお願いします。」などと挨拶した。

エ　甲は、被告も出席している告示前に開催されたミニ集会で、区長会会長として、「区長会としても一致団結して（被告）を応援しています。（被告）をよろしくお願いします。」と挨拶した。なお、被告も、自分への支援を訴

える挨拶をした。
　オ　甲は，告示日当日に行われた必勝祈願祭及び激励大会・出陣式において，「Ｚ町区長会を代表して，一言ご挨拶させていただきます。創造，信頼の男，即実行する男，（被告）を支援できる喜びを実感しております。しかし当選させなければ何にもなりません。私たち区長そして町民は，当選をめざして頑張ることをお誓いしまして挨拶といたします。」などと挨拶した。
　カ　甲は，平成15年4月7日と同月9日には，選挙カーに被告と同乗した上で，「（被告）をよろしくお願いします。」と挨拶した。
　キ　甲は，平成15年4月11日に開かれた被告の総決起大会において，「Ｚ町区長会を代表して一言ご挨拶させていただきます。戦いはあと1日です。告示後，候補者は，政治信条や各施策について皆様方に充分訴えて参りました。残された時間は当選に向けての足固めだけです。私たち区長会も，皆様方のご協力を得まして当選をめざしての枠組みを支えて参りました。あと1日，その枠組みを総点検して，大きな花を咲かせるため頑張ります。皆様支えて下さい。お願いします。」と挨拶した。
(6)　Ａから甲に対する買収資金の交付と甲による区長らに対する本件買収犯罪の実行
　　平成15年3月8日，Ａは，本件事務所内において，現金と各区長の名簿の入った封筒を甲に渡して，本件選挙における選挙運動に協力してくれる謝礼と今後も協力を頼む趣旨で，各区長に現金を配るよう甲に依頼し，甲は，これを了解した。そして，甲は，同日から同月12日ころにかけて，区長らに対して，現金を供与するなどした。
6　甲は，前記5(6)の事実，すなわち，本件選挙に際し，Ａと共謀の上，本件選挙区から立候補する決意を有する被告に当選を得させる目的をもって，①平成15

年3月8日ころから同月12日ころまでの間，前後25回にわたり，本件選挙の選挙人かつ選挙運動者25名に対し，被告のため投票及び投票取りまとめ等の選挙運動をすることの報酬として，現金5万円又は現金10万円（合計135万円）を各供与するとともに，立候補届前の選挙運動をした，②同月9日ころ，前後2回にわたり，本件選挙の選挙人かつ選挙運動者2名に対し，被告のため投票及び投票取りまとめ等の選挙運動をすることの報酬として，現金5万円（合計10万円）を各供与する旨の申込みをするとともに，立候補届前の選挙運動をした，③同月10日ころ，本件選挙の選挙人かつ選挙運動者1名に対し，被告のため投票及び投票取りまとめ等の選挙運動をすることの報酬として，現金5万円を供与するとともに，同様の報酬として同選挙の選挙人かつ選挙運動者2名に各供与させる目的をもって現金合計10万円を交付し，一面で立候補届出前の選挙運動をした，との公職選挙法221条1項1号等の罪により，平成15年8月1日，懲役2年（5年間執行猶予）に処せられ，同判決は同年8月20日に確定した。

参考資料

1 公職選挙法条文（抄）
（平成16年5月1日現在）

（選挙運動の期間）
第129条　選挙運動は，各選挙につき，それぞれ第86条第1項から第3項まで若しくは第8項の規定による候補者の届出，第86条の2第1項の規定による衆議院名簿の届出，第86条の3第1項の規定による参議院名簿の届出（同条第2項において準用する第86条の2第9項前段の規定による届出に係る候補者については，当該届出）又は第86条の4第1項，第2項，第5項，第6項若しくは第8項の規定による公職の候補者の届出のあつた日から当該選挙の期日の前日まででなければ，することができない。

（公務員等の地位利用による選挙運動の禁止）
第136条の2　次の各号の一に該当する者は，その地位を利用して選挙運動をすることができない。
　一　国若しくは地方公共団体の公務員又は特定独立行政法人，特定地方独立行政法人若しくは日本郵政公社の役員若しくは職員
　二　日本道路公団，石油公団，地域振興整備公団，国民生活金融公庫，住宅金融公庫，農林漁業金融公庫，中小企業金融公庫，公営企業金融公庫若しくは沖縄振興開発金融公庫の役員若しくは職員，首都高速道路公団，阪神高速道路公団若しくは本州四国連絡橋公団の管理委員会の委

員，役員若しくは職員又は都市基盤整備公団の運営委員会の委員，役員若しくは職員（以下「公団等の役職員等」という。）

2　前項各号に掲げる者が公職の候補者若しくは公職の候補者となろうとする者（公職にある者を含む。）を推薦し，支持し，若しくはこれに反対する目的をもつてする次の各号に掲げる行為又は公職の候補者若しくは公職の候補者となろうとする者（公職にある者を含む。）である同項各号に掲げる者が公職の候補者として推薦され，若しくは支持される目的をもつてする次の各号に掲げる行為は，同項に規定する禁止行為に該当するものとみなす。

一　その地位を利用して，公職の候補者の推薦に関与し，若しくは関与することを援助し，又は他人をしてこれらの行為をさせること。

二　その地位を利用して，投票の周旋勧誘，演説会の開催その他の選挙運動の企画に関与し，その企画の実施について指示し，若しくは指導し，又は他人をしてこれらの行為をさせること。

三　その地位を利用して，第199条の5第1項に規定する後援団体を結成し，その結成の準備に関与し，同項に規定する後援団体の構成員となることを勧誘し，若しくはこれらの行為を援助し，又は他人をしてこれらの行為をさせること。

四　その地位を利用して，新聞その他の刊行物を発行し，文書図画を掲示し，若しくは頒布し，若しくはこれらの行為を援助し，又は他人をしてこれらの行為をさせること。

五　公職の候補者又は公職の候補者となろうとする者（公職にある者を含む。）を推薦し，支持し，若しくはこれに反対することを申しいで，又は約束した者に対し，その代償として，その職務の執行に当たり，当該

申しいで，又は約束した者に係る利益を供与し，又は供与することを約束すること。

(教育者の地位利用の選挙運動の禁止)
第137条　教育者（学校教育法（昭和22年法律第26号）に規定する学校の長及び教員をいう。）は，学校の児童，生徒及び学生に対する教育上の地位を利用して選挙運動をすることができない。

(未成年者の選挙運動の禁止)
第137条の2　年齢満20年未満の者は，選挙運動をすることができない。
2　何人も，年齢満20年未満の者を使用して選挙運動をすることができない。但し，選挙運動のための労務に使用する場合は，この限りでない。

(選挙権及び被選挙権を有しない者の選挙運動の禁止)
第137条の3　第252条又は政治資金規正法第28条の規定により選挙権及び被選挙権を有しない者は，選挙運動をすることができない。

(戸別訪問)
第138条　何人も，選挙に関し，投票を得若しくは得しめ又は得しめない目的をもつて戸別訪問をすることができない。
2　いかなる方法をもつてするを問わず，選挙運動のため，戸別に，演説会の開催若しくは演説を行うことについて告知をする行為又は特定の候補者の氏名若しくは政党その他の政治団体の名称を言いあるく行為は，前項に規定する禁止行為に該当するものとみなす。

（署名運動の禁止）

第138条の2　何人も，選挙に関し，投票を得若しくは得しめ又は得しめない目的をもつて選挙人に対し署名運動をすることができない。

（新聞紙，雑誌の不法利用等の制限）

第148条の2　何人も，当選を得若しくは得しめ又は得しめない目的をもつて新聞紙又は雑誌の編集その他経営を担当する者に対し金銭，物品その他の財産上の利益を供与，その供与の申込若しくは約束をし又は饗応接待，その申込若しくは約束をして，これに選挙に関する報道及び評論を掲載させることができない。

2　新聞紙又は雑誌の編集その他経営を担当する者は，前項の供与，饗応接待を受け若しくは要求し又は前項の申込を承諾して，これに選挙に関する報道及び評論を掲載することができない。

3　何人も，当選を得若しくは得しめ又は得しめない目的をもつて新聞紙又は雑誌に対する編集その他経営上の特殊の地位を利用して，これに選挙に関する報道及び評論を掲載し又は掲載させることができない。

（選挙運動に関する支出金額の制限額の告示）

第196条　当該選挙に関する事務を管理する選挙管理委員会（参議院比例代表選出議員の選挙については，中央選挙管理会）は，当該選挙の期日の公示又は告示があつた後，直ちに，前2条の規定による額を告示しなければならない。

（総括主宰者，出納責任者等の選挙犯罪による公職の候補者であつた者の当選の効力及び立候補の資格に関する訴訟等）

第210条　第251条の2第1項第1号から第3号までに掲げる者が第221条第3項，第222条第3項，第223条第3項若しくは第223条の2第2項の規定により刑に処せられた場合又は出納責任者が第247条の規定により刑に処せられた場合において，これらの者に係る公職の候補者であつた者が第254条の2第1項の規定による通知を受けたときは，当該公職の候補者であつた者は，検察官を被告とし，当該通知を受けた日から30日以内に，高等裁判所に，これらの者が当該公職の候補者であつた者に係る第251条の2第1項第1号から第3号までに掲げる者若しくは出納責任者に該当しないこと又は同条第4項各号に掲げる場合に該当することを理由とし，当該公職の候補者であつた者の当該選挙における当選が無効とならないこと，当該公職の候補者であつた者が当該選挙に係る選挙区（選挙区がないときは，選挙の行われる区域）において行われる当該公職に係る選挙において公職の候補者となり若しくは公職の候補者であることができないこととならないこと又は当該公職の候補者であつた者で衆議院（小選挙区選出）議員の選挙における候補者であつたものの当該選挙と同時に行われた衆議院（比例代表選出）議員の選挙における当選が無効とならないことの確認を求める訴訟を提起することができる。ただし，当該公職の候補者であつた者が第254条の2第1項の規定による通知を受けた日から30日を経過する日までの間に，当該公職の候補者であつた者が当該選挙において当選人と定められ当該当選人に係る第101条第2項，第101条の2の2第2項若しくは第101条の3第2項の規定による告示があつたとき又は当該公職の候補者であつた者で衆議院（小選挙区選出）議員の選挙における候

補者であつたものが当該選挙と同時に行われた衆議院（比例代表選出）議員の選挙において当選人と定められ当該当選人に係る第101条の2第2項の規定による告示があつたときは，当該当選人の当選が無効とならないことの確認を求める訴訟の出訴期間は，当該告示の日から30日以内とする。

2 　第251条の2第1項第1号から第3号までに掲げる者が第221条第3項，第222条第3項，第223条第3項若しくは第223条の2第2項の規定により刑に処せられた場合又は出納責任者が第247条の規定により刑に処せられた場合において，これらの者に係る公職の候補者であつた者が第254条の2第1項の規定による通知を受けた日から30日を経過した日後に，当該公職の候補者であつた者が当該選挙において当選人と定められ当該当選人に係る第101条第2項，第101条の2第2項若しくは第101条の3第2項の規定による告示があつたとき又は当該公職の候補者であつた者で衆議院（小選挙区選出）議員の選挙における候補者であつたものが当該選挙と同時に行われた衆議院（比例代表選出）議員の選挙において当選人と定められ当該当選人に係る第101条の2第2項の規定による告示があつたときは，第251条の2第1項又は第3項の規定により当該当選人の当選を無効であると認める検察官は，当選人を被告とし，当該告示の日から30日以内に，高等裁判所に訴訟を提起しなければならない。

（総括主宰者，出納責任者等の選挙犯罪による公職の候補者等であつた者の当選無効及び立候補の禁止の訴訟）

第211条　第251条の2第1項各号に掲げる者又は第251条の3第1項に規定する組織的選挙運動管理者等が第221条，第222条，第223条又は第

223条の2の罪を犯し刑に処せられたため，第251条の2第1項又は第251条の3第1項の規定により当該公職の候補者又は公職の候補者となろうとする者（以下この条及び第219条第1項において「公職の候補者等」という。）であつた当該選挙における当選が無効であり，当該公職の候補者等であつた者が当該選挙に係る選挙区（選挙区がないときは，選挙の行われる区域）において行われる当該公職に係る選挙において公職の候補者となり若しくは公職の候補者であることができず，又は当該公職の候補者等であつた者で衆議院（小選挙区選出）議員の選挙における候補者であつたものの当該選挙と同時に行われた衆議院（比例代表選出）議員の選挙における当選が無効であると認める検察官は，前条に規定する場合を除くほか，当該公職の候補者等であつた者を被告とし，その裁判確定の日から30日以内に，高等裁判所に訴訟を提起しなければならない。ただし，当該裁判確定の日後に，当該公職の候補者等であつた者が当該選挙において当選人と定められ当該当選人に係る第101条第2項，第101条の2の2第2項若しくは第101条の3第2項の規定による告示があつたとき又は当該公職の候補者等であつた者で衆議院（小選挙区選出）議員の選挙における候補者であつたものが当該選挙と同時に行われた衆議院（比例代表選出）議員の選挙において当選人と定められ当該当選人に係る第101条の2第2項の規定による告示があつたときは，当該当選人の当選に係る当選無効の訴訟の出訴期間は，当該告示の日から30日以内とする。

2　第251条の4第1項各号に掲げる者が第221条から第223条の2まで，第225条，第226条，第239条第1項第1号，第3号若しくは第4号又は第239条の2の罪を犯し刑に処せられたため，第251条の4第1項の規定により当該当選人の当選を無効であると認める検察官は，当選人を被告と

し，その裁判確定の日から30日以内に，高等裁判所に訴訟を提起しなければならない。この場合においては，前項ただし書の規定を準用する。

（買収及び利害誘導罪）
第221条　次の各号に掲げる行為をした者は，3年以下の懲役若しくは禁錮又は50万円以下の罰金に処する。
　一　当選を得若しくは得しめ又は得しめない目的をもつて選挙人又は選挙運動者に対し金銭，物品その他の財産上の利益若しくは公私の職務の供与，その供与の申込み若しくは約束をし又は供応接待，その申込み若しくは約束をしたとき。
　二　当選を得若しくは得しめ又は得しめない目的をもつて選挙人又は選挙運動者に対しその者又はその者と関係のある社寺，学校，会社，組合，市町村等に対する用水，小作，債権，寄附その他特殊の直接利害関係を利用して誘導をしたとき。
　三　投票をし若しくはしないこと，選挙運動をし若しくはやめたこと又はその周旋勧誘をしたことの報酬とする目的をもつて選挙人又は選挙運動者に対し第1号に掲げる行為をしたとき。
　四　第1号若しくは前号の供与，供応接待を受け若しくは要求し，第1号若しくは前号の申込みを承諾し又は第2号の誘導に応じ若しくはこれを促したとき。
　五　第1号から第3号までに掲げる行為をさせる目的をもつて選挙運動者に対し金銭若しくは物品の交付，交付の申込み若しくは約束をし又は選挙運動者がその交付を受け，その交付を要求し若しくはその申込みを承諾したとき。

六　前各号に掲げる行為に関し周旋又は勧誘をしたとき。

2　中央選挙管理会の委員若しくは中央選挙管理会の庶務に従事する総務省の職員，選挙管理委員会の委員若しくは職員，投票管理者，開票管理者，選挙長若しくは選挙分会長又は選挙事務に関係のある国若しくは地方公共団体の公務員が当該選挙に関し前項の罪を犯したときは，4年以下の懲役若しくは禁錮又は100万円以下の罰金に処する。公安委員会の委員又は警察官がその関係区域内の選挙に関し前項の罪を犯したときも，また同様とする。

3　次の各号に掲げる者が第1項の罪を犯したときは，4年以下の懲役若しくは禁錮又は100万円以下の罰金に処する。

一　公職の候補者

二　選挙運動を総括主宰した者

三　出納責任者（公職の候補者又は出納責任者と意思を通じて当該公職の候補者のための選挙運動に関する支出の金額のうち第196条の規定により告示された額の2分の1以上に相当する額を支出した者を含む。）

四　3以内に分けられた選挙区（選挙区がないときは，選挙の行われる区域）の地域のうち1又は2の地域における選挙運動を主宰すべき者として第1号又は第2号に掲げる者から定められ，当該地域における選挙運動を主宰した者

（多数人買収及び多数人利害誘導罪）

第222条　左の各号に掲げる行為をした者は，5年以下の懲役又は禁錮に処する。

一　財産上の利益を図る目的をもつて公職の候補者又は公職の候補者とな

ろうとする者のため多数の選挙人又は選挙運動者に対し前条第1項第1号から第3号まで，第5号又は第6号に掲げる行為をし又はさせたとき。

　二　財産上の利益を図る目的をもつて公職の候補者又は公職の候補者となろうとする者のため多数の選挙人又は選挙運動者に対し前条第1項第1号から第3号まで，第5号又は第6号に掲げる行為をすることを請け負い若しくは請け負わせ又はその申込をしたとき。

2　前条第1項第1号から第3号まで，第5号又は第6号の罪を犯した者が常習者であるときも，また前項と同様とする。

3　前条第3項各号に掲げる者が第1項の罪を犯したときは，6年以下の懲役又は禁錮に処する。

（公職の候補者及び当選人に対する買収及び利害誘導罪）
第223条　次の各号に掲げる行為をした者は，4年以下の懲役若しくは禁錮又は100万円以下の罰金に処する。

　一　公職の候補者たること若しくは公職の候補者となろうとすることをやめさせる目的をもつて公職の候補者若しくは公職の候補者となろうとする者に対し又は当選を辞させる目的をもつて当選人に対し第221条第1項第1号又は第2号に掲げる行為をしたとき。

　二　公職の候補者たること若しくは公職の候補者となろうとすることをやめたこと，当選を辞したこと又はその周旋勧誘をしたことの報酬とする目的をもつて公職の候補者であつた者，公職の候補者となろうとした者又は当選人であつた者に対し第221条第1項第1号に掲げる行為をしたとき。

三　前2号の供与，供応接待を受け若しくは要求し，前2号の申込みを承諾し又は第1号の誘導に応じ若しくはこれを促したとき。

四　前各号に掲げる行為に関し周旋又は勧誘をなしたとき。

2　中央選挙管理会の委員若しくは中央選挙管理会の庶務に従事する総務省の職員，選挙管理委員会の委員若しくは職員，投票管理者，開票管理者，選挙長若しくは選挙分会長又は選挙事務に関係のある国若しくは地方公共団体の公務員が当該選挙に関し前項の罪を犯したときは，5年以下の懲役若しくは禁錮又は100万円以下の罰金に処する。公安委員会の委員又は警察官がその関係区域内の選挙に関し前項の罪を犯したときも，また同様とする。

3　第221条第3項各号に掲げる者が第1項の罪を犯したときは，5年以下の懲役若しくは禁錮又は100万円以下の罰金に処する。

（新聞紙，雑誌の不法利用罪）

第223条の2　第148条の2第1項又は第2項の規定に違反した者は，5年以下の懲役又は禁錮に処する。

2　第221条第3項各号に掲げる者が前項の罪を犯したときは，6年以下の懲役又は禁錮に処する。

（選挙の自由妨害罪）

第225条　選挙に関し，次の各号に掲げる行為をした者は，4年以下の懲役若しくは禁錮又は100万円以下の罰金に処する。

一　選挙人，公職の候補者，公職の候補者となろうとする者，選挙運動者又は当選人に対し暴行若しくは威力を加え又はこれをかどわかしたと

き。
二　交通若しくは集会の便を妨げ，演説を妨害し，又は文書図画を毀棄し，その他偽計詐術等不正の方法をもつて選挙の自由を妨害したとき。
三　選挙人，公職の候補者，公職の候補者となろうとする者，選挙運動者若しくは当選人又はその関係のある社寺，学校，会社，組合，市町村等に対する用水，小作，債権，寄附その他特殊の利害関係を利用して選挙人，公職の候補者，公職の候補者となろうとする者，選挙運動者又は当選人を威迫したとき。

（職権濫用による選挙の自由妨害罪）
第226条　選挙に関し，国若しくは地方公共団体の公務員，特定独立行政法人，特定地方独立行政法人若しくは日本郵政公社の役員若しくは職員，中央選挙管理会の委員若しくは中央選挙管理会の庶務に従事する総務省の職員，選挙管理委員会の委員若しくは職員，投票管理者，開票管理者又は選挙長若しくは選挙分会長が故意にその職務の執行を怠り又は正当な理由がなくて公職の候補者若しくは選挙運動者に追随し，その居宅若しくは選挙事務所に立ち入る等その職権を濫用して選挙の自由を妨害したときは，4年以下の禁錮に処する。
2　国若しくは地方公共団体の公務員，特定独立行政法人，特定地方独立行政法人若しくは日本郵政公社の役員若しくは職員，中央選挙管理会の委員若しくは中央選挙管理会の庶務に従事する総務省の職員，選挙管理委員会の委員若しくは職員，投票管理者，開票管理者又は選挙長若しくは選挙分会長が選挙人に対し，その投票しようとし又は投票した被選挙人の氏名（衆議院比例代表選出議員の選挙にあつては政党その他の政治団体の名称

又は略称，参議院比例代表選出議員の選挙にあつては被選挙人の氏名又は政党その他の政治団体の名称若しくは略称）の表示を求めたときは，6月以下の禁錮又は30万円以下の罰金に処する。

（事前運動，教育者の地位利用，戸別訪問等の制限違反）
第239条　次の各号の1に該当する者は，1年以下の禁錮又は30万円以下の罰金に処する。
　一　第129条，第137条，第137条の2又は第137条の3の規定に違反して選挙運動をした者
　二　（略）
　三　第138条の規定に違反して戸別訪問をした者
　四　第138条の2の規定に違反して署名運動をした者
2　（略）

（公務員等の選挙運動等の制限違反）
第239条の2　国又は地方公共団体の公務員，特定独立行政法人，特定地方独立行政法人又は日本郵政公社の役員又は職員及び公団等の役職員等（公職にある者を除く。）であつて，衆議院議員又は参議院議員の選挙において当該公職の候補者となろうとするもので次の各号に掲げる行為をしたものは，第129条の規定に違反して選挙運動をした者とみなし，2年以下の禁錮又は30万円以下の罰金に処する。
　一　当該公職の候補者となろうとする選挙区（選挙区がないときは，選挙の行われる区域。以下この項において「当該選挙区」という。）において職務上の旅行又は職務上出席した会議その他の集会の機会を利用し

て，当該選挙に関し，選挙人にあいさつすること。

二 当該選挙区において，その地位及び氏名（これらのものが類推されるような名称を含む。）を表示した文書図画を当該選挙に関し，掲示し，又は頒布すること。

三 その職務の執行に当たり，当該選挙区内にある者に対し，当該選挙に関し，その者に係る特別の利益を供与し，又は供与することを約束すること。

四 その地位を利用して，当該選挙に関し，国又は地方公共団体の公務員，特定独立行政法人，特定地方独立行政法人又は日本郵政公社の役員又は職員及び公団等の役職員等をして，その職務の執行に当たり，当該選挙区内にある者に対し，その者に係る特別の利益を供与させ，又は供与することを約束させること。

2 第136条の2の規定に違反して選挙運動又は行為をした者は，2年以下の禁錮又は30万円以下の罰金に処する。

（選挙費用の法定額違反）

第247条 出納責任者が，第196条の規定により告示された額を超えて選挙運動（専ら在外選挙人名簿に登録されている選挙人（第49条の2第1項に規定する政令で定めるものを除く。）で衆議院議員又は参議院議員の選挙において投票をしようとするものの投票に関してする選挙運動で，国外においてするものを除く。）に関する支出をし又はさせたときは，3年以下の禁錮又は50万円以下の罰金に処する。

（総括主宰者，出納責任者等の選挙犯罪による公職の候補者等であつた者

の当選無効及び立候補の禁止）

第251条の2　次の各号に掲げる者が第221条，第222条，第223条又は第223条の2の罪を犯し刑に処せられたとき（第4号及び第5号に掲げる者については，これらの罪を犯し禁錮以上の刑に処せられたとき）は，当該公職の候補者又は公職の候補者となろうとする者（以下この条において「公職の候補者等」という。）であつた者の当選は無効とし，かつ，これらの者は，第251条の5に規定する時から5年間，当該選挙に係る選挙区（選挙区がないときは，選挙の行われる区域）において行われる当該公職に係る選挙において公職の候補者となり，又は公職の候補者であることができない。この場合において，当該公職の候補者等であつた者で衆議院（小選挙区選出）議員の選挙における候補者であつたものが，当該選挙と同時に行われた衆議院（比例代表選出）議員の選挙における当選人となつたときは，当該当選人の当選は，無効とする。

一　選挙運動（参議院比例代表選出議員の選挙にあつては，参議院名簿登載者のために行う選挙運動に限る。次号を除き，以下この条及び次条において同じ。）を総括主宰した者

二　出納責任者（公職の候補者又は出納責任者と意思を通じて当該公職の候補者のための選挙運動に関する支出の金額のうち第196条の規定により告示された額の2分の1以上に相当する額を支出した者を含む。）

三　3以内に分けられた選挙区（選挙区がないときは，選挙の行われる区域）の地域のうち1又は2の地域における選挙運動を主宰すべき者として公職の候補者又は第1号に掲げる者から定められ，当該地域における選挙運動を主宰した者

四　公職の候補者等の父母，配偶者，子又は兄弟姉妹で当該公職の候補者

等又は第1号若しくは前号に掲げる者と意思を通じて選挙運動をしたもの

五　公職の候補者等の秘書（公職の候補者等に使用される者で当該公職の候補者等の政治活動を補佐するものをいう。）で当該公職の候補者等又は第1号若しくは第3号に掲げる者と意思を通じて選挙運動をしたもの

2　公職の候補者等の秘書という名称を使用する者又はこれに類似する名称を使用する者について，当該公職の候補者等がこれらの名称の使用を承諾し又は容認している場合には，当該名称を使用する者は，前項の規定の適用については，公職の候補者等の秘書と推定する。

3　出納責任者が第247条の罪を犯し刑に処せられたときは，当該出納責任者に係る公職の候補者であつた者の当選は，無効とし，かつ，その者は，第251条の5に規定する時から5年間，当該選挙に係る選挙区（選挙区がないときは，選挙の行われる区域）において行われる当該公職に係る選挙において，公職の候補者となり，又は公職の候補者であることができない。この場合においては，第一項後段の規定を準用する。

4　前3項の規定（立候補の禁止及び衆議院比例代表選出議員の選挙における当選の無効に関する部分に限る。）は，第1項又は前項に規定する罪に該当する行為が，次の各号のいずれかに該当する場合には，当該行為に関する限りにおいて，適用しない。

一　第1項又は前項に規定する罪に該当する行為が当該行為をした者以外の者の誘導又は挑発によつてされ，かつ，その誘導又は挑発が第1項若しくは前項又は次条第1項の規定に該当することにより当該公職の候補者等の当選を失わせ又は立候補の資格を失わせる目的をもつて，当該公職の候補者等以外の公職の候補者等その他その公職の候補者等の選挙運

動に従事する者と意思を通じてされたものであるとき。

二　第1項又は前項に規定する罪に該当する行為が第1項若しくは前項又は次条第1項の規定に該当することにより当該公職の候補者等の当選を失わせ又は立候補の資格を失わせる目的をもつて、当該公職の候補者等以外の公職の候補者等その他その公職の候補者等の選挙運動に従事する者と意思を通じてされたものであるとき。

5　前各項の規定（第1項後段及び第3項後段の規定並びに前項の規定（衆議院比例代表選出議員の選挙における当選の無効に関する部分に限る。）を除く。）は、衆議院（比例代表選出）議員の選挙については、適用しない。

（組織的選挙運動管理者等の選挙犯罪による公職の候補者等であつた者の当選無効及び立候補の禁止）

第251条の3　組織的選挙運動管理者等（公職の候補者又は公職の候補者となろうとする者（以下この条において「公職の候補者等」という。）と意思を通じて組織により行われる選挙運動において、当該選挙運動の計画の立案若しくは調整又は当該選挙運動に従事する者の指揮若しくは監督その他当該選挙運動の管理を行う者（前条第1項第1号から第3号までに掲げる者を除く。）をいう。）が、第221条、第222条、第223条又は第223条の2の罪を犯し禁錮以上の刑に処せられたときは、当該公職の候補者であつた者の当選は無効とし、かつ、これらの者は、第251条の5に規定する時から5年間、当該選挙に係る選挙区（選挙区がないときは、選挙の行われる区域）において行われる当該公職に係る選挙において公職の候補者となり、又は公職の候補者であることができない。この場合において、当該

公職の候補者等であつた者で衆議院（小選挙区選出）議員の選挙における候補者であつたものが，当該選挙と同時に行われた衆議院（比例代表選出）議員の選挙における当選人となつたときは，当該当選人の当選は，無効とする。

2 　前項の規定は，同項に規定する罪に該当する行為が，次の各号のいずれかに該当する場合には，当該行為に関する限りにおいて，適用しない。

　　一　前項に規定する罪に該当する行為が当該行為をした者以外の者の誘導又は挑発によつてされ，かつ，その誘導又は挑発が前条第1項又は前項の規定に該当することにより当該公職の候補者等の当選を失わせ又は立候補の資格を失わせる目的をもつて，当該公職の候補者等以外の公職の候補者等その他その公職の候補者等の選挙運動に従事する者と意思を通じてされたものであるとき。

　　二　前項に規定する罪に該当する行為が前条第1項又は前項の規定に該当することにより当該公職の候補者等の当選を失わせ又は立候補の資格を失わせる目的をもつて，当該公職の候補者等以外の公職の候補者等その他その公職の候補者等の選挙運動に従事する者と意思を通じてされたものであるとき。

　　三　当該公職の候補者等が，前項に規定する組織的選挙運動管理者等が同項に規定する罪に該当する行為を行うことを防止するため相当の注意を怠らなかつたとき。

3 　前2項の規定（第1項後段の規定及び前項の規定（衆議院比例代表選出議員の選挙における当選の無効に関する部分に限る。）を除く。）は，衆議院（比例代表選出）議員の選挙については，適用しない。

（公務員等の選挙犯罪による当選無効）

第251条の4　国又は地方公共団体の公務員，特定独立行政法人，特定地方独立行政法人又は日本郵政公社の役員又は職員及び公団等の役職員等（公職にある者を除く。以下この条において「公務員等」という。）であつた者が，公務員等の職を離れた日以後最初に公職の候補者（選挙の期日まで公職の候補者であつた場合の公職の候補者に限る。）となつた衆議院議員又は参議院議員の選挙（その者が公務員等の職を離れた日以後3年以内に行われたものに限る。）において当選人となつた場合において，次の各号に掲げる者が，当該当選人のために行つた選挙運動又は行為に関し，第221条，第222条，第223条，第223条の2，第225条，第226条，第239条第1項第1号，第3号若しくは第4号又は第239条の2の罪を犯し刑に処せられたときは，当該当選人の当選は，無効とする。

一　当該当選人の在職した公務員等の職（その者が当該公務員等の職を離れた日前3年間に在職したものに限る。以下この条において同じ。）と同一の職にある公務員等又は当該当選人の在職した公務員等の職の所掌に係る事務に従事する公務員等で当該当選人から当該選挙に関し指示又は要請を受けたもの

二　当該当選人の在職した公務員等の職の所掌に係る事務に従事する公務員等で当該当選人に係る前号に掲げる者から当該選挙に関し指示又は要請を受けたもの

三　当該当選人の在職した公務員等の職の所掌に係る事務と同種であり，かつ，その処理に関しこれと関係がある事務をその従事する事務の全部又は一部とする地方公共団体の公務員，特定独立行政法人，特定地方独立行政法人又は日本郵政公社の役員又は職員及び公団等の役職員等で，

当該当選人又は当該当選人に係る前2号に掲げる者から当該選挙に関し指示又は要請を受けたもの
2　前項の規定は，衆議院（比例代表選出）議員の選挙については，適用しない。

（当選無効及び立候補の禁止の効果の生ずる時期）
第251条の5　前3条の規定による当選無効及び立候補の禁止の効果は，第210条第1項の規定による訴訟についての原告敗訴の判決（訴状を却下する命令を含む。）が確定した時，当該訴訟を提起しないで同項に規定する出訴期間が経過した時若しくは当該訴訟についての訴えの取下げがあつた時又は同条第2項若しくは第211条の規定による訴訟についての原告勝訴の判決が確定した時において，それぞれ生ずるものとする。

2　連座制の根拠条文について

1　総括主宰者，出納責任者等の選挙犯罪による公職の候補者等であった者の当選無効及び立候補禁止関係（251条の2関係）

(1)　次の各号に掲げる者が，

　① 　選挙運動（＊）を総括主宰した者
　② 　出納責任者
　　※・　公職の候補者又は出納責任者と意思を通じて
　　　・　当該公職の候補者のための選挙運動に関する支出の金額のうち196条（選挙運動に関する支出金額の制限額の告示）の規定により告示された額の2分の1以上に相当する額を支出した者を含む。
　③ 　地域主宰者
　　　・　3以内に分けられた選挙区（選挙区がないときは，選挙の行われる区域）の地域のうち1又は2の地域における選挙運動を主宰すべき者として公職の候補者又は第1号に掲げる者から定められ　　＊①選挙運動を総括主宰した者
　　　・　当該地域における選挙運動を主宰した者
　④ 　親　族
　　　・　公職の候補者等（公職の候補者又は公職の候補者となろうとす

る者）の父母，配偶者，子又は兄弟姉妹で
- 当該公職の候補者等又は第1号又は前号に掲げる者と意思を通じて選挙運動をしたもの ①* ③地域主宰者

⑤ 秘　書
- 公職の候補者等の秘書（公職の候補者等に使用される者で当該公職の候補者等の政治活動を補佐するものをいう。）で
- 当該公職の候補者等又は第1号若しくは前号に掲げる者と意思を通じて選挙運動をしたもの ①* ③

※ 以下の者は，前項（251条の2第1項）の規定の適用については，公職の候補者等の秘書と推定する。
- 公職の候補者等の秘書という名称を使用する者又はこれに類似する名称を使用する者について，
- 当該公職の候補者等がこれらの名称の使用を承諾し又は認容している場合

(2) ・ 221条（買収及び利害誘導罪）
・ 222条（多数人買収及び多数人利害誘導罪）
・ 223条（公職の候補者及び当選人に対する買収及び利害誘導罪）
・ 223条の2（新聞紙，雑誌の不法利用罪）

の罪を犯し，

(3) 刑に処せられたとき
（第4号及び第5号に掲げる者については，これらの罪を犯し禁錮以上の刑に処せられたとき） ④親族 ⑤秘書

は，

(4)　・　当該公職の候補者又は公職の候補者となろうとする者であった者の当選は無効とし，

　　　かつ，

　　・　これらの者は，251条の5（立候補の禁止の効果の生ずる時期）に規定するときから5年間，当該選挙に係る選挙区（選挙区がないときは，選挙の行われる区域）において行われる当該公職に係る選挙において公職の候補者となり，又は公職の候補者であることができない。

　　・　この場合において，当該公職の候補者であった者で衆議院（小選挙区選出）議員の選挙における候補者であった者が当該選挙と同時に行われた衆議院（比例代表選出）議員の選挙における当選人となったときは，当該当選人の当選は，無効とする。

(5)　・　出納責任者が

　　・　247条（選挙費用の法定額違反）の罪を犯し

　　・　刑に処せられたとき

　　　は，

　　・　当該出納責任者に係る公職の候補者であった者の当選は，無効とし，

　　　かつ，

　　・　その者は，251条の5に規定する時から5年間，当該選挙に係る選挙区（選挙区がないときは，選挙の行われる区域）において行われる当該公職に係る選挙において，公職の候補者となり，又は公職の候補者であることができない。

　　・　この場合においては，第1項後段の規定（衆議院比例代表選出議員の選挙における当選の無効）を準用する。

(6)　前3項の規定（立候補の禁止及び衆議院比例代表選出議員の選挙における当

選の無効に関する部分に限る。)

は,

　第1項又は前項に規定する罪に該当する行為が，次の各号のいずれかに該当する場合

　　① おとり
　　　・ 第1項又は前項に規定する罪に該当する行為が
　　　・ 当該行為をした者以外の者の誘導又は挑発によってされ，
　　かつ,
　　　・ その誘導又は挑発が第1項若しくは前項又は次条第1項の規定に該当することにより当該公職の候補者等の当選を失わせ又は立候補の資格を失わせる目的をもって,
　　　・ 当該公職の候補者等以外の公職の候補者等の選挙運動に従事する者と意思を通じてされたものであるとき。[*]

　　② 寝返り
　　　・ 第1項又は前項に規定する罪に該当する行為が
　　　・ 第1項若しくは前項又は次条第1項の規定に該当することにより当該公職の候補者等の当選を失わせ又は立候補の資格を失わせる目的をもって,
　　　・ 当該公職の候補者等以外の公職の候補者等その他その公職の候補者等の選挙運動に従事する者と意思を通じてされたものであるとき。[*]

には,

当該行為に関する限りにおいて，適用しない。

(7) 前各項の規定（第1項後段及び第3項後段の規定並びに前項の規定（衆議院比例代表選出議員の選挙における当選の無効に関する部分に限る。）を除く。）は，衆議院（比例代表選出）議員の選挙については，適用しない。

※　（＊）＝参議院比例代表選出議員の選挙にあっては，参議院名簿登載者のために行う選挙運動に限る。

2 組織的選挙運動管理者等の選挙犯罪による公職の候補者等であった者の当選無効及び立候補の禁止（251条の3関係）

(1) 組織的選挙運動管理者等

- 公職の候補者又は公職の候補者となろうとする者（以下この条において「公職の候補者等」という。）と意思を通じて組織により行われる選挙運動において，
- 当該選挙運動の計画の立案若しくは調整又は当該選挙運動に従事する者の指揮若しくは監督その他当該選挙運動の管理を行う者
- 前条第1項第1号から第3号までに掲げる者を除く。

が，

(2) 221条（買収及び利害誘導罪）
222条（多数人買収及び多数人利害誘導罪）
223条（公職の候補者及び当選人に対する買収及び利害誘導罪）
223条の2（新聞紙，雑誌の不法利用罪）
の罪を犯し，

(3) 禁錮以上の刑に処せられたとき
は，

(4) ・ 当該公職の候補者等であった者の当選は無効とし，
かつ，

- これらの者は，251条の5（立候補の禁止の効果の生ずる時期）に規定する時から5年間，当該選挙に係る選挙区（選挙区がないときは，選挙の行われる区域）において行われる当該公職に係る選挙において公職の候補者となり，又は公職の候補者であることができない。
- この場合において，当該公職の候補者等であった者で衆議院（小選挙区選出）議員の選挙における候補者であったものが，当該選挙と同時に行われた衆議院（比例代表選出）議員の選挙における当選人となったときは，当該当選人の当選は，無効とする。

(5) 前項の規定は，同項に規定する罪に該当する行為が，次の各号のいずれかに該当する場合，

① おとり
- 前項に規定する罪に該当する行為が
- 当該行為をした者以外の者の誘導又は挑発によってされ，

かつ，

- その誘導又は挑発が前条第1項又は前項の規定に該当することにより当該公職の候補者等の当選を失わせ又は立候補の資格を失わせる目的をもって，
- 当該公職の候補者等以外の公職の候補者等その他その公職の候補者等の選挙運動に従事する者と意思を通じてされたものであるとき。

② 寝返り
- 前項に規定する罪に該当する行為が

- 前条第1項又は前項の規定に該当することにより当該公職の候補者等の当選を失わせ又は立候補の資格を失わせる目的をもって,
- 当該公職の候補者等以外の公職の候補者等その他その公職の候補者等の選挙運動に従事する者と意思を通じてされたものである*とき。

③ 相当の注意
- 当該公職の候補者等が,前項に規定する組織的選挙運動管理者等が同項に規定する罪に該当する行為を行うことを防止するため相当の注意を怠らなかったとき。

には,当該行為に関する限りにおいて,適用しない。

(6) 前2項の規定(第1項後段の規定及び前項の規定(衆議院比例代表選出議員の選挙における当選の無効に関する部分に限る。)を除く。)は,衆議院(比例代表選出)議員の選挙については,適用しない。

※ (*)＝参議院比例代表選出議員の選挙にあっては,参議院名簿登載者のために行う選挙運動に限る。

3　参考判例（要旨）

【最高裁判所昭和30年2月9日大法廷判決・刑集9巻2号217頁】

　公職選挙法の規定によれば，一般犯罪の処刑者と，いわゆる選挙犯罪（同法252条1項，2項所定の罪）の処刑者との間において，選挙権被選挙権停止の処遇について，所論のような差違のあることは論旨主張のとおりである。論旨は，同法がひとしく犯罪の処刑者について，国民主権につながる重大な基本的人権の行使に関して，右のごとく差別して待遇することは，憲法14条及び44条の趣旨に反し，不当に国民の参政権を奪い，憲法の保障する基本的人権をおかすものである。よつて原判決が本件に適用した公職選挙法252条1項及び3項の規定は，ともに憲法に違反するものであると主張する。

　しかしながら，同法252条所定の選挙犯罪は，いずれも選挙の公正を害する犯罪であつて，かかる犯罪の処刑者は，すなわち現に選挙の公正を害したものとして，選挙に関与せしめるに不適当なものとみとめるべきであるから，これを一定の期間，公職の選挙に関与することから排除するのは相当であつて，他の一般犯罪の処刑者が選挙権被選挙権を停止されるとは，おのずから別個の事由にもとづくものである。されば選挙犯罪の処刑者について，一般犯罪の処刑者に比し，特に，厳に選挙権被選挙権停止の処遇を規定しても，これをもつて所論のように条理に反する差別待遇というべきではないのである。（殊に，同条3項は，犯罪の態容その他情状

によつては、第1項停止に関する規定を適用せず、またはその停止期間を短縮する等、具体的案件について、裁判によつてその処遇を緩和するの途をも開いているのであつて、一概に一般犯罪処刑者に比して、甚しく苛酷の待遇と論難することはあたらない。)

国民主権を宣言する憲法の下において、公職の選挙権が国民の最も重要な基本的権利の一であることは所論のとおりであるが、それだけに選挙の公正はあくまでも厳粛に保持されなければならないのであつて、一旦この公正を阻害し、選挙に関与せしめることが不適当とみとめられるものは、しばらく、被選挙権、選挙権の行使から遠ざけて選挙の公正を確保すると共に、本人の反省を促すことは相当であるからこれを以て不当に国民の参政権を奪うものというべきではない。

されば、所論公職選挙法の規定は憲法に違反するとの論旨は採用することはできない。

(裁判官井上登、同真野毅及び同岩松三郎の意見)

公職選挙法252条1項、3項の規定が憲法14条、同44条但書に違反するものでないとする多数意見の見解そのものには敢えて反対するものではない。しかし公職選挙法252条1項の規定はその明文上明らかなように同条項所定の公職選挙法違反の罪を犯した者が同条項所定の刑に処せられたということを法律事実として、その者が同条項所定の期間公職選挙法に規定する選挙権及び被選挙権を有しないという法律効果の発生することを定めているに過ぎない。すなわち右の選挙権及び被選挙権停止の効果は前示法律事実の存することによつて法律上当然に発生するところなのであつて、右刑を言渡す判決において本条項を適用しその旨を宣告することによつて裁判の効力として発生せしめられるものではないのである。尤も同条3項には「裁判所は情状に因り刑の言渡と同時に第1項に規定する者に対し同項の5年間又は刑の執行猶予中の期間選挙権及び被選挙権を有しない旨の規定を適用せず若しく

はその期間を短縮する旨を宣告……することができる」と規定されているので、漫然とそれを通読すれば、恰も裁判所は右刑の言渡と同時に常に必ず第1項の規定をその判決において適用すべきか否かを判断しなければならないものの如く考えられるかも知れない。しかし、その法意は第1項の規定の適用により法律上当然発生すべき法律効果を単に排除し得べきことを定めたものに過ぎないものであつて、裁判所が右刑の言渡をなす判決において先ず自ら第1項を適用してこれによつて同項所定の法律効果を発生せしむべきか否かを判断しなければならないことを規定したものではないのである。この事は右第1項と第3項との規定を対比しても容易に了解し得るばかりでなく、第3項には前示の如く、「……適用せず」とあるのに引続いて「若しくはその期間を短縮する旨を宣告……することができる」と併規されているのであつて、これによつて第1項の規定の適用により当然発生すべき法律効果たる所定の期間を改めて短縮し得ることを明確にしていることに徴して明らかであり、（この場合判決においてまず第1項の規定を適用して一応5年間選挙権及び被選挙権を停止することとした上で、更に第3項を適用して改めてその期間を短縮し得ることを規定したものでないことは勿論である。）同条第2項の規定が所定の法律事実の存することによつて、判決による宣告を待つまでもなく、法律上当然に第1項所定の5年の期間が10年となることを定めていることによつても明白であろう。これを要するに公職選挙法252条1項の規定は同条項所定の公職選挙法違反事件において裁判所が判決で適用すべき法文ではなく、選挙の実施に当り当該処刑者が選挙権及び被選挙権を有するか否かを決するに際してその適用が考慮さるべきものに外ならない。されば、仮りに右条項が所論の理由により違憲であり、無効であるとしても選挙の実施に際し同条項該当者として選挙権及び被選挙権を有しないものとして措置された場合にその行政処分に対しこれを云為するは格別、同条項の適用そのものが全然問題とならない本件公職選挙法違反事件において、しかも同条項を現に適用し

てもいない原判決に対して，同条項の違憲を云為して法令違反ありというのは的なきに矢を射るの類に外ならない。この点に関する所論は上告適法の理由に当らないといわなければならない。

また同条3項の規定は同条1項所定の選挙法違反事件において同条項所定の刑を言渡す裁判所がこれを放置すれば同条項所定の法律効果が法律上当然に発生するから，情状を斟酌してその緩和措置を講じ得べきことを定めたものであり，現に原判決においても右第3項の規定を適用して被告人等に対して第1項所定の期間を2年に短縮する旨を宣告している。すなわち被告人等は原審が右第3項の規定を適用して前示の措置に出でなかつたとすれば，同条第1項の規定により法律上当然に裁判確定の日から5年間選挙権及び被選挙権を有しないものとせらるべかりしところを，原審が右第3項の規定を適用したことによつて3年の停止期間を免除せられたのであつて，これによつて被告人等は利益を受けこそすれ何等の不利益をも被つてはいないのである。それ故右第3項の規定が違憲であり同条項を適用した原判決を違法と主張する所論は結局被告人等の為めに不利益に原判決の変更を求めるに帰し，上告適法の理由とならない。

（裁判官斎藤悠輔，同入江俊郎の意見）

本論旨が上告適法の理由とならないことは，井上，真野，岩松各裁判官の意見のとおりである。仮りに上告理由となるものとしても，論旨は，選挙権，被選挙権が国民主権につながる重大な基本権であり，憲法上法律を以てしても侵されない普遍，永久且つ固有の人権であることを前提としている。なるほど，日本国憲法前文において，主権が国民に存することを宣言し，また，同法15条1項，3項において，公務員を選挙することは，国民固有の権利であり，公務員の選挙については，成年者による普通選挙を保障する旨規定している。従つて，選挙権については，国民主権につながる重大な基本権であるといえようが，被選挙権は，権利ではなく，

権利能力であり，国民全体の奉仕者である公務員となり得べき資格である。そして，同法44条本文は，両議院の議員及びその選挙人の資格は，法律でこれを定めると規定し，両議院の議員の選挙権，被選挙権については，わが憲法上他の諸外国と異り，すべて法律の規定するところに委ねている。されば，両権は，わが憲法上法律を以てしても侵されない普遍，永久且つ固有の人権であるとすることはできない。

　むしろ，わが憲法上法律は，選挙権，被選挙権並びにその欠格条件等につき憲法14条，15条3項，44条但書の制限に反しない限り，時宜に応じ自由且つ合理的に規定し得べきものと解さなければならない。それ故，所論前提は是認できない。その他公職選挙法252条の規定（選挙犯罪に因る処刑者に対する選挙権及び被選挙権の停止）が憲法14条，44条但書に違反しないことについては，多数説に賛同する。

【最高裁判所昭和37年3月14日大法廷判決・民集16巻3号537頁】

　論旨は，公職選挙法251条の2及び211条の規定は，憲法13条，15条及び31条等に違背し無効であると主張する。

　昭和29年12月法律207号による公職選挙法の改正により「当選人が選挙運動を総括主宰した者の選任及び監督につき相当の注意をしたとき」等を免責事由から削除して，いわゆる連座制の規定を強化したことは所論のとおりであるが，右連座制の強化は，ひつきよう，公職選挙が選挙人の自由に表明せる意思によつて公明且つ適正に行われることを確保し，その当選を公明適正なる選挙の結果となすべき法意に出でたるものと解するを相当とする。ところで，選挙運動の総括主宰者は，特定候補者のために，選挙運動の中心となつて，その運動の行われる全地域に亘り，その運動全般を支配する実権をもつものであるから，その者が公職選挙法251条の2掲記のような犯罪を行う場合においては，その犯罪行為は候補者の当選に相当な影響を与えるものと推測され，またその得票も必ずしも選挙人の自由な意思によるものとはいい難い。従つてその当選は，公正な選挙の結果によるものとはいえないから，当選人が総括主宰者の選任及び監督につき注意を怠つたかどうかにかかわりなく，その当選を無効とすることが，選挙制度の本旨にもかなう所以であるといわなければならない。叙上と反対の見地に立つて前記公職選挙法251条の2及び211条が所論憲法各条に違反するとの主張は凡て採用できない。

【最高裁判所昭和37年3月14日大法廷判決・民集16巻3号530頁】

① 公職選挙法251条の2，同211条が，選挙運動を総括主宰した者又は出納責任者が買収，利害誘導等の罪を犯し刑に処せられたときは当該当選人の当選を無効とし，選挙人らより当選無効の訴訟を提起することができることとしたのは，選挙が選挙人の自由に表明せる意思によつて公明且つ適正に行われることを確保せんとするものである。

そして選挙運動を総括主宰した者又は出納責任者の如き選挙運動において重要な地位を占めた者が買収，利害誘導等の犯罪により刑に処せられた場合は，当該当選人の得票中には，かかる犯罪行為によつて得られたものも相当数あることが推測され，当該当選人の当選は選挙人の真意の正当な表現の結果と断定できないのみならず，上述のように選挙人の自由な意思に基づく選挙の公明，適正を期する上からも，かかる当選人の当選を無効とすることは所論憲法の各条項に違反するものということはできない。よつて所論は採るを得ない。

② 公職選挙法211条は当選無効の訴訟の出訴期間を刑事裁判確定の日から30日以内としているが，これは当該当選人の当選が一般に少くとも選挙運動の総括主宰者又は出納責任者の選挙犯罪の裁判確定の日以前に決定し，その効力を生じていることを予想して規定したものであつて，本件の如く刑事裁判確定の日よりはるかに後になつて当選人が定められ，既にその時は右出訴期間が経過しているような場合には原判決の如く当選告示の日から30日以内に出訴できるものと解するのが相当である。けだし右211条の当選無効訴訟の趣旨が前示の如く当該当選人の当選は公正なものと認められないとして，これを失わせる趣旨に出でたものであるから，たまたま刑事裁判確定の日から30日を経過した後に当選人の当選が決定した場合には最早出訴を許さないとすることは甚しく不当であるからである。ま

た論旨はかかる場合は民訴159条の準用により訴訟行為の追完を為すべきであると主張するが，本件の場合は刑事裁判確定しても未だ当選人の当選は決定されておらず，当選無効の訴訟の提起ができない場合であり，従つて出訴期間の進行は開始しないのであるから，不変期間が進行し期間が満了した場合の規定である民訴159条の準用の余地はないのである。よつて所論は採るを得ない。

【最高裁判所昭和41年6月23日第一小法廷判決・民集20巻5号1134頁】

　所論は，公職選挙法251条の2にいわゆる出納責任者とは，同法により出納責任者として届け出で且つ実際にも出納の事務に関与した者をいうのであつて，右届出はしたが実際上は何ら出納の事務に関与しなかつた者はこれに当らない，かく解しないときは，何ら責むべき理由のない当選人の当選を無効とするもので，憲法44条の趣旨に違反するというのである。しかし，公職選挙法にいう出納責任者とは，同法180条の手続により出納責任者として選任届出された者をいうのであつて，実際に出納責任者として同法に定める職務を行つたと否とには関係ないものと解すべきである。所論引用の最高裁判所の判決（昭和36年（オ）第1027号，同37年3月14日大法廷判決，民集16巻3号531頁及び昭和36年（オ）第1106号，同37年3月14日大法廷判決，民集同号537頁）も，何ら右と異る解釈を判示したものでないことは，その判文に徴し明らかである。そして，公職選挙法251条の2は，右の如く出納責任者として届け出られた出納責任者が，買収等同法221条の罪を犯し刑に処せられたときは，その者が実際に出納責任者の職務を行つたと否とを問わず，当選人の当選を無効とする趣旨であり，かく解したからといつて，同条が所論憲法の規定に違反するものでないことは，前記大法廷の各判決の趣旨に徴し明らかである。

　次に所論は，出納責任者たる訴外宮島米治は公職選挙法221条の罪は犯しているとは断定できないのに，上告人の当選を無効とした原判決は，審理不尽の違法があるという。しかし，同法251条の2第1項第2号により当選を無効とするためには，出納責任者が同法221条の罪を犯したものとして刑に処せられたことが証明されれば足りるものであるところ，原判決によれば，訴外人が出納責任者として届け出られた者であることは当事者間に争のない事実であるというのであり，また原判決は，右訴外人が公職選挙法221条第3項第3号，第1項第1号の罪を犯したものと

して罰金1万円に処する旨の有罪の判決を受け，右判決は確定した旨挙示の証拠により認定判示しているのであるから，原判決には何ら所論の違法はない。

【最高裁判所昭和43年12月4日大法廷判決・刑集22巻13号1425頁】

　憲法15条1項は、「公務員を選定し、及びこれを罷免することは、国民固有の権利である。」と規定し、選挙権が基本的人権の一つであることを明らかにしているが、被選挙権または立候補の自由については、特に明記するところはない。ところで、選挙は、本来、自由かつ公正に行なわれるべきものであり、このことは、民主主義の基盤をなす選挙制度の目的を達成するための基本的要請である。この見地から、選挙人は、自由に表明する意思によつてその代表者を選ぶことにより、自ら国家（または地方公共団体等）の意思の形成に参与するのであり、誰を選ぶかも、元来、選挙人の自由であるべきであるが、多数の選挙人の存する選挙においては、これを各選挙人の完全な自由に放任したのでは選挙の目的を達成することが困難であるため、公職選挙法は、自ら代表者になろうとする者が自由な意思で立候補し、選挙人は立候補者の中から自己の希望する代表者を選ぶという立候補制度を採用しているわけである。したがつて、もし、被選挙権を有し、選挙に立候補しようとする者がその立候補について不当に制約を受けるようなことがあれば、そのことは、ひいては、選挙人の自由な意思の表明を阻害することとなり、自由かつ公正な選挙の本旨に反することとならざるを得ない。この意味において、立候補の自由は、選挙権の自由な行使と表裏の関係にあり、自由かつ公正な選挙を維持するうえで、きわめて重要である。このような見地からいえば、憲法15条1項には、被選挙権者、特にその立候補の自由について、直接には規定していないが、これもまた、同条同項の保障する重要な基本的人権の一つと解すべきである。さればこそ、公職選挙法に、選挙人に対すると同様、公職の候補者または候補者となろうとする者に対する選挙に関する自由を妨害する行為を処罰することにしているのである。（同法225条1号3号参照）。

4　収録裁判例別論点一覧

※ 白抜き文字 の裁判例は，候補者が法210条に基づき提起した訴訟。

裁判例1	仙台高判平成7年8月29日	5章3節（☞ 212・222頁）
裁判例2	仙台高判平成7年10月9日	2章（☞ 60頁）
		3章4節（☞ 89頁）
		4章4節（☞ 169・171頁）
裁判例3	広島高松江支判平成7年10月27日	5章1節（☞ 201頁）
裁判例4	大阪高判平成7年11月7日	3章5節（☞ 93頁）
裁判例5	東京高判平成8年1月16日	4章2節（☞ 152・158頁）
裁判例6-1	東京高判平成8年1月18日	4章3節（☞ 161・166頁）
裁判例6-2	最判平成8年6月17日	4章3節（☞ 161頁）
裁判例7-1	福岡高判平成8年2月15日	2章（☞ 33頁）
		3章3節（☞ 85・86頁）
		3章4節（☞ 88頁）
裁判例7-2	最判平成8年7月18日	2章（☞ 18・33頁）
裁判例8-1	高松高判平成8年5月31日	2章（☞ 42頁）
		4章1節（☞ 99・105頁）
		4章4節（☞ 168・173頁）
裁判例8-2	最判平成8年11月26日	2章（☞ 42頁）
		4章4節（☞ 168・173頁）
裁判例9-1	仙台高判平成8年7月8日	2章（☞ 24・25・26・38・

収録裁判例別論点一覧　*427*

44・61・64頁）

3章1節（☞68・69・70・71・74・76頁）

3章4節（☞90頁）

3章5節（☞93頁）

4章1節（☞97・98・99・101・103・107・124・129・137頁）

5章3節（☞211・214頁）

[裁判例9-2]　最判平成9年3月13日…………　2章（☞19・24・38・44頁）

3章1節（☞68・70・72・74・76頁）

4章1節（☞97・98・101・103・107・129・137頁）

[裁判例10]　大阪高判平成8年9月27日………　2章（☞46頁）

4章1節（☞100・101・104・108・125・131・138頁）

[裁判例11-1]　高松高判平成8年11月13日………　2章（☞24・39・47頁）

3章1節（☞68・69・72頁）

3章5節（☞93頁）

4章1節（☞97・101・109・132頁）

4章4節（☞175頁）

[裁判例11-2]　最判平成9年7月15日……………　2章（☞21・24・39・47頁）

裁判例12	福岡高判平成9年8月7日………	2章（☞24・26・40・41頁）
		3章1節（☞69・73頁）
		4章1節（☞97・98・101・111・133頁）
		4章4節（☞168・169・177頁）
裁判例13-1	高松高判平成9年8月26日………	3章3節（☞85・87頁）
		3章5節（☞94頁）
		4章1節（☞102・103・139頁）
		4章4節（☞168・179頁）
		5章3節（☞211・213頁）
裁判例13-2	最判平成10年2月12日………	（上告棄却）
		2章（☞23・27頁）
裁判例14	東京高判平成9年9月24日………	4章1節（☞140頁）
		4章4節（☞181頁）
		5章3節（☞211・216頁）
裁判例15-1	東京高判平成9年10月7日………	5章2節（☞205・207・209頁）
裁判例15-2	最判平成10年8月31日………	5章2節（☞205・206・207・208・209頁）
裁判例15-3	東京高判平成9年10月7日………	2章（☞25・62頁）
		5章2節（☞205頁）
裁判例15-4	最判平成10年7月3日………	2章（☞25・62頁）

収録裁判例別論点一覧　*429*

		5章2節（☞205頁）
裁判例16-1	大阪高判平成10年5月25日…………	2章（☞24・25・28・37頁）
		3章2節（☞81頁）
		4章3節（☞162頁）
		5章3節（☞211・217頁）
裁判例16-2	最判平成10年11月17日……………	2章（☞21・24・25・28・37頁）
		3章2節（☞81頁）
裁判例17	東京高判平成11年3月11日…………	4章2節（☞153頁）
裁判例18-1	名古屋高金沢支判平成11年4月21日 …………………………………………	2章（☞26・59頁）
		3章4節（☞90頁）
		4章1節（☞97・101・104・112・126・134・141頁）
		4章4節（☞181頁）
裁判例18-2	最判平成11年11月25日……………	2章（☞22・26・51頁）
裁判例19	福岡高判平成11年10月6日…………	5章1節（☞201・203頁）
裁判例20-1	福岡高判平成12年1月20日…………	2章（☞53頁）
		4章1節（☞113・135頁）
		4章4節（☞182頁）
裁判例20-2	最判平成12年6月16日……………	2章（☞22・53頁）
裁判例21	福岡高判平成12年8月8日…………	2章（☞23・25・35頁）
		3章5節（☞95頁）
裁判例22-1	福岡高判平成12年8月29日…………	2章（☞40頁）

裁判例22-2	最決平成13年1月23日…………………	4章1節（☞99・114・135頁）
		4章4節（☞186頁）
		（上告不受理）
裁判例23	東京高判平成13年1月25日……………	4章3節（☞165頁）
裁判例24	福岡高判平成13年2月15日……………	4章1節（☞103・143頁）
		5章3節（☞211・219頁）
裁判例25-1	福岡高宮崎支判平成14年1月25日…	4章1節（☞104・144頁）
		4章4節（☞188頁）
裁判例25-2	最判平成14年6月6日…………………	2章（☞57頁）
裁判例26-1	福岡高判平成14年4月26日……………	4章2節（☞152・153頁）
		5章3節（☞212・220頁）
裁判例26-2	最判平成14年11月15日………………	2章（☞22・30頁）
裁判例27	福岡高判平成15年10月31日…………	4章2節（☞156頁）
裁判例28	名古屋高判平成15年12月2日…………	4章1節（☞104・145頁）
		4章4節（☞191頁）
裁判例29	名古屋高金沢支判平成15年12月10日	
	…………………………………………	2章（☞57頁）
		4章1節（☞ 97・103・115・136・147頁）
		4章4節（☞192頁）
		5章3節（☞211・215頁）
裁判例30	名古屋高金沢支判平成16年2月20日…	4章1節（☞99・119・127・148頁）
		4章4節（☞193頁）

執筆者紹介
（肩書は平成16年6月1日現在）

野々上　尚
　法務省刑事局刑事課長

福本　修也
　元法務省刑事局付

大場　亮太郎
　法務省大臣官房司法法制部参事官

長瀬　敬昭
　元法務省刑事局付

木村　匡良
　元法務省刑事局付

増田　啓祐
　元法務省刑事局付

山元　裕史
　元法務省刑事局付

田中　伸一
　法務省刑事局付

公選法上の連座訴訟の解説 −裁判例の概観−

平成16年 6月 7日 初版1刷発行

編著者　野々上尚
発行者　網谷玲彦
発行所　有限会社 近代警察社
住　所　東京都中野区上高田3−8−1
電　話　03−3319−0180
FAX　03−3319−7056
振　替　00150−0−663025
印　刷　明和印刷 株式会社

検印省略

●落丁・乱丁は、送料当社負担にてお取り替えいたします。

図書のご案内

犯罪事実記載の実務（刑法犯）4訂版	末永・絹川・坂井 共著
犯罪事実記載の実務（特別法犯Ⅰ・Ⅱ）3訂版	大仲・丸谷・日野 共著
軽犯罪法（実務に役立つ判例百選）全訂版	大仲・加藤 共著
供述調書作成の実務 刑法犯	日野 正晴 著
刑事訴訟法概説 2訂版 〜実務家のための〜	窪田 四郎 著
明解憲法 全訂版 〜実務家のための〜	小黒和明・高瀬一嘉・佐藤光代・佐藤美由紀 共著
刑法概説 4訂版 〜実務家のための〜	堀内 国宏 著
公選法上の連座訴訟の解説 〜裁判例の概観〜	河村 博 著
交通事故捜査Ⅰ 3訂版 〜業務上過失致死傷編〜	野々上 尚 編著
交通事故捜査Ⅱ 3訂版 〜危険運転致死傷編〜	窪田四郎・福原暎治・渡辺咲子 共著
交通事故捜査Ⅲ 3訂版 〜その他の刑法犯編〜	野々上 尚 編著
交差点事故捜査 〜過失の捜査と信頼の原則〜	窪田四郎・福原暎治・渡辺咲子 共著
水上オートバイの基礎知識 安全指導編 Q&A航法編	田渕文俊・甲田宗彦 共著
	細谷 芳明 著